"十二五"职业教育国家规划教材
经全国职业教育教材审定委员会审定
全国商业职业教育教学指导委员会推荐教材
高等职业教育财经类名师精品规划教材

U0730213

Chinese Tax

中国税收

王碧秀 主编

人民邮电出版社
北京

图书在版编目（CIP）数据

中国税收 / 王碧秀主编. -- 北京：人民邮电出版
社，2014.9（2016.7重印）
高等职业教育财经类名师精品规划教材
ISBN 978-7-115-34677-3

Ⅰ．①中… Ⅱ．①王… Ⅲ．①税收管理－中国－高等
职业教育－教材 Ⅳ．①F812.42

中国版本图书馆CIP数据核字(2014)第029786号

内 容 提 要

本书依据教育部《关于全面提高高等职业教育教学质量的若干意见》精神要求，针对高职培养高端技能型人才的目标，根据经管类专业基础课的要求安排教学内容。全书设置税收基本理论、税收（实体）法律制度和税收征收管理制度3大部分，5个模块15章，以税收（实体）法律制度为核心，对与高职学生就业岗位及会计职业资格考试密切相关的13个具体税种进行全面阐述。

为方便教与学，本书每章后均设置了本章内容概要和单元训练两部分内容。内容概要包括本章内容框架、知识点、能力点、重点与难点；单元训练充分贯彻教学做一体化、理实合一的高职教学理念，配备了内容丰富的训练题。

本书主要作为高职高专、成人高等学校和本科院校二级学院经济管理类各专业学生的教学用书，也可作为各类企业在职会计、税务等人员的培训、自学教材，以及各类企业管理人员的参考读物。

　　◆ 主　　编　王碧秀
　　　　责任编辑　李育民
　　　　责任印制　杨林杰
　　◆ 人民邮电出版社出版发行　　北京市丰台区成寿寺路 11 号
　　　　邮编　100164　电子邮件　315@ptpress.com.cn
　　　　网址　http://www.ptpress.com.cn
　　　　中国铁道出版社印刷厂印刷
　　◆ 开本：787×1092　1/16
　　　　印张：16.25　　　　　　2014 年 9 月第 1 版
　　　　字数：363 千字　　　　2016 年 7 月北京第 4 次印刷

定价：36.00 元
读者服务热线：(010)81055256　印装质量热线：(010)81055316
反盗版热线：(010)81055315
广告经营许可证：京东工商广字第 8052 号

编委会

序

　　一个国家经济社会的发展，主要是靠自然资源、物质资源和人力资源，但是我们不能仅依靠对自然资源破坏性的开发和对物质资源的大量消耗、浪费来发展社会经济。由于我国自然资源比较贫乏，物质资源也相对有限，所以我们要实现经济社会的持续发展就要建设人力资源强国。当前，我国处于从一个人力资源大国向人力资源强国转变的关键时期，要实现这样的转变就必须大力发展教育。人力资源理论指出教育对于经济的增长有重要作用，以 1926—1957 年的美国为例，其经济增长中有近三分之一是来自人力资源增长的贡献。所以一个国家经济社会要发展，首先就要发展教育，特别是发展职业教育，因为职业教育是为一线生产、服务、管理等部门培养高素质的劳动者和技术技能型应用人才的，这些人才的素质高低直接关系到一个国家经济社会的发展的规模、速度和效益。因此可以说，国家之间的实力竞争，归根结底是人才的竞争，是一线劳动者和技术技能人才综合素质的竞争，所以抓职业教育发展就是抓经济社会发展。

　　为了更好地促进职业教育商业类专业的发展，教育部和商务部牵头成立了全国商业职业教育教学指导委员会，其主要职能之一就是"研究商业职业教育的人才培养目标、教学基本要求和人才培养质量的评价方法，对专业设置、教学计划制定、课程开发、教材建设提出建议"，推进职业教育课程衔接体系建设，全面推进现代职业教育体系的建设，推动职业教育商业类人才的培养。

　　进入 21 世纪以来，随着中国经济实力的飞速提升，中国商业获得了巨大的发展，发生了深刻的变化。与商业相关的多个行业领域也重获新生且飞速发展，不仅各行业内部的繁荣程度得到不断提升，行业对外开放程度，行业的法制建设、人才建设等各方面都取得了显著成就，上升到了新的水平。我国商业及相关经济行业的飞速发展，既为商科职业教育的发展带来了勃勃生机，也同时带来了新的挑战。以往商科高等职业教育更多借鉴原专科教学经验，教学内容和教学形式多为原专科教学的"翻版"，尤其是教材，很多经典教材都由从事本专科教学的教师编写。实践证明，这些教材越来越难以满足高等职业教育应用性强及以就业为导向的教学需要。正是基于这样的考虑，2012 年年初，人民邮电出版社发起了"职业教育财经类名师精品教材建设项目"，这个"聚名师、建精品、促教学"的有益之举甫一出台就得到全国多家知名高职院校的支持和响应。同年仲夏，该项目在北京召开了项目启动仪式及专家委员会组建大会，之后历时一年，该项目的成果终能付梓，也就是现在呈现给各位读者的"高等职业教育财经类名师精品规划教材"。

　　作为"职业教育财经类名师精品教材建设项目"专家委员会的主任委员，我参与了这套教材的筹备、审稿等多个关键环节，认为这套教材与以往高职高专财经类教材相比，在三个方面做得比较好。首先，编者名师汇集，内容紧扣教改。这套教材的编写者、审阅者都是国内商科类院校的知名专家、教授。他们将自己多年教学实践所得，按照职业教育最新的"五个深度对接"的教学改革要求撰写成册，实现了课程教材内容与职业标准对接，充分体现了"做中学，做中教"、"理论实践一体化"的要求，科学地将专业知识和专业技能的培养结合起来，教材内容在确保学生达到职业资格要求的同时，还能促进学生综合职业素养的发展。其次，体例论证严密，呈现形式有创新性。组建了专门的专家委员会对教材的体例、内容进行审定。其中主任委员负责教材宏观方向和思路的把握，副主任委员负责具体教材规划的制定，包括课程规划、写作思路、教材体例、整体进度规划等，通过多级专家审定和多次会议讨论、商定，最终选择符合课程特色和教学改革新要求的教材编写体例和内容呈现形式。最后，资源丰富实用，打造立体平台。为了寓教于学，充分调动学生学习的积极性和主动性，出版社聘请专人运用最先进的教学资源建设理念和手段，为每本教材配套建设了丰富的多媒体教学资源。这些教学资源都经过精心的教学设计，能够与教材内容紧密结合，有效地促进了学与教，从而为教师课堂教学注入新的活力。

相信这套教材被广大职业院校使用之后，可以有效地实现对学生学习能力、职业能力和社会能力的培养，促进学生综合素质的发展和提高。

这套教材从专家团队组建、教材编写定位、教材结构设计、教材大纲审定到教材编写、审校全过程都倾注了高职商科教学一线众多教育专家和教学工作者的心血，在这里我真诚地对参加编审的教授、专家表示衷心的感谢。

全国商业职业教育教学指导委员会副主任委员　王晋卿

2013 年 6 月 26 日

前　言

事实证明，当今社会，税收正越来越深刻地影响着人们的经济生活。特别是在税收实践中，纳税主体应依法纳税，征税主体应依法征税。高职高专的根本任务是为生产、建设、服务和管理第一线培养高端技能型人才，因此，高职院校普遍将"中国税收"列入经管类专业的专业基础课，以适应经管类专业培养目标的需要。

本书综合考虑高职与中职、本科的不同人才培养目标，根据经管类专业基础课的要求安排教学内容。在内容框架构建上设置了 3 大部分：税收基本理论——（实体）税收法律制度——税收征收管理制度。（实体）税收法律制度是本教材的核心内容，在具体税种的选择上我们同时考虑了高职学生就业岗位中较多能涉及的税种及学生在初中级职业资格考试中所要求掌握的共 13 个具体税种，在每一个税种的讲述中我们按税收法定要素的逻辑关系，统一分 3 个层次顺序展开：一是纳税人与征税对象；二是税率、税收优惠及税额计算；三是纳税义务发生时间、纳税期限与纳税地点。对税收征收管理制度，我们根据《税收征收管理法》的规定，按税收征收管理要素的逻辑关系，分为税务管理、税款征收、税务检查和税收法律责任 4 方面讲述。

本书以截至 2016 年 5 月的最新税收法律为依据，特别根据"营改增"税收相关政策，对全书的章节及内容进行了详细修改阐述。

本书有国家精品共享课"税务会计"网站（http://www.icourses.cn/coursestatic/course_2433.html），国家精品课程"税务会计"网站（http://swkj.lszjy.com/）两个网络资源作重要支撑，提供了教、学、做所需的丰富的教学资源。

本书主要作为高职高专、成人高等学校和本科院校二级学院经济管理类各专业学生的教学用书，也可作为各类企业在职会计、税务等人员的培训、自学教材，以及各类企业管理人员的参考读物。

本书由丽水职业技术学院王碧秀教授主编。其中，模块三由中国银行丽水分行蔡梦颖编写，模块四的第八章到第十章由安徽工业经济职业技术学院范昱编写，其他模块或章节由王碧秀编写。本书在编写过程中参考了不少专著和教材，得到了有关专家学者、院校领导的大力支持，在此一并表示感谢！

由于编者水平有限，书中疏漏之处在所难免，敬请读者批评指正。

编　者
2016 年 6 月

目 录
Contents

模块五　税收征收管理制度

1

模块一

税收基本理论

第一章
税收基本理论

🔍 学习目标

① 掌握税收的基本属性，税收的主体、税收的客体与税收"三性"的本质内容。
② 理解税收的基本职能。
③ 熟悉我国现行税收体系。
④ 掌握税制构成要素，并能分析运用。

第一节 | 税收的本质

一、税收产生的必然性

人类要生存与发展，必须进行生产与消费。为了进行生产与消费，不仅要有资本、土地等生产资料和吃、穿、住、用等消费资料，而且要有和平的社会环境、安定的社会秩序和便利的公共设施等生产与消费的共同外部条件。和平的社会环境依靠国家执行国防事务职能实现。国家为执行国防事务职能，需要建设功能完备的军事设施，建立强大的常备军，组织各种形式的军事演练，由此发生的支出主要来自税收。安定的社会秩序依靠国家执行法律事务职能实现。国家为执行法律事务职能，需要设立完备的立法机关、司法机关和行政机关，配备相应的人员，制定各种法律，召开各种会议，处理各种日常事务，由此发生的支出也主要来自税收。便利的公共设施来自政府兴建交通、通信等公共工程和举办文化、教育、卫生、科技等公共事业。国家为兴建公共工程和兴办公共事业，需要编制科学的发展规划，占有充足的人力和物力，组织公共工程和公共事业的建设，实施公共工程与公共事业的管理，由此而发生的支出仍然主要来自税收。如果没有税收，国家将无法履行执行国防事务和法律事务、兴建公共工程和兴办公共事业等公共职能，社会将不可能有和平的环境、安定的秩序和各种便利的设施，生产与消费将难以顺利进行，人们的生存与发展将陷入困境。因此，文明社会的存在不能没有税收。

根据文明社会税收存在的必要性和普遍性，以及中外学者对于税收本质的认识，我们可以将税收定义为：税收是国家为满足社会公共需要，凭借公共权力，按照法律所规定的标准和程序，参与国民收入分配，强制地、无偿地取得财政收入的一种方式。

趣味阅读

"税"字解读

"税"在《说文解字》中的解释是：税，租也，从禾，兑声。"税"字一边是"禾"字，禾指田禾，农作物，泛指土地产出物；另一边是"兑"，本义是交换的意思。"禾"与"兑"在一起是"税"字，其字面意思就是拿农作物进行交换。至于与谁交换，交换什么，这单从字面上看不出来。但不难理解，交换的是国家提供的公共服务。"税"字的含义实际上就是社会成员以占有的土地为基础，把部分农产品上缴给国家，是国家取得财政收入的一种形式。"税"字最早见于《左传》：初税亩，非礼也。

——摘自李波、夏晶《我国古代税收名称略考》

二、理解税收本质的几个概念

1．税收的基本属性

税收的基本属性是一种财富转移方式。在文明社会，财富的转移有三种基本类型：一是政府之间的财富转移，包括下级政府对上级政府的贡献和上级政府对下级政府的补助；二是经济活动主体之间的财富转移，包括以贡献为依据的收入分配和以货币为媒介的商品交换；三是政府与经济活动主体之间的财富转移，包括由政府到经济活动主体的财富转移和由经济活动主体到政府的财富转移。其中，由经济活动主体到政府的财富转移又有两种类型：一是以私人权利为依据的财富转移，如经济活动主体因占有或使用国家所有的资源或资产而向政府交纳的租金、使用费；二是以公共权力或权利为依据的财富转移，包括没收、罚款、强制赔偿、课征等。其中，课征又有征用和征收两种方式：征用是政府直接占有经济活动主体的劳动力、土地等生产要素的形式与过程；征收是政府直接占有经济活动主体的产品或收入的形式与过程，一部分采取税收形式，另一部分采取行政收费的形式。

2．税收的主体

税收的主体包括课征主体与缴纳主体两个方面。

（1）税收的课征主体。税收的课征主体是代表社会全体成员行使公共权力的政府。政府成为税收课征主体，是因为政府具有征税的需要和权力。政府为了执行其职能，必须占有一部分经济资源，而为了获得这部分经济资源，就必须向经济活动主体征税。同时，政府执行公共职能为人们创造了生产与消费共同外部条件，保护并增进了经济活动主体的利益，由此取得了征税的权力。

（2）税收的缴纳主体。税收的缴纳主体为经济活动主体。在任何经济社会，经济资源总是归经济活动主体占有和使用，物质财富总是由经济活动主体创造，实现收入也总是首先归经济活动主体所有，只有经济活动主体，才具有纳税的能力。同时，经济活动主体从事经济活动离不开政府提供的和平环境、安定秩序和便利设施，其创造的财富和实现的收入，不仅包含经济活动主体自身的贡献，还包含政府通过提供和平环境、安定秩序和便利设施的贡献。因此，任何一个经济活动主体都有义务将一部分收入缴纳给政府。

3．税收的客体

税收的客体是国民收入。国民收入是社会存在与发展的经济基础。居民的消费、企业的投资、政府执行公共职能所发生的各种支出都是以国民收入为基础，因此，只有国民收入才能成为税收的客体。同时，国民收入的创造，既离不开经济活动主体的贡献，也离不开政府提供的各种外部条件。因此，社会在一定时期所创造的国民收入，应当作为税收客体在政府与经济活动主体之间进行合理的分配。

4．税收的特性

税收的特性是指税收所具有的无偿性、固定性和强制性，也叫税收的"三性"。它是税收区别于政府其他财政收入形式的标志。

（1）无偿性。税收的无偿性是指国家征税后，税款即成为国家的财政收入，国家不向纳税人支付任何形式的直接报酬。税收的无偿性具有两层含义：第一，税收所体现的政府与经济活动主体之间的利益关系是一种互利关系，即政府一方面向经济活动主体提供和平、秩序和便利，另一方面向经济活动主体征税；经济活动主体一方面向政府纳税，另一方面享受政府提供的和平、秩序和便利。因此，两者的关系是一种互利关系。第二，政府与各个经济活动主体之间的互利关系并不像商品的等价交换那样是一种完全对等的互利关系，而是一种不完全对等的互利关系，即纳税多的经济活动主体并不必然享受较大的利益，纳税少的经济活动主体也非必然享受较小的利益。

（2）固定性。税收的固定性是指国家在征税之前，以法律形式预先确定征税对象、征收标准、征税方法等基本内容，除国家特定权力机构外，任何单位与个人都不能随意改变。税收只有具备固定性，生产者才能从长安排自己的生产经营活动，消费者才能从长安排自己的消费活动，经济才能持续发展，社会才能不断进步。

（3）强制性。税收的强制性是指国家凭借政治权力，通过法律形式强制参与经济活动主体的收入分配，而非纳税人的自愿缴纳。具体来说，任何纳税主体都必须依法纳税，任何征税机关都必须依法征税，否则就要受到法律制裁。

> 想一想　"如果政府的某种财政收入名称中含有'税'字，其本质上就是一种税收收入"这种说法你认同吗？

第二节 ｜ 税收职能

不同的经济社会，政府的职能不同，执行职能的需要不同，税收的职能就不同。中国现阶段的税收职能主要包括收入手段和调节手段两个方面。

一、收入手段职能

收入手段职能是指税收所具有的取得财政收入、满足政府执行职能物质需要的能动性。中国现阶段，税收占财政收入的比重一直高达90%，究其原因主要是税收比其他政府收入形式具有如下优越性。

（1）来源广泛。由于政府的公共职能惠及所有的经济活动主体，所有经济活动主体都有义务向政府纳税，因此，相对于租金、利润和行政收费等政府收入来源形式，税收的来源最为广泛。

（2）数额确定。税收是按事先确定的范围和标准征收的，因此，比较国家取得财政收入的其他形式，以税收形式取得财政收入的数额更具有确定性。

（3）占有长久。相对于以公债形式取得的收入到期需要还本付息，以税收形式形成的收入，政府可以永久性占有和支配。

二、调节手段职能

调节手段职能是指税收所具有的调节经济活动与社会生活、实现经济发展与社会进步的能动性。具体来说有如下几层含义。

（1）调节资源配置。在市场经济体制下，资源的配置是以市场调节为基础的，但由于不完全竞争等原因，完全由市场调节的资源配置无法达到资源配置的理想状态，这就需要政府对资源配置进行必要的调节。政府调节资源配置的手段主要有三种：一是法律手段，如反不正当竞争法；二是行政手段，如行政许可；三是经济手段，如财政政策、信贷政策等。税收是政府执行财政政策的重要手段，在调节产业结构、区域经济结构等方面具有其他经济手段不可替代的作用。

（2）调节收入分配。在市场经济条件下，收入的分配主要是以要素的贡献为依据的。由于初始条件不均等，要素的禀赋存在差异，完全以要素的贡献为依据进行收入分配并不符合社会公认的公平状态，这就需要政府对收入分配进行必要的调节。政府调节收入分配的手段有三种：法律手段，如劳动者的最低工资制度；二是行政手段，如农产品价格支持政策；三是经济手段，如制定累进的所得税制。政府在运用经济手段调节收入分配时，必然将税收作为重要的杠杆。

（3）调节经济总量。税收在调节总供给上，主要是通过税收对资源开发、劳动供给、资本形成和技术进步等的影响，调节经济供给总量；税收在调节总需求上，主要是通过税收调节总消费、总投资和出口总额，达到调节总需求的目的。

第三节 | 税收体系

税收体系是构成税收制度的具体税收种类。一个国家一定历史时期的税收体系，是在综合公平、效率、适度、简便等税收原则基础上，对可供选择的征税对象进行筛选确定的。我国现行已开征的税种有增值税、消费税、关税、企业所得税、个人所得税、资源税、房产税、城镇土地使用税、车船税、土地增值税、车辆购置税、印花税、城市维护建设税、耕地占用税、契税和烟叶税。由上述具体税种构成的税收体系，可按不同标准进行分类。自 2016 年 5 月 1 日起在全国范围内实行"营改增"，营业税不再征收。

一、按征税对象分类

以征税对象为标准，可将税收分为流转税、所得税、财产税、资源税、行为税、特定目的税和烟叶税。

（1）流转税。流转税是指以商品或劳务、服务、无形资产或不动产的流转额为征税对象征收的一种税。此税种主要在生产、流通和服务领域中发挥调节作用，包括增值税、消费税和关税。

（2）所得税。所得税是指以所得额为征税对象征收的一种税。此税种主要对生产经营者的利润和个人的纯收入发挥调节作用，包括企业所得税和个人所得税。

（3）财产税。财产税是指以纳税人所拥有或支配的财产为征税对象征收的一种税。此税种主要对特定财产发挥调节作用，包括房产税和车船税。

（4）资源税。资源税是对开发、利用和占有国有自然资源的单位和个人征收的一种税。此税种主要对因开发和利用自然资源而形成的级差收入发挥调节作用，包括资源税、土地增值税和城镇土地使用税。

（5）行为税。行为税是指为了调节某些行为，以这些行为为征税对象征收的一种税。此税种主要对特定行为发挥调节作用，包括印花税、契税。

（6）特定目的税。特定目的税是为了达到特定目的而征收的一种税。此税种主要是为了特定目的，对特定对象发挥调节作用，包括城市维护建设税、车辆购置税、耕地占用税。

（7）烟叶税。烟叶税是指国家对收购烟叶的单位按收购烟叶金额征收的一种税。

二、按税负能否转嫁分类

以税负能否转嫁为标准，可将税收分为直接税和间接税。

（1）直接税是指税负不能转嫁，只能由纳税人承担的一种税，如所得税、财产税等。

（2）间接税是指纳税人能将税负全部或部分转嫁给他人的一种税，如流转税。

三、按计税依据分类

以计税依据为标准，可将税收分为从量税、从价税和复合税。

（1）从量税是以征税对象的自然实物量（重量、容积等）为标准，采用固定单位税额征收的一种税，如啤酒的消费税。

（2）从价税是以征税对象的价值量为标准，按规定税率征收的一种税，如化妆品的消费税。

（3）复合税是同时以征税对象的自然实物量和价值量为标准征收的一种税，如白酒的消费税。

四、按税收管理与使用权限分类

以税收管理与使用权限为标准，可将税收分为中央税、地方税、中央地方共享税。

（1）中央税是指管理权限归中央，税收收入归中央支配和使用的一种税，如关税、消费税、车辆购置税等。

（2）地方税是指管理权限归地方，税收收入归地方支配和使用的一种税，如车船税、房产税、土地增值税等。

（3）中央地方共享税是指主要管理权限归中央，税收收入由中央和地方共同享有，按一定比例分成的一种税，如增值税、资源税、企业所得税、印花税等。

五、按税收与价格的关系分类

以税收与价格的关系为标准，可将税收分为价内税和价外税。

（1）价内税是指商品税金包含在商品价格之中，商品价格由"成本＋税金＋利润"构成的一种税。价内税有利于国家通过对税负的调整，直接调节生产和消费，但往往容易造成对价格的扭曲。

（2）价外税是指商品价格中不包含商品税金，商品价格仅由成本和利润构成的一种税。价外税与企业的成本利润、价格没有直接联系，能更好地反映企业的经营成果。

第四节 | 税制构成要素

税制构成要素是指构成一个完整税种的法定要素。它主要包括纳税人、征税对象、税率、纳税期限、纳税地点、税收减免和税收加征。

一、纳税人

纳税人即纳税义务人，是指税法所规定的直接负有纳税义务的单位和个人。它表明政府直接向谁征税或谁负有向政府纳税的义务。

纳税人包括法人和自然人。法人是指依法成立，能够以自己的名义独立支配属于自己的财产，并依法享有民事权利和承担民事义务的社会组织，如企事业单位、国家机关、社会团体等。自然人是指基于出生而依法享有民事权利和承担民事义务的个人，包括本国公民和居住在本国的外国公民。不具备法人资格的独资企业和合伙企业也属于自然人。

在实际税收征管工作中有以下几个与纳税人相关的概念。

（1）扣缴义务人，即代扣代缴义务人，是指按税法规定负有扣缴税款义务的单位和个人。确定扣缴义务人是加强税收源泉控制，减少税款流失，简化征税手续，降低征收成本的需要。扣缴义务人必须依法履行扣缴税款义务，否则要承担法律责任。

（2）负税人。负税人是最终承担税款的单位或个人。纳税人与负税人并不一定完全为同一人。当纳税人缴纳的税款无法实现转嫁时，纳税人同时又是负税人；当纳税人能够将所缴税款转嫁给他人时，纳税人就不是负税人。税法一般只规定纳税人。

想一想	"扣缴义务人是纳税人的一种特殊形式"这种说法你同意吗？

二、征税对象

征税对象是指征税的目的物。它表明政府对什么征税或经济社会中的什么应当纳税。征税对象包括物和行为两类。物是在一定社会关系中能由人类控制和支配的财富；行为是指人的活动及其结果。通常人们将征税对象分为商品、所得、财产三类。商品和所得是财富的流量形态，其中商品表示经济活动主体的消费支出，所得表示经济活动主体的收入情况；财产是财富的存量形态，表示经济活动主体对财富的占有情况。征税对象是确立一种税的客观基础，是决定一种税区别另一种税的主要标志。

在实际税收征管工作中有以下几个与征税对象密切相关的概念。

（1）税目。税目是征税对象的具体化，反映各税种的具体征税范围，体现每个税种的征税广度。设置税目有两个目的：一是明确征税对象的具体范围；二是对征税对象进行归类，以便确定差别税率。

你认为所有税种都有设置税目的必要吗？

（2）税基。税基是指计算应纳税额的基数，也叫计税依据。它表明政府按什么征税或纳税人按什么纳税。税基乘以税率等于应纳税额。

税基有实物量与价值量两种形式。以实物量为税基的税种称为从量税；以价值量为税基的税种称为从价税；同时以实物量和价值量为税基的税种称为复合税。

通过查阅教材或上网等方式，试试你能找到多少种从价税、从量税和复合税？

三、税率

税率是计算税额的法定比率，是最活跃、最有力的税收杠杆，是税收制度的核心。税率的具体形式有以下几种。

1．额式税率与率式税率

根据税率的表现形式，税率可分为额式税率与率式税率。

（1）额式税率是按税基的单位规定的固定税额，也叫单位税额，如含铅汽油的消费税税率为 1.52 元/升。

（2）率式税率是按税基的单位规定的百分比，如化妆品的消费税税率为 30%。

2．固定比例税率与变动比例税率

根据税额与税基的数量关系，税率可分为固定比例税率与变动比例税率，其中，变动比例税率又可分为累进税率和累退税率。

（1）固定比例税率。固定比例税率是指不以税基大小为转移的比例税率，简称比例税率，包括额式比例税率与率式比例税率。

（2）累进税率。累进税率是指随着税基的增加而提高的税率，包括额式累进税率与率式累进税率。前者如机动船舶车船税税率；后者如工资、薪金个人所得税税率，土地增值税税率。

（3）累退税率。累退税率是指随着税基的增加而下降的税率。我国目前尚无此类税率实例。

请你查阅本教材所述及的各税种的税率，举例说明哪些税种适用比例税率，哪些税种适用累进税率？

四、纳税地点

纳税地点是指纳税人缴纳税款的地点。确定纳税地点是为了方便纳税人缴纳税款以及有利于处理地区间的税收分配关系。因此，纳税地点的确定必须遵守方便征税、利于源泉控制的原则。

五、纳税期限

纳税期限是纳税人缴纳税款的期限，包括税款的计算期和税款的缴纳期。

税款的计算期是指计算税款的期限，分为按次计算和按时间计算两种形式。按次计算是以发生纳税义务的次数作为税款计算期。按时间计算是以发生纳税义务的一定时段作为税款计算期。如增值税税款按时间计算可分为 1 日、3 日、5 日、10 日、15 日、1 个月和 1 个季度。

税款缴纳期是税款计算期满后缴纳税款的期限。如增值税按时间计算税款时，以 1 个月为一期纳税的，自期满之日起 15 天申报纳税；以其他间隔期为纳税期的，自期满之日起 5 天内预缴税款，于次月 1 日起 15 天内申报纳税并结清上月税款。不能按固定期限纳税的，可根据纳税行为的发生次数确定纳税期限。

> 想一想　如果你所在的企业增值税按期计算，现让你选择具体的纳税期限，你会做怎样的决策？

六、税收减免

税收减免是对某些纳税人或征税对象的鼓励或照顾措施。税收减免是税率的重要补充，是税法普遍性与特殊性、统一性和灵活性的有机结合。税收减免的具体形式包括税基式减免、税率式减免、税额式减免三种。

（1）税基式减免。税基式减免是通过直接缩小税基的方式来实现的减税免税，包括起征点、免征额、项目扣除等形式。

起征点是征税对象达到一定数额开始征税的起点，对征税对象数额未达到起征点的不征税，达到起征点的按全额征税。免征额是在征税对象的全部数额中免予征税的数额，对免征额的部分不征税，仅对超过免征额的部分征税。项目扣除是指在征税对象中扣除一定项目的数额，以其余额为依据计算税额。

> 小窍门　起征点"不到不征，一到全征"；免征额"不到不征，一到只就超过部分征"。

> 想一想　某纳税人某月取得的应税收入为 500 元，假设税法规定的起征点为 300 元，税率为 10%，则应纳税额是多少？若税法规定免征额为 300 元，其应纳税额又是多少？

（2）税率式减免。税率式减免是通过直接降低税率的方式实现的减税免税，包括重新确定税率、选用其他税率、零税率等形式。

（3）税额式减免。税额式减免是通过直接减少应纳税额的方式实现的减税免税，包括全部免征、减半征收、核定减免率等形式。

七、税收加征

（1）地方附加。地方附加是指地方政府按国家规定的比例随同正税一起征收的列入地方预算外收入的一种款项，如教育费附加。

（2）加成征收。加成征收是指在应纳税额基础上额外征收一定比例的税额。加成实际上是税率的一种延伸，增强了税制的灵活性与适应性，如劳务报酬个人所得税。

本章概要

内容结构：

```
                                  ┌─ 税收的本质
                                  │
                                  ├─ 税收的职能：收入手段职能与调节手段职能
                                  │
                                  │          ┌─ 按征税对象分流转税、所得税、财产税、资源税、行为税、特定目的税、烟叶税
                                  │          │
                                  │       税 ├─ 按税负能否转嫁分直接税、间接税
            税                    │       收 │
            收     ────────────────┤       体 ├─ 按计税依据分从价税、从量税、复合税
            基                    │       系 │
            本                    │          ├─ 按税收管理与使用权限分中央税、地方税、中央地方共享税
            理                    │          │
            论                    │          └─ 按税收与价格关系分价内税、价外税
                                  │
                                  │          ┌─ 纳税人：自然人与法人；相关概念：负税人、扣缴义务人
                                  │          │
                                  │       税 ├─ 征税对象；相关概念：税目与税基
                                  │       制 │
                                  │       构 ├─ 税率：额式税率与率式税率，固定比例税率与变动比例税率
                                  └─       成 │
                                          要 ├─ 纳税地点
                                          素 │
                                             ├─ 纳税期限
                                             │
                                             ├─ 税收减免
                                             │
                                             └─ 税收加征
```

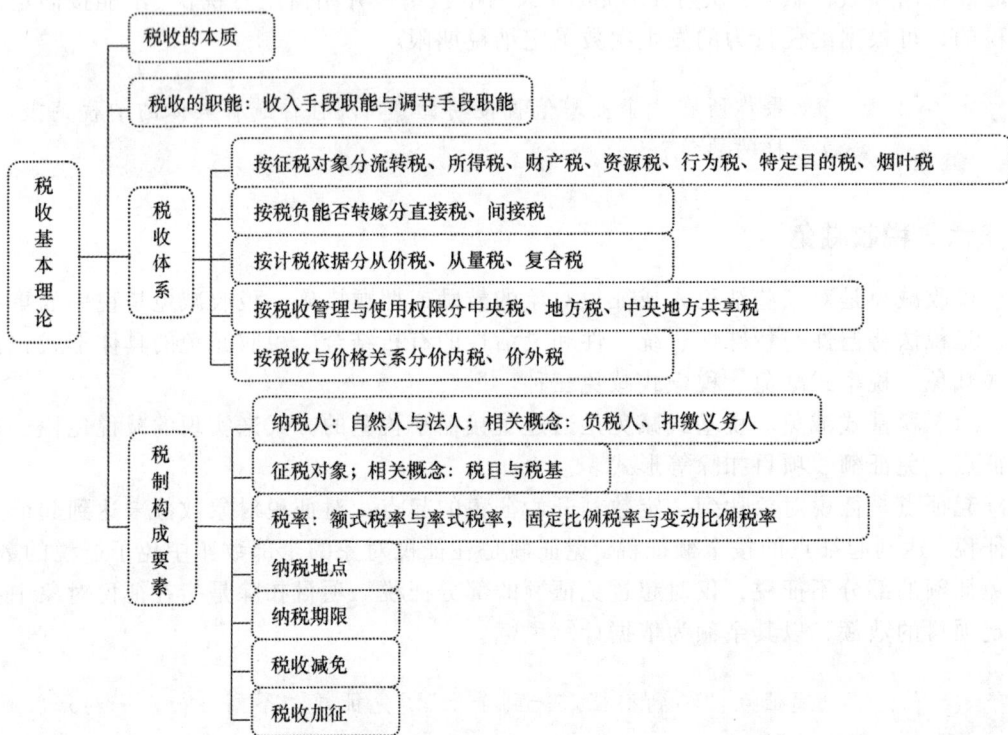

知识点：税收　流转税　所得税　财产税　行为税　资源税　特定目的税　烟叶税　直接税　间接税　从价税　从量税　复合税　中央税　地方税　中央地方共享税　价内税　价外税　纳税人　负税人　扣缴义务人　征税对象　税目　税基　税率　额式税率　率式税率　固定比例税率　变动比例税率　纳税地点　纳税期限　税基式减免　税率式减免　税额式减免　起征点　免征额　地方附加　加成征收

能力点：税收分类的应用　税制构成要素原理的运用

重点：税收本质　税收"三性"特征　税收体系　税制构成要素

难点：税收体系　税制构成要素

单元训练

一、复习思考题

1. 试述文明社会税收存在的必然性。
2. 什么是税收？简述税收的"三性"特征。
3. 简述中国现阶段税收的基本职能。
4. 简述中国现阶段税收体系基本内容。
5. 税制构成的要素包括哪些？简述其基本内容。

二、单项选择题

1. 税制构成要素中区分不同税种的标志是（　　　）。
   A. 纳税人　　　　B. 征税对象　　　　C. 税目　　　　D. 税率
2. （　　　）是衡量税负轻重与否的重要标志，是税收制度的核心。
   A. 征税对象　　　B. 税目　　　　　C. 计税依据　　D. 税率
3. 以商品或劳务的流转额为征税对象的税种叫（　　　）。
   A. 流转税　　　　B. 所得税　　　　C. 财产税　　　D. 资源税
4. 我国现行税收体系，以（　　　）为标准，将税收分为从量税、从价税和复合税。
   A. 征税对象　　　B. 税负能否转嫁　　C. 计税依据　　D. 税收管理与使用权
5. （　　　）是税款的实际承担者，是负担税款的经济实体。
   A. 纳税人　　　　B. 负税人　　　　　C. 扣缴义务人　D. 税款征收机关

三、多项选择题

1. 税收区别于其他财政收入取得方式的独有特征，即税收的"三性"是指（　　　）。
   A. 合法性　　　　B. 固定性　　　　C. 无偿性　　　D. 强制性
2. 税法规定的纳税人的两种最基本形式是（　　　）。
   A. 居民纳税人　　B. 法人　　　　　C. 自然人　　　D. 居民企业
3. 我国现行税法规定的减免税形式有（　　　）。
   A. 税基式减免　　　　　　　　　　B. 税率式减免
   C. 税额式减免　　　　　　　　　　D. 地方附加与税收加成
4. 下列各项具有间接税特征的是（　　　）。
   A. 增值税　　　　B. 企业所得税　　C. 消费税　　　D. 关税
5. 我国现行税法规定的税种中,适用率式累进税率(也叫超额累进税率)的有(　　　)。
   A. 增值税　　　　　　　　　　　　B. 企业所得税
   C. 工资、薪金个人所得税　　　　　D. 个体工商户生产经营所得个人所得税

四、判断题

1. 纳税人和负税人都是由税法直接规定的。　　　　　　　　　　　　　　（　　　）
2. 征税对象是区分不同税种的最基本界限。　　　　　　　　　　　　　　（　　　）
3. 流转税主要对生产经营者的利润和个人的纯收入发挥调节作用。　　　（　　　）

4. 起征点规定征税对象数额未达到起征点的不征税，达到起征点的按全额征税。
（　　）

5. 税目设置的目的就是方便确定差别税率。 （　　）

五、分析题

1. "在税收实务中，实际的税款是由纳税人申报并缴纳的，因此，纳税人就是负税人"，你同意这种说法吗？请说明理由。

2. "起征点与免征额均是国家给予纳税人的税收减免，因此，两者本质是相同的"你认为这种说法正确吗？请说明理由。

2

模块二

流转税

第二章
增值税

学习目标

1. 了解增值税的含义和类型。
2. 掌握增值税法律制度的主要内容，能确定一般纳税人和小规模纳税人身份，能确定增值税征税范围，能选择一般纳税人、小规模纳税人适用税率。
3. 熟悉并运用增值税的税收优惠政策。
4. 熟悉增值税计税方法，能计算一般纳税人、小规模纳税人及进口货物应纳增值税税额。
5. 熟悉增值税出口退税制度和出口退（免）税计算方法，能计算出口货物退（免）增值税税额。
6. 能向企业员工宣传增值税法规政策，并共同进行税收筹划。
7. 能与税务部门沟通，以获得他们对税收优惠的支持。

第一节　增值税概述

一、增值税概念

增值税是以货物、劳务、服务、无形资产或不动产（以下简称应税行为）在流转过程中产生的增值额为计税依据征收的一种流转税。从理论上看，增值额是指纳税人从事生产经营在购入商品或取得劳务、服务价值基础上新增加的价值额。以商品生产销售为例具体可从以下两个角度理解。

（1）从某一生产经营过程看。增值额是商品的某一生产经营者在生产经营该商品过程中新增加的价值。用公式表示为

减法：增值额=产出－投入=销售收入额－外购商品和劳务支付金额

加法：增值额=工资+盈利=工资+租金+利息+利润+其他增值项目

（2）从某一商品看。增值额是该商品在生产经营过程中新增加的价值。它等于商品在各个生产经营环节新增加价值的总和。表 2-1 以一件成衣从布料生产到最终卖给消费者全过程为例，分析了各环节增值额与其销售收入额关系。

表 2-1	各环节增值额与商品销售收入额关系	单位：元
生产经营环节	销售收入	增值额
坯布生产	300	300 - 0=300
成衣生产	700	700 - 300=400
成衣批发	900	900 - 700=200
成衣零售	1 000	1 000 - 900=100
合计		1 000

从表 2-1 分析可知，就某一商品而言，其增值额等于商品进入最终消费时的销售价格。

二、增值税类型

1．特定商品增值税和一般商品增值税

以征税范围为标准，增值税可分为特定商品增值税和一般商品增值税。特定商品增值税是指只在生产与流通某个或某些环节，只对某类或某些货物（或服务）征收的增值税。一般商品增值税是在生产与流通的各个环节，对所有货物（或服务）征收的增值税。

目前世界典型国家的增值税，如经济合作与发展组织（OECD）成员国的增值税基本上属于一般商品增值税。我国 2016 年 5 月 1 日前执行的增值税属于特定商品增值税，从征税环节看，在 1994 年前只在生产环节征收增值税，1994 年后，在生产、批发、零售各环节普遍征收增值税；从征税范围看，1994 年前，只对部分工业品征收增值税，1994 年后，不仅扩大了工业品的征税范围，并对部分服务（如加工、修理修配）也开始征收增值税，自 2016 年 5 月 1 日起在全国范围内对服务、无形资产和不动产也开始征收增值税，至此我国的增值税转型为一般商品增值税。

视频链接 "你有一封婚礼邀请函"我们结婚啦！

2．生产型增值税、收入型增值税和消费型增值税

在税收实践中，由于理论增值额的计算并无实际操作性，因此，各国据以计征增值税的增值额普遍由政府根据各自政策需要通过法律规定增值额的方法确定，由此确认的增值额叫法定增值额。以法定增值额的价值构成为标准，增值税可分为生产型增值税、收入型增值税和消费型增值税。

（1）生产型增值税。生产型增值税下，计算增值额时，对外购固定资产价值中所含的增值税及其折旧不予扣除，仅以纳税人销售收入（或劳务收入）减去用于生产经营的外购原材料、动力等物质资料价值后的余额为法定增值额。该法定增值额就整个社会而言，相当于国民生产总值，故称之为生产型增值税。此类型增值税的法定增值额大于理论增值额，税基较宽，能在一定程度上保证国家财政收入的稳定增长，但存在部分重复征税，因而不利于投资。我国 1994 年 1 月 1 日至 2008 年 12 月 31 日实行的是生产型增值税。

（2）收入型增值税。收入型增值税下，计算增值额时，不仅允许扣除外购原材料等物质资料的价值，而且允许扣除外购用于生产经营的固定资产已提折旧的部分。该法定增值额就整个社会而言，相当于国民收入部分，故称之为收入型增值税。此类型增值税

的法定增值额等于理论增值额，它消除了增值税的重复征税，但由于固定资产的折旧是分期进行的，其价值转移不能获得准确的凭证，不利于实际操作，因此实践中几乎没有被采用。

（3）消费型增值税。消费型增值税下，计算增值额时，允许将外购原材料等物质资料的价值和外购的用于生产经营的固定资产价值中所含的税款，在购置当期一次全部扣除。该法定增值额就整个社会而言，仅限于当期生产销售的消费品，不包括生产资料部分，故称之为消费型增值税。此类型增值税的法定增值额小于理论增值额，从局部范围看会减少财政收入，但它不仅消除了增值税的重复征税，有利于鼓励企业投资，且方便发票扣税法的操作。我国 2009 年 1 月 1 日开始实行消费型增值税。

我国现行增值税法律依据主要是国务院 2008 年 11 月修订的《中华人民共和国增值税暂行条例》(简称《增值税暂行条例》)，财政部、国家税务总局 2008 年 12 月公布并于 2011 年 10 月修订的《中华人民共和国增值税暂行条例实施细则》(财政部 国家税务总局第 50 号令)，2016 年 3 月 23 日财政部、国家税务总局公布的《关于全面推开营业税改征增值税试点的通知》(财税〔2016〕36 号)。

第二节 ｜ 增值税纳税人与征税对象

一、纳税人认定

（一）基本规定

增值税纳税人是指在我国境内销售货物、加工修理修配劳务、服务、无形资产、不动产（以下统称应税行为），以及进口货物的单位和个人。"单位"是指企业、行政单位、事业单位、军事单位、社会团体及其他单位；"个人"是指个体工商户和其他个人。

单位以承包、承租、挂靠方式经营的，承包人、承租人、挂靠人（以下称承包人）以发包人、出租人、被挂靠人（以下称发包人）名义对外经营并由发包人承担相关法律责任的，以该发包人为纳税人。否则，以承包人为纳税人。

> **特别提醒** 中华人民共和国境外单位或个人在境内发生增值税应税行为，在境内未设有经营机构的，以购买方为增值税扣缴义务人。财政部和国家税务总局另有规定的除外。

> **想一想** 甲运输企业挂靠 A 集团公司并以 A 集团公司名义对外经营，由 A 集团公司承担相关法律责任。你认为甲运输企业提供的增值税应税行为应由谁负责申报缴纳？

（二）增值税纳税人分类管理

为降低征税成本，提高税收征管效率，以经营规模及会计核算健全与否为标准，增值税纳税人可分为一般纳税人和小规模纳税人。应税行为的年应征增值税销售额（以下简称年应税销售额）超过财政部和国家税务总局规定标准的纳税人为一般纳税人，未超过规定标准的纳税人为小规模纳税人。

"年应税销售额"是指纳税人在连续不超过 12 个月的经营期内累计应征增值税销售额，包括减免税销售额、发生境外应税行为销售额以及按规定已从销售额中差额扣除的部分。"会计核算健全"是指能够按照国家统一的会计制度规定设置账簿，根据合法、有效凭证核算。

1．认定小规模纳税人的规模标准

（1）对从事货物生产或提供加工修理修配劳务的纳税人，以及以从事货物生产或提供加工修理修配劳务为主，并兼营货物批发或零售的纳税人，年应税销售额在 50 万元（含）以下的。

（2）从事货物批发或零售的纳税人，年应税销售额在 80 万元（含）以下的。

（3）从事销售服务、无形资产或不动产的纳税人，年应税销售额在 500 万元（含）以下的。

> **特别规定** 年应税销售额超过规定标准的其他个人不属于一般纳税人；年应税销售额超过规定标准但不经常发生应税行为的单位和个体工商户可选择按照小规模纳税人纳税。

2．一般纳税人认定

除国家税务总局另有规定外，增值税一般纳税人资格登记按照《增值税一般纳税人资格认定管理办法》（国家税务总局令第 22 号）、《关于调整增值税一般纳税人管理事项的公告》（国家税务总局公告 2015 年第 18 号）等相关规定执行。

增值税一般纳税人资格认定机关是纳税人机构所在地县（市、区）国家税务局或同级税务分局。

年应税销售额超过财政部、国家税务总局规定的小规模纳税人标准的，除个体工商户以外的其他个人、选择按小规模纳税人纳税的非企业性单位和不经常发生应税行为的企业外，应到主管税务机关办理一般纳税人资格登记。但对试点实施前已取得一般纳税人资格并兼营"营改增"应税行为的纳税人不需要再办理资格登记手续。

年应税销售额未超过财政部、国家税务总局规定的小规模纳税人标准以及新开业的纳税人，可以向主管税务机关办理一般纳税人资格登记。对提出申请且同时符合下列条件的纳税人，主管税务机关应当为其办理一般纳税人资格：有固定的生产经营场所；能够按国家统一的会计制度规定设置账簿，根据合法、有效凭证核算，能够提供准确税务资料。

纳税人自办理登记一般纳税人资格登记的次月起（新开业纳税人自主管税务机关受理申请的当月起），按照规定领购、使用增值税专用发票，并根据《增值税暂行条例》等政策的规定计算应纳税额。

除国家税务总局另有规定外，纳税人一经认定为一般纳税人后，不得转为小规模纳税人。

主管税务机关可以在一定期限内对下列一般纳税人实行纳税辅导期管理：新认定为一般纳税人的小型商贸批发企业；国家税务总局规定的其他一般纳税人。

> **特别注意** 　纳税人兼有销售货物、加工修理修配劳务、服务、无形资产或不动产多种应税行为的，应将销售应税货物、提供加工修理修配劳务的销售额，与销售服务、无形资产或不动产的销售额分别计算，分别适用《增值税暂行条例》及实施细则、《营改增试点实施办法》等规定的年销售额标准，确定所属的一般纳税人或小规模纳税人。

【案例分析 2-1】某商业批发企业兼营改增试点应税行为，假设分别发生下列三种情形，该怎样确定增值税纳税人资格。

分析：

（1）若货物批发零售业务年销售额 85 万元，销售服务、无形资产或不动产（以下简称营改增应税行为）年销售额为 400 万元，由于货物及劳务年销售额超过 80 万元，根据《增值税暂行条例》规定，应认定为一般纳税人。

（2）若货物批发零售业务年销售额 70 万元，营改增应税行为年销售额 505 万元，由于营改增应税行为年销售额超过 500 万元，按《营改增试点实施办法》认定为一般纳税人。

（3）若货物批发零售业务年销售额 70 万元，营改增应税行为年销售额 450 万元，合计金额超过 80 万元及 500 万元，但由于货物及劳务年销售额未超过 80 万元，营改增应税行为年销售额未超过 500 万元，应确认为小规模纳税人。

二、征税对象确定

我国现行增值税征税对象为在我国境内销售货物、加工修理修配劳务、服务、无形资产、不动产以及进口货物。理解这一内容需要搞清以下问题。

（一）"在我国境内"的界定

"在我国境内"：对于货物是指货物的起运地或所在地在中华人民共和国境内；对于服务、无形资产是指服务（租赁不动产除外）或者无形资产（自然资源使用权除外）的销售方或者购买方在境内；对于不动产是指所销售或者租赁的不动产在境内；对于自然资源使用权是指所销售自然资源使用权的自然资源在境内。

> **想一想** 　以下行为属于增值税境内销售服务行为的有（　　　）。
> A．境内单位或者个人作为销售方发生的除不动产租赁和自然资源使用权外的销售服务和无形资产行为
> B．境外单位或个人作为购买方在境内发生的除不动产租赁和自然资源使用权外的销售服务和无形资产行为
> C．境内或境外单位或者个人发生的境内不动产销售或租赁行为
> D．境内或境外单位或个人发生的境内自然资源使用权销售或租赁行为

> **特别注意** 　下列情形不属于在境内销售服务或者无形资产：境外单位或者个人向境内单位或者个人销售完全在境外发生的服务；境外单位或者个人向境内单位或者个人销售完全在境外使用的无形资产；境外单位或者个人向境内单位或者个人出租完全在境外使用的有形动产。

以下行为属于增值税境内销售服务行为的有（　　　　）。

A. 境内单位向境外单位购买的咨询服务

B. 境外单位向境内单位提供完全发生在境外的会展服务

C. 境外单位向境内销售完全在境外使用的专利和非专利技术

D. 境外单位向境内单位或者个人出租完全在境外使用的有形动产

（二）增值税应税行为的具体内容

1. 销售货物

货物是指有形动产，包括电力、热力、气体。销售货物是指有偿转让货物的所有权。"有偿"是指取得货币、货物或者其他经济利益。

2. 销售加工修理修配劳务

销售加工修理修配劳务是指有偿提供加工修理修配劳务。加工是指由委托方提供原料及主要材料，受托方按照委托方的要求制造货物并收取加工费的业务；修理修配是指受托方对损伤和丧失功能的货物进行修复，使其恢复原状和功能的业务。境内提供应税劳务是指提供的应税劳务发生在境内。

特别提醒 单位或个体经营者聘用的员工为本单位或者雇主提供的加工修理修配劳务不属于增值税征税范围。

3. 销售服务

销售服务是指提供交通运输服务、邮政服务、电信服务、建筑服务、金融服务、现代服务、生活服务。

（1）交通运输服务，是指利用运输工具将货物或者旅客送达目的地，使其空间位置得到转移的业务活动，包括陆路运输服务、水路运输服务、航空运输服务和管道运输服务。

① 陆路运输服务，是指通过陆路（地上或者地下）运送货物或者旅客的运输业务活动，包括铁路运输服务和其他陆路运输服务。

出租车公司向使用本公司自有出租车的出租车司机收取的管理费用，按照陆路运输服务缴纳增值税。

② 水路运输服务，是指通过江、河、湖、川等天然、人工水道或者海洋航道运送货物或者旅客的运输业务活动。包括水路运输的程租、期租业务。

知识链接 程租业务是指运输企业为租船人完成某一特定航次的运输任务并收取租赁费的业务。期租业务是指运输企业将配备有操作人员的船舶承租给他人使用一定期限，承租期内听候承租方调遣，不论是否经营，均按天向承租方收取租赁费，发生的固定费用均由船东负担的业务。

③ 航空运输服务，是指通过空中航线运送货物或者旅客的运输业务活动。

航空运输的湿租业务，属于航空运输服务。航天运输服务，按照航空运输服务缴纳增值税。

湿租业务是指航空运输企业将配备有机组人员的飞机承租给他人使用一定期限，承租期内听候承租方调遣，不论是否经营，均按一定标准向承租方收取租赁费，发生的固定费用均由承租方承担的业务。

④ 管道运输服务，是指通过管道设施输送气体、液体、固体物质的运输业务活动。无运输工具承运业务，按照交通运输服务缴纳增值税。

无运输工具承运业务是指经营者以承运人身份与托运人签订运输服务合同，收取运费并承担承运人责任，然后委托实际承运人完成运输服务的经营活动。

（2）邮政服务，是指中国邮政集团公司及其所属邮政企业提供邮件寄递、邮政汇兑和机要通信等邮政基本服务的业务活动，包括邮政普遍服务、邮政特殊服务和其他邮政服务。

① 邮政普遍服务，是指函件、包裹等邮件寄递，以及邮票发行、报刊发行和邮政汇兑等业务活动。

② 邮政特殊服务，是指义务兵平常信函、机要通信、盲人读物和革命烈士遗物的寄递等业务活动。

③ 其他邮政服务，是指邮册等邮品销售、邮政代理等业务活动。

（3）电信服务，是指利用有线、无线的电磁系统或者光电系统等各种通信网络资源，提供语音通话服务，传送、发射、接收或者应用图像、短信等电子数据和信息的业务活动，包括基础电信服务和增值电信服务。

① 基础电信服务，是指利用固网、移动网、卫星、互联网，提供语音通话服务的业务活动，以及出租或者出售带宽、波长等网络元素的业务活动。

② 增值电信服务，是指利用固网、移动网、卫星、互联网、有线电视网络，提供短信和彩信服务、电子数据和信息的传输及应用服务、互联网接入服务等业务活动。

卫星电视信号落地转接服务，按照增值电信服务缴纳增值税。

（4）建筑服务，是指各类建筑物、构筑物及其附属设施的建造、修缮、装饰，线路、管道、设备、设施等的安装以及其他工程作业的业务活动,包括工程服务、安装服务、修缮服务、装饰服务和其他建筑服务。

① 工程服务，是指新建、改建各种建筑物、构筑物的工程作业，包括与建筑物相连的各种设备或者支柱、操作平台的安装或者装设工程作业，以及各种窑炉和金属结构工程作业。

② 安装服务，是指生产设备、动力设备、起重设备、运输设备、传动设备、医疗实验设备以及其他各种设备、设施的装配、安置工程作业，包括与被安装设备相连的工作台、梯子、栏杆的装设工程作业，以及被安装设备的绝缘、防腐、保温、油漆等工程作业。

固定电话、有线电视、宽带、水、电、燃气、暖气等经营者向用户收取的安装费、初装费、开户费、扩容费以及类似收费，按照安装服务缴纳增值税。

③ 修缮服务，是指对建筑物、构筑物进行修补、加固、养护、改善，使之恢复原来

的使用价值或者延长其使用期限的工程作业。

④ 装饰服务，是指对建筑物、构筑物进行修饰装修，使之美观或者具有特定用途的工程作业。

⑤ 其他建筑服务，是指上列工程作业之外的各种工程作业服务，如钻井（打井）、拆除建筑物或者构筑物、平整土地、园林绿化、疏浚（不包括航道疏浚）、建筑物平移、搭脚手架、爆破、矿山穿孔、表面附着物（包括岩层、土层、沙层等）剥离和清理等工程作业。

（5）金融服务，是指经营金融保险的业务活动，包括贷款服务、直接收费金融服务、保险服务和金融商品转让。

① 贷款服务，是指将资金贷与他人使用而取得利息收入的业务活动。

各种占用、拆借资金取得的收入，包括金融商品持有期间（含到期）利息（保本收益、报酬、资金占用费、补偿金等）收入、信用卡透支利息收入、买入返售金融商品利息收入、融资融券收取的利息收入，以及融资性售后回租、押汇、罚息、票据贴现、转贷等业务取得的利息及利息性质的收入，按照贷款服务缴纳增值税。

以货币资金投资收取的固定利润或者保底利润，按照贷款服务缴纳增值税。

知识链接 融资性售后回租，是指承租方以融资为目的，将资产出售给从事融资性售后回租业务的企业后，从事融资性售后回租业务的企业将该资产出租给承租方的业务活动。

② 直接收费金融服务，是指为货币资金融通及其他金融业务提供相关服务并且收取费用的业务活动。包括提供货币兑换、账户管理、电子银行、信用卡、信用证、财务担保、资产管理、信托管理、基金管理、金融交易场所（平台）管理、资金结算、资金清算、金融支付等服务。

③ 保险服务，是指投保人根据合同约定，向保险人支付保险费，保险人对于合同约定的可能发生的事故因其发生所造成的财产损失承担赔偿保险金责任，或者当被保险人死亡、伤残、疾病或者达到合同约定的年龄、期限等条件时承担给付保险金责任的商业保险行为。包括人身保险服务和财产保险服务。

④ 金融商品转让，是指转让外汇、有价证券、非货物期货和其他金融商品所有权的业务活动。其他金融商品转让包括基金、信托、理财产品等各类资产管理产品和各种金融衍生品的转让。

（6）现代服务，是指围绕制造业、文化产业、现代物流产业等提供技术性、知识性服务的业务活动。包括研发和技术服务、信息技术服务、文化创意服务、物流辅助服务、租赁服务、鉴证咨询服务、广播影视服务、商务辅助服务和其他现代服务。

① 研发和技术服务，包括研发服务、合同能源管理服务、工程勘察勘探服务和专业技术服务。

a. 研发服务，也称技术开发服务，是指就新技术、新产品、新工艺或者新材料及其系统进行研究与试验开发的业务活动。

b. 合同能源管理服务，是指节能服务公司与用能单位以契约形式约定节能目标，节能服务公司提供必要的服务，用能单位以节能效果支付节能服务公司投入及其合理报酬的业务活动。

c. 工程勘察勘探服务，是指在采矿、工程施工前后，对地形、地质构造、地下资源蕴藏情况进行实地调查的业务活动。

d. 专业技术服务，是指气象服务、地震服务、海洋服务、测绘服务、城市规划、环境与生态监测服务等专项技术服务。

② 信息技术服务，是指利用计算机、通信网络等技术对信息进行生产、收集、处理、加工、存储、运输、检索和利用，并提供信息服务的业务活动。包括软件服务、电路设计及测试服务、信息系统服务、业务流程管理服务和信息系统增值服务。

a. 软件服务，是指提供软件开发服务、软件维护服务、软件测试服务的业务活动。

b. 电路设计及测试服务，是指提供集成电路和电子电路产品设计、测试及相关技术支持服务的业务活动。

c. 信息系统服务，是指提供信息系统集成、网络管理、网站内容维护、桌面管理与维护、信息系统应用、基础信息技术管理平台整合、信息技术基础设施管理、数据中心、托管中心、信息安全服务、在线杀毒、虚拟主机等业务活动。包括网站对非自有的网络游戏提供的网络运营服务。

d. 业务流程管理服务，是指依托信息技术提供的人力资源管理、财务经济管理、审计管理、税务管理、物流信息管理、经营信息管理和呼叫中心等服务的活动。

e. 信息系统增值服务，是指利用信息系统资源为用户附加提供的信息技术服务。包括数据处理、分析和整合、数据库管理、数据备份、数据存储、容灾服务、电子商务平台等。

③ 文化创意服务，包括设计服务、知识产权服务、广告服务和会议展览服务。

a. 设计服务，是指把计划、规划、设想通过文字、语言、图画、声音、视觉等形式传递出来的业务活动。包括工业设计、内部管理设计、业务运作设计、供应链设计、造型设计、服装设计、环境设计、平面设计、包装设计、动漫设计、网游设计、展示设计、网站设计、机械设计、工程设计、广告设计、创意策划、文印晒图等。

b. 知识产权服务，是指处理知识产权事务的业务活动。包括对专利、商标、著作权、软件、集成电路布图设计的登记、鉴定、评估、认证、检索服务。

c. 广告服务，是指利用图书、报纸、杂志、广播、电视、电影、幻灯、路牌、招贴、橱窗、霓虹灯、灯箱、互联网等各种形式为客户的商品、经营服务项目、文体节目或者通告、声明等委托事项进行宣传和提供相关服务的业务活动。包括广告代理和广告的发布、播映、宣传、展示等。

d. 会议展览服务，是指为商品流通、促销、展示、经贸洽谈、民间交流、企业沟通、国际往来等举办或者组织安排的各类展览和会议的业务活动。

④ 物流辅助服务，包括航空服务、港口码头服务、货运客运场站服务、打捞救助服务、装卸搬运服务、仓储服务和收派服务。

a. 航空服务，包括航空地面服务和通用航空服务。航空地面服务是指航空公司、飞机场、民航管理局、航站等向在境内航行或者在境内机场停留的境内外飞机或者其他飞行器提供的导航等劳务性地面服务的业务活动。包括旅客安全检查服务、停机坪管理服务、机场候机厅管理服务、飞机清洗消毒服务、空中飞行管理服务、飞机起降服务、飞行通讯服务、地面信号服务、飞机安全服务、飞机跑道管理服务、空中交通管理服务等。

通用航空服务是指为专业工作提供飞行服务的业务活动，包括航空摄影、航空培训、航空测量、航空勘探、航空护林、航空吊挂播洒、航空降雨、航空气象探测、航空海洋监测、航空科学实验等。

b. 港口码头服务，是指港务船舶调度服务、船舶通讯服务、航道管理服务、航道疏浚服务、灯塔管理服务、航标管理服务、船舶引航服务、理货服务、系解缆服务、停泊和移泊服务、海上船舶溢油清除服务、水上交通管理服务、船只专业清洗消毒检测服务和防止船只漏油服务等为船只提供服务的业务活动。港口设施经营人收取的港口设施保安费按照港口码头服务缴纳增值税。

c. 货运客运场站服务，是指货运客运场站提供货物配载服务、运输组织服务、中转换乘服务、车辆调度服务、票务服务、货物打包整理、铁路线路使用服务、加挂铁路客车服务、铁路行包专列发送服务、铁路到达和中转服务、铁路车辆编解服务、车辆挂运服务、铁路接触网服务、铁路机车牵引服务等业务活动。

d. 打捞救助服务，是指提供船舶人员救助、船舶财产救助、水上救助和沉船沉物打捞服务的业务活动。

e. 装卸搬运服务，是指使用装卸搬运工具或者人力、畜力将货物在运输工具之间、装卸现场之间或者运输工具与装卸现场之间进行装卸和搬运的业务活动。

f. 仓储服务，是指利用仓库、货场或者其他场所代客贮放、保管货物的业务活动。

g. 收派服务，是指接受寄件人委托，在承诺的时限内完成函件和包裹的收件、分拣、派送服务的业务活动。

⑤ 租赁服务，包括融资租赁服务和经营租赁服务。

a. 融资租赁服务，是指具有融资性质和所有权转移特点的租赁活动。即出租人根据承租人所要求的规格、型号、性能等条件购入有形动产或者不动产租赁给承租人，合同期内租赁物所有权属于出租人，承租人只拥有使用权，合同期满付清租金后，承租人有权按照残值购入租赁物，以拥有其所有权。不论出租人是否将租赁物销售给承租人，均属于融资租赁。

b. 经营租赁服务，是指在约定时间内将有形动产或者不动产转让他人使用且租赁物所有权不变更的业务活动。

将建筑物、构筑物等不动产或者飞机、车辆等有形动产的广告位出租给其他单位或者个人用于发布广告；车辆停放服务、道路通行服务（包括过路费、过桥费、过闸费等）、水路运输的光租业务、航空运输的干租业务，均按照经营租赁服务缴纳增值税。

> **知识链接** 光租业务是指运输企业将船舶在约定的时间内出租给他人使用，不配备操作人员，不承担运输过程中发生的各项费用，只收取固定租赁费的业务活动。干租业务是指航空运输企业将飞机在约定的时间内出租给他人使用，不配备机组人员，不承担运输过程中发生的各项费用，只收取固定租赁费的业务活动。

⑥ 鉴证咨询服务，包括认证服务、鉴证服务和咨询服务。

a. 认证服务，是指具有专业资质的单位利用检测、检验、计量等技术，证明产品、服务、管理体系符合相关技术规范、相关技术规范的强制性要求或者标准的业务活动。

b. 鉴证服务,是指具有专业资质的单位受托对相关事项进行鉴证,发表具有证明力的意见的业务活动。包括会计鉴证、税务鉴证、法律鉴证、职业技能鉴定、工程造价鉴证、工程监理、资产评估、环境评估、房地产土地评估、建筑图纸审核、医疗事故鉴定等。

c. 咨询服务,是指提供信息、建议、策划、顾问等服务的活动。包括金融、软件、技术、财务、税收、法律、内部管理、业务运作、流程管理、健康等方面的咨询。翻译服务和市场调查服务按照咨询服务缴纳增值税。

⑦ 广播影视服务,包括广播影视节目(作品)的制作服务、发行服务和播映(含放映,下同)服务。

a. 广播影视节目(作品)的制作服务,是指进行专题(特别节目)、专栏、综艺、体育、动画片、广播剧、电视剧、电影等广播影视节目和作品制作的服务。具体包括与广播影视节目和作品相关的策划、采编、拍摄、录音、音视频文字图片素材制作、场景布置、后期的剪辑、翻译(编译)、字幕制作、片头、片尾、片花制作、特效制作、影片修复、编目和确权等业务活动。

b. 广播影视节目(作品)发行服务,是指以分账、买断、委托等方式,向影院、电台、电视台、网站等单位和个人发行广播影视节目(作品)以及转让体育赛事等活动的报道及播映权的业务活动。

c. 广播影视节目(作品)播映服务,是指在影院、剧院、录像厅及其他场所播映广播影视节目(作品),以及通过电台、电视台、卫星通信、互联网、有线电视等无线或者有线装置播映广播影视节目(作品)的业务活动。

⑧ 商务辅助服务,包括企业管理服务、经纪代理服务、人力资源服务和安全保护服务。

a. 企业管理服务,是指提供总部管理、投资与资产管理、市场管理、物业管理、日常综合管理等服务的业务活动。

b. 经纪代理服务,是指各类经纪、中介、代理服务。包括金融代理、知识产权代理、货物运输代理、代理报关、法律代理、房地产中介、职业中介、婚姻中介、代理记账、拍卖等。

c. 人力资源服务,是指提供公共就业、劳务派遣、人才委托招聘、劳动力外包等服务的业务活动。

d. 安全保护服务,是指提供保护人身安全和财产安全,维护社会治安等的业务活动。包括场所住宅保安、特种保安、安全系统监控以及其他安保服务。

⑨ 其他现代服务,是指除研发和技术服务、信息技术服务、文化创意服务、物流辅助服务、租赁服务、鉴证咨询服务、广播影视服务和商务辅助服务以外的现代服务。

(7)生活服务,是指为满足城乡居民日常生活需求提供的各类服务活动,包括文化体育服务、教育医疗服务、旅游娱乐服务、餐饮住宿服务、居民日常服务和其他生活服务。

① 文化体育服务,包括文化服务和体育服务。

a. 文化服务,是指为满足社会公众文化生活需求提供的各种服务。包括文艺创作、文艺表演、文化比赛,图书馆的图书和资料借阅,档案馆的档案管理,文物及非物质遗产保护,组织举办宗教活动、科技活动、文化活动,提供游览场所。

b. 体育服务,是指组织举办体育比赛、体育表演、体育活动,以及提供体育训练、体育指导、体育管理的业务活动。

② 教育医疗服务，包括教育服务和医疗服务。

a. 教育服务，是指提供学历教育服务、非学历教育服务、教育辅助服务的业务活动。

b. 医疗服务，是指提供医学检查、诊断、治疗、康复、预防、保健、接生、计划生育、防疫服务等方面的服务，以及与这些服务有关的提供药品、医用材料器具、救护车、病房住宿和伙食的业务。

③ 旅游娱乐服务，包括旅游服务和娱乐服务。

a. 旅游服务，是指根据旅游者的要求，组织安排交通、游览、住宿、餐饮、购物、文娱、商务等服务的业务活动。

b. 娱乐服务，是指为娱乐活动同时提供场所和服务的业务，包括歌厅、舞厅、夜总会、酒吧、台球、高尔夫球、保龄球、游艺（包括射击、狩猎、跑马、游戏机、蹦极、卡丁车、热气球、动力伞、射箭、飞镖）。

④ 餐饮住宿服务，包括餐饮服务和住宿服务。

a. 餐饮服务，是指通过同时提供饮食和饮食场所的方式为消费者提供饮食消费服务的业务活动。

b. 住宿服务，是指提供住宿场所及配套服务等的活动，包括宾馆、旅馆、旅社、度假村和其他经营性住宿场所提供的住宿服务。

⑤ 居民日常服务，是指主要为满足居民个人及其家庭日常生活需求提供的服务，包括市容市政管理、家政、婚庆、养老、殡葬、照料和护理、救助救济、美容美发、按摩、桑拿、氧吧、足疗、沐浴、洗染、摄影扩印等服务。

⑥ 其他生活服务，是指除文化体育服务、教育医疗服务、旅游娱乐服务、餐饮住宿服务和居民日常服务之外的生活服务。

4．销售无形资产

销售无形资产是指转让无形资产所有权或者使用权的业务活动。无形资产包括技术、商标、著作权、商誉、自然资源使用权和其他权益性无形资产。

技术包括专利技术和非专利技术。

自然资源使用权包括土地使用权、海域使用权、探矿权、采矿权、取水权和其他自然资源使用权。

其他权益性无形资产包括基础设施资产经营权、公共事业特许权、配额、经营权(包括特许经营权、连锁经营权、其他经营权)、经销权、分销权、代理权、会员权、席位权、网络游戏虚拟道具、域名、名称权、肖像权、冠名权、转会费等。

5．销售不动产

销售不动产是指转让不动产所有权的业务活动。不动产包括建筑物、构筑物等。建筑物包括住宅、商业营业用房、办公楼等可供居住、工作或者进行其他活动的建造物。构筑物包括道路、桥梁、隧道、水坝等建造物。

转让建筑物有限产权或者永久使用权的，转让在建的建筑物或者构筑物所有权的，以及在转让建筑物或者构筑物时一并转让其所占土地的使用权的，按照销售不动产缴纳增值税。

6．进口货物

进口货物是指将货物从我国境外移送至我国境内的行为。凡进入我国海关境内的货物，应于进口报关时向海关缴纳进口环节增值税。

（三）非增值税应税行为

以下项目属于非增值税应税行为。

（1）根据国家指令无偿提供的铁路运输服务、航空运输服务，属于《试点实施办法》规定的用于公益事业的服务。

（2）存款利息。

（3）被保险人获得的保险赔付。

（4）房地产主管部门或者其指定机构、公积金管理中心、开发企业以及物业管理单位代收的住宅专项维修资金。

（5）在资产重组过程中，通过合并、分立、出售、置换等方式，将全部或者部分实物资产以及与其相关联的债权、负债和劳动力一并转让给其他单位和个人，其中涉及的不动产、土地使用权转让行为。

（6）行政单位收取的同时满足以下条件的政府性基金或者行政事业性收费：由国务院或者财政部批准设立的政府性基金，由国务院或者省级人民政府及其财政、价格主管部门批准设立的行政事业性收费；收取时开具省级以上（含省级）财政部门监（印）制的财政票据；所收款项全额上缴财政。

（7）单位或者个体工商户聘用的员工为本单位或者雇主提供取得工资的服务。

（8）单位或者个体工商户为聘用的员工提供服务。

（四）增值税视同销售行为

单位和个人发生的下列行为，虽然不完全具备一般意义上销售货物的属性，但为了平衡税收负担，控制逃税，法律规定应当视同销售征收增值税。

① 将货物交付其他单位或个人代销。

② 销售代销货物。

③ 设有两个以上机构并实行统一核算的纳税人，将货物从一个机构移送至其他机构用于销售，但相关机构设在同一县（市）的除外。

④ 将自产、委托加工的货物用于集体福利或个人消费。

⑤ 将自产、委托加工或购进的货物作为投资，提供给其他单位或个体工商户。

⑥ 将自产、委托加工或购进的货物分配给股东或投资者。

⑦ 将自产、委托加工或购进的货物无偿赠送给其他单位或个人。

⑧ 单位或者个体工商户向其他单位或者个人无偿提供服务，但用于公益事业或者以社会公众为对象的除外。

⑨ 单位或者个人向其他单位或者个人无偿转让无形资产或者不动产，但用于公益事业或者以社会公众为对象的除外。

⑩ 财政部和国家税务总局规定的其他情形。

某电视台组织为希望小学捐款的公益活动，甲广告公司作为参与方无偿提供公益广告的策划设计工作。甲广告公司的此项行为是否应征增值税？为什么？

（五）混合销售行为

一项销售行为如果既涉及货物又涉及服务，该行为统称混合销售行为。从事货物的生产、批发或者零售的单位和个体工商户的混合销售行为，按照销售货物缴纳增值税；其他单位和个体工商户的混合销售行为，按照销售服务缴纳增值税。

上述从事货物的生产、批发或者零售的单位和个体工商户，包括以从事货物的生产、批发或者零售为主，并兼营销售服务的单位和个体工商户在内。

第三节 增值税税额计算

一、税率选择

我国现行增值税税率设计使用了税率与征收率相结合的办法。

（一）增值税税率

1. 17%税率

增值税一般纳税人销售货物、进口货物、提供加工修理修配劳务、提供有形动产租赁服务，除适用低税率和零税率之外，均适用17%税率。

2. 13%税率

增值税一般纳税人销售或进口下列货物适用13%税率：

① 粮食、食用植物油、鲜奶；

② 自来水、暖气、冷气、热水、煤气、石油液化气、天然气、沼气、居民用煤炭制品；

③ 图书、报纸、杂志；

④ 饲料、化肥、农药、农机（不包括农机零部件）、农膜；

⑤ 农业产品（即种植业、养殖业、林业、牧业、水产业生产的各种植物、动物的初级产品）；

⑥ 音像制品、电子出版物；

⑦ 二甲醚；

⑧ 国务院规定的其他货物。

自 2009 年 1 月 1 日起，工业用盐适用增值税税率为 17%，食用盐适用增值税税率为 13%。

3. 11%税率

一般纳税人提供交通运输服务、邮政服务、基础电信服务、建筑服务、不动产租赁服务，销售不动产，转让土地使用权，适用 11%税率。

4．6%税率

一般纳税人发生除前述 1～3 项及零税率以外的应税行为，适用 6%税率。

5．零税率

根据财税〔2016〕36 号，跨境应税行为适用增值税零税率和免税政策规定如下。

（1）境内的单位和个人销售的下列服务和无形资产，适用增值税零税率。

① 国际运输服务。指在境内载运旅客或者货物出境，在境外载运旅客或者货物入境，在境外载运旅客或者货物。

② 航天运输服务。

③ 向境外单位提供的完全在境外消费的下列服务：研发服务，合同能源管理服务，设计服务，广播影视节目(作品)的制作和发行服务，软件服务，电路设计及测试服务，信息系统服务，业务流程管理服务，离岸服务外包业务，转让技术。

④ 财政部和国家税务总局规定的其他服务。

> **特别提醒** 所称完全在境外消费是指服务的实际接受方在境外，且与境内的货物和不动产无关；无形资产完全在境外使用，且与境内的货物和不动产无关；财政部和国家税务总局规定的其他情形。

（2）境内的单位和个人销售的下列服务和无形资产免征增值税，但财政部和国家税务总局规定适用增值税零税率的除外。

① 工程项目在境外的建筑服务。

② 工程项目在境外的工程监理服务。

③ 工程、矿产资源在境外的工程勘察勘探服务。

④ 会议展览地点在境外的会议展览服务。

⑤ 存储地点在境外的仓储服务。

⑥ 标的物在境外使用的有形动产租赁服务。

⑦ 在境外提供的广播影视节目（作品）的播映服务。

⑧ 在境外提供的文化体育服务、教育医疗服务、旅游服务。

⑨ 为出口货物提供的邮政服务、收派服务、保险服务。为出口货物提供的保险服务包括出口货物保险和出口信用保险。

⑩ 向境外单位提供的完全在境外消费的下列服务和无形资产：电信服务、知识产权服务、物流辅助服务（仓储服务、收派服务除外）、鉴证咨询服务、专业技术服务、商务辅助服务、广告投放地在境外的广告服务、无形资产。

⑪ 以无运输工具承运方式提供的国际运输服务。

⑫ 为境外单位之间的货币资金融通及其他金融业务提供的直接收费金融服务，且该服务与境内的货物、无形资产和不动产无关。

⑬ 财政部和国家税务总局规定的其他服务。

（3）应税行为零税率与免税政策的选择。

① 按照国家有关规定应取得相关资质的国际运输服务项目，纳税人取得相关资质的，适用增值税零税率政策，未取得的，适用增值税免税政策。

② 境内的单位或个人提供程租服务，如果租赁的交通工具用于国际运输服务和港

澳台运输服务,由出租方按规定申请适用增值税零税率。

③ 境内的单位和个人向境内单位或个人提供期租、湿租服务,如果承租方利用租赁的交通工具向其他单位或个人提供国际运输服务和港澳台运输服务,由承租方适用增值税零税率。境内的单位或个人向境外单位或个人提供期租、湿租服务,由出租方适用增值税零税率。

④ 境内单位和个人以无运输工具承运方式提供的国际运输服务,由境内实际承运人适用增值税零税率;无运输工具承运业务的经营者适用增值税免税政策。

(4)境内的单位和个人销售适用增值税零税率的服务或无形资产的,可以放弃适用增值税零税率,选择免税或按规定缴纳增值税。放弃适用增值税零税率后,36个月内不得再申请适用增值税零税率。

境内单位和个人发生的与香港、澳门、台湾有关的应税行为,除另有规定外,参照上述规定执行。

(二)增值税征收率

1.小规模纳税人适用的征收率

小规模纳税人发生的应税行为除适用5%征收率以外的情形,全部适用3%征收率。

2.其他适用3%征收率的情形

(1)一般纳税人发生下列销售服务、无形资产行为,可以选择适用简易计税方法以3%的征收率计征增值税。

① 公共交通运输服务。包括轮客渡、公交客运、地铁、城市轻轨、出租车、长途客运、班车。

② 经认定的动漫企业为开发动漫产品提供的动漫脚本编撰、形象设计、背景设计、动画设计、分镜、动画制作、摄制、描线、上色、画面合成、配音、配乐、音效合成、剪辑、字幕制作、压缩转码(面向网络动漫、手机动漫格式适配)服务,以及在境内转让动漫版权(包括动漫品牌、形象或者内容的授权及再授权)。

③ 电影放映服务、仓储服务、装卸搬运服务、收派服务和文化体育服务。

④ 以纳入营改增试点之日前取得的有形动产为标的物提供的经营租赁服务。

⑤ 在纳入营改增试点之日前签订的尚未执行完毕的有形动产租赁合同。

(2)建筑服务业中一般纳税人的以下项目可以选择适用简易计税方法以3%的征收率计征增值税。

① 以清包工方式提供的建筑服务。

> 知识链接　以清包工方式提供建筑服务,是指施工方不采购建筑工程所需的材料或只采购辅助材料,并收取人工费、管理费或者其他费用的建筑服务。

② 为甲供工程提供的建筑服务。

> 知识链接　甲供工程,是指全部或部分设备、材料、动力由工程发包方自行采购的建筑工程。

③ 为建筑工程老项目提供的建筑服务。

> **知识链接**　建筑工程老项目，是指《建筑工程施工许可证》注明的合同开工日期在2016年4月30日前的建筑工程项目；未取得《建筑工程施工许可证》的，建筑工程承包合同注明的开工日期在2016年4月30日前的建筑工程项目。

一般纳税人跨县（市）提供建筑服务，选择适用简易计税方法计税的，应以取得的全部价款和价外费用扣除支付的分包款后的余额为销售额，按照3%的征收率计算应纳税额。

（2）一般纳税人销售自产的下列货物，可选择按简易办法依3%的征收率征收增值税：

① 县级及县级以下小型水力发电单位生产的电力；

② 建筑用和生产建筑材料所用的砂、土、石料或其他矿物连续生产的砖、瓦、石灰；用微生物、微生物代谢产物、动物毒素、人或动物的血液或组织制造的生物制品；

③ 商品混凝土；

④ 自来水。

3. 适用5%征收率的情形

（1）一般纳税人销售其2016年4月30日前取得（不含自建）的不动产，可以选择适用简易计税方法，以取得的全部价款和价外费用减去该项不动产购置原价或者取得不动产时的作价后的余额为销售额，按照5%的征收率计算应纳税额。

（2）一般纳税人销售其2016年4月30日前自建的不动产，可以选择适用简易计税方法，以取得的全部价款和价外费用为销售额，按照5%的征收率计算应纳税额。

（3）小规模纳税人销售其取得（不含自建）的不动产（不含个体工商户销售购买的住房和其他个人销售不动产），应以取得的全部价款和价外费用减去该项不动产购置原价或者取得不动产时的作价后的余额为销售额，按照5%的征收率计算应纳税额。

（4）小规模纳税人销售其自建的不动产，应以取得的全部价款和价外费用为销售额，按照5%的征收率计算应纳税额。

（5）房地产开发企业中的一般纳税人，销售自行开发的房地产老项目，可以选择适用简易计税方法按照5%的征收率计税。

（6）房地产开发企业中的小规模纳税人，销售自行开发的房地产项目，按照5%的征收率计税。

（7）小规模纳税人出租其取得的不动产（不含个人出租住房），应按照5%的征收率计算应纳税额。其他个人出租其取得的不动产（不含住房），应按照5%的征收率计算应纳税额。个人出租住房，应按照5%的征收率减按1.5%计算应纳税额。

二、税收优惠

（一）法定免税项目

根据《增值税暂行条例》的规定，下列项目免征增值税。

（1）农业生产者销售的自产农产品，即从事种植业、养殖业、林业、牧业、水产业生产的单位和个人生产的初级农产品。

（2）避孕药品和用具。

（3）古旧图书，即向社会收购的古书和旧书。

（4）直接用于科学研究、科学试验和教学的进口仪器和设备。

（5）外国政府、国际组织无偿援助的进口物资和设备。

（6）由残疾人组织直接进口供残疾人专用的物品。

（7）销售个人（不包括个体工商户）自己使用过的物品。

特别提醒 　　纳税人销售货物或应税劳务适用免税规定的，可以放弃免税，但放弃免税后，36个月内不得再申请免税。

（二）即征即退、先征后退

（1）纳税人销售下列自产货物适用增值税全额即征即退政策。

① 以工业废气为原料生产的高纯度二氧化碳产品；

② 以垃圾为燃料生产的电力或热力；

③ 以煤炭开采过程中伴生的舍弃物油母页岩为原料生产的页岩油；

④ 以废旧沥青为原料生产的再生沥清混凝土；

⑤ 采用旋窑法工艺生产的水泥（包括水泥熟料）或外购水泥熟料采用研磨工艺生产的水泥（水泥生产原料中掺兑废渣比例不低于30%）；

⑥ 全部用工业生产过程中产生的余热、余压生产的电力或热力；

⑦ 以餐厨垃圾、畜禽粪便、稻壳、花生壳、玉米芯、油茶壳、棉籽壳、三剩物、次小薪材、含油污水、有机废水、污水处理后产生的污泥、油田采油过程中产生的油污泥（浮渣），包括利用上述资源发酵产生的沼气为原料生产的电力、热力、燃料。但生产原料中上述资源的比重不得低于80%，其中利用油田采油过程中产生的油污泥（浮渣）生产燃料的资源比重不得低于60%；

⑧ 以比重不低于90%的污水处理后产生的污泥为原料生产的干化污泥、燃料；

⑨ 以比重不低于90%的废弃的动物油、植物油为原料生产的，并且达到《饲料级混合油》（NY/T 913—2004）规定的技术要求饲料级混合油；

⑩ 取得"危险废物综合经营许可证"的企业以比重不低于90%的回收废矿物油为原料生产的润滑油基础油、汽油、柴油等工业油料；

⑪ 取得"危险废物综合经营许可证"的企业以比重不低于70%油田采油过程中产生的油污泥（浮渣）为原料生产的乳化油调和剂及防水卷材辅料产品；

⑫ 以不低于90%的人发为原料生产的档发。

上述①～⑤项优惠自2008年7月1日起实施；⑥至⑫项优惠自2011年8月1日起实施。

（2）纳税人销售下列自产货物实行增值税即征即退80%的政策：以三剩物、次小薪材和农作物秸秆等三类农林剩余物为原料生产的木（竹、秸秆）纤维板、木（竹、秸秆）刨花板、细木工板、活性炭、栲胶、水解酒精、炭棒；以沙柳为原料生产的箱板纸。上述优惠自2011年1月1日起实施。

（3）纳税人销售下列符合条件的自产货物适用增值税即征即退50%的政策。

① 以退役军用发射药为原料生产的涂料硝化棉粉（退役军用发射药在生产原料中的比例不低于90%）；

② 以燃煤发电厂及各类工业企业产生的烟气、高硫天然气进行脱硫生产的副产品，副产品是指石膏（其二水硫酸钙含量不低于85%）、硫酸（浓度不低于15%）、硫酸铵（总

氮含量不低于 18%）和硫磺；

③ 以废弃酒糟和酿酒底锅水为原料生产的蒸汽、活性炭、白炭黑、乳酸、乳酸钙、沼气。废弃酒糟和酿酒底锅水在生产原料中所占比例不低于 80%；

④ 以煤矸石、煤泥、石煤、油母页岩为燃料生产的电力和热力。煤矸石、煤泥、石煤、油母页岩用量占发电燃料的比重不低于 60%；

⑤ 利用风力生产的电力；

⑥ 部分新型墙体材料产品；

⑦ 以比重不低于 70% 的蔗渣为原料生产的蔗渣浆、蔗渣刨花板及各类纸制品；

⑧ 以粉煤灰、煤矸石为原料生产的氧化铝、活性硅酸钙；

⑨ 利用污泥生产的污泥微生物蛋白；

⑩ 以煤矸石为原料生产的瓷绝缘子、煅烧高岭土；以废塑料、废旧聚氯乙烯（PVC）制品、废橡胶制品及废铝塑复合纸包装材料为原料生产的；

⑪ 汽油、柴油、废塑料（橡胶）油、石油焦、碳黑、再生纸浆等及再生塑料制品；

⑫ 以废弃天然纤维、化学纤维及其制品为原料生产的纤维纱及织布、无纺布、毡、黏合剂及再生聚酯产品；

⑬ 以废旧石墨为原料生产的石墨异形件、石墨块、石墨粉和石墨增碳剂。

上述①～⑥项优惠自 2008 年 7 月 1 日起实施；⑦项自 2011 年 1 月 1 日起实施；⑧～⑬项优惠自 2011 年 8 月 1 日起实施。

（4）自 2011 年 1 月 1 日起，增值税一般纳税人销售其自行开发生产的软件产品，按 17% 的税率征收增值税后，对其增值税实际税负超过 3% 的部分实行即征即退政策。增值税一般纳税人将进口软件产品进行本地化改造后对外销售，其销售的软件产品可享受增值税即征即退政策。单纯对进口软件产品进行汉字化处理不属本范围。

（5）对销售自产的以废弃的动物油和植物油为原料生产的综合利用生物柴油实增值税先征后退政策。废弃的动物油和植物油用量占生产原料的比重不低于 70%。

（三）起征点

自 2011 年 11 月 1 日起，增值税的起征点标准规定如下。

① 销售货物或应税劳务的，为月销售额 5 000～20 000 元；

② 按次纳税的，为每次（日）销售额 300～500 元。

增值税的起征点优惠政策仅适用于个人。省、自治区、直辖市财政厅（局）和国家税务局应在规定的幅度内，根据实际情况确定本地区适用起征点，并报财政部、国家税务总局备案。

> **特别提醒** 为进一步扶持小微企业发展，经国务院批准，自 2013 年 8 月 1 日起，对增值税小规模纳税人中，月销售额不超过 2 万元的企业或非企业性单位，暂免征收增值税。

（四）减征增值税

1. 一般纳税人销售自己使用过的物品

（1）销售自己使用过的属于《增值税暂行条例》规定不得抵扣且未抵扣进项税额的

固定资产，按照简易办法依照 3%征收率减按 2%征收增值税。

（2）销售自己使用过的其他固定资产，应区分以下不同情况征收增值税。

销售自己使用过的 2009 年 1 月 1 日以后购进或自制的固定资产，按 17%税率征收增值税。

2008 年 12 月 31 日以前未纳入扩大增值税抵扣范围试点的纳税人，销售自己使用过的 2008 年 12 月 31 日以前购进或自制的固定资产，按照简易办法依照 3%征收率减按 2%征收增值税。

2008 年 12 月 31 日以前已纳入扩大增值税抵扣范围试点的纳税人，销售自己使用过的在本地区扩大增值税抵扣范围试点以前购进或自制的固定资产，按照简易办法依照 3%征收率减按 2%征收增值税；销售自己使用过的在本地区扩大增值税抵扣范围试点以后购进或自制的固定资产，按 17%税率征收增值税。

（3）销售自己使用过的除固定资产以外的物品，按 17%税率征收增值税。

2．小规模纳税人（除其他个人外）销售自己使用过的物品

销售自己使用过的固定资产，减按 2%征收率征收增值税；销售自己使用过的除固定资产以外的物品，按 3%的征收率征收增值税。

3．纳税人销售旧货

纳税人销售旧货，按照简易办法依照 3%征收率减按 2%征收增值税。所称旧货，是指进入二次流通的具有部分使用价值的货物（含旧汽车、旧摩托车和旧游艇），但不包括自己使用过的物品。

（五）营业税改征增值税试点过渡政策的规定

1．下列项目免征增值税

（1）托儿所、幼儿园提供的保育和教育服务。超过规定收费标准的收费，以开办实验班、特色班和兴趣班等为由另外收取的费用以及与幼儿入园挂钩的赞助费、支教费等超过规定范围的收入，不属于免征增值税的收入。

托儿所、幼儿园是指经县级以上教育部门审批成立、取得办园许可证的实施 0～6 岁学前教育的机构，包括公办和民办的托儿所、幼儿园、学前班、幼儿班、保育院、幼儿院。公办托儿所、幼儿园免征增值税的收入是指在省级财政部门和价格主管部门审核报省级人民政府批准的收费标准以内收取的教育费、保育费。民办托儿所、幼儿园免征增值税的收入是指在报经当地有关部门备案并公示的收费标准范围内收取的教育费、保育费。

（2）养老机构提供的养老服务。

养老机构是指依照民政部《养老机构设立许可办法》（民政部令第 48 号）设立并依法办理登记的为老年人提供集中居住和照料服务的各类养老机构；养老服务是指上述养老机构按照民政部《养老机构管理办法》（民政部令第 49 号）的规定，为收住的老年人提供的生活照料、康复护理、精神慰藉、文化娱乐等服务。

（3）残疾人福利机构提供的育养服务。

（4）婚姻介绍服务。

（5）殡葬服务。

知识链接　殡葬服务是指收费标准由各地价格主管部门会同有关部门核定，或者实行政府指导价管理的遗体接运（含抬尸、消毒）、遗体整容、遗体防腐、存放（含冷藏）、火化、骨灰寄存、吊唁设施设备租赁、墓穴租赁及管理等服务。

（6）残疾人员本人为社会提供的服务。

（7）医疗机构提供的医疗服务。

（8）从事学历教育的学校提供的教育服务。提供教育服务免征增值税的收入是指对列入规定招生计划的在籍学生提供学历教育服务取得的收入。包括经有关部门审核批准并按规定标准收取的学费、住宿费、课本费、作业本费、考试报名费收入，以及学校食堂提供餐饮服务取得的伙食费收入。除此之外的收入，包括学校以各种名义收取的赞助费、择校费等，不属于免征增值税的范围。

（9）学生勤工俭学提供的服务。

（10）农业机耕、排灌、病虫害防治、植物保护、农牧保险以及相关技术培训业务，家禽、牲畜、水生动物的配种和疾病防治。

知识链接　农业机耕是指在农业、林业、牧业中使用农业机械进行耕作（包括耕耘、种植、收割、脱粒、植物保护等）的业务；排灌是指对农田进行灌溉或者排涝的业务；病虫害防治是指从事农业、林业、牧业、渔业的病虫害测报和防治的业务；农牧保险是指为种植业、养殖业、牧业种植和饲养的动植物提供保险的业务；相关技术培训是指与农业机耕、排灌、病虫害防治、植物保护业务相关以及为使农民获得农牧保险知识的技术培训业务；家禽、牲畜、水生动物的配种和疾病防治业务的免税范围包括与该项服务有关的提供药品和医疗用具的业务。

（11）纪念馆、博物馆、文化馆、文物保护单位管理机构、美术馆、展览馆、书画院、图书馆在自己的场所提供文化体育服务取得的第一道门票收入。

（12）寺院、宫观、清真寺和教堂举办文化、宗教活动的门票收入。

（13）行政单位之外的其他单位收取的符合《试点实施办法》第十条规定条件的政府性基金和行政事业性收费。

（14）个人转让著作权。

（15）个人销售自建自用住房。

（16）2018年12月31日前，公共租赁住房经营管理单位出租公共租赁住房。

知识链接　公共租赁住房是指纳入省、自治区、直辖市、计划单列市人民政府及新疆生产建设兵团批准的公共租赁住房发展规划和年度计划，并按照《关于加快发展公共租赁住房的指导意见》（建保〔2010〕87号）和市、县人民政府制定的具体管理办法进行管理的公共租赁住房。

（17）台湾航运公司、航空公司从事海峡两岸海上直航、空中直航业务在大陆取得的运输收入。

台湾航运公司是指取得交通运输部颁发的"台湾海峡两岸间水路运输许可证"且该许可证上注明的公司登记地址在台湾的航运公司。台湾航空公司是指取得中国民用航空局颁发的"经营许可"或者依据《海峡两岸空运协议》和《海峡两岸空运补充协议》规定，批准经营两岸旅客、货物和邮件不定期（包机）运输业务，且公司登记地址在台湾的航空公司。

（18）纳税人提供的直接或者间接国际货物运输代理服务。

纳税人提供直接或者间接国际货物运输代理服务，向委托方收取的全部国际货物运输代理服务收入，以及向国际运输承运人支付的国际运输费用，必须通过金融机构进行结算。

纳税人为大陆与香港、澳门、台湾地区之间的货物运输提供的货物运输代理服务参照执行。

（19）以下利息收入：2016 年 12 月 31 日前金融机构农户小额贷款；国家助学贷款；国债、地方政府债；人民银行对金融机构的贷款；住房公积金管理中心用住房公积金在指定的委托银行发放的个人住房贷款；外汇管理部门在从事国家外汇储备经营过程中，委托金融机构发放的外汇贷款；统借统还业务中，企业集团或企业集团中的核心企业以及集团所属财务公司按不高于支付给金融机构的借款利率水平或者支付的债券票面利率水平，向企业集团或者集团内下属单位收取的利息（但统借方向资金使用单位收取的利息，高于支付给金融机构借款利率水平或者支付的债券票面利率水平的，应全额缴纳增值税）。

小额贷款是指单笔且该农户贷款余额总额在 10 万元（含本数）以下的贷款。所称农户是指长期（一年以上）居住在乡镇（不包括城关镇）行政管理区域内的住户，还包括长期居住在城关镇所辖行政村范围内的住户和户口不在本地而在本地居住一年以上的住户，国有农场的职工和农村个体工商户。位于乡镇（不包括城关镇）行政管理区域内和在城关镇所辖行政村范围内的国有经济的机关、团体、学校、企事业单位的集体户；有本地户口，但举家外出谋生一年以上的住户，无论是否保留承包耕地均不属于农户。农户以户为统计单位，既可以从事农业生产经营，也可以从事非农业生产经营。农户贷款的判定应以贷款发放时的承贷主体是否属于农户为准。

统借统还业务是指企业集团或者企业集团中的核心企业向金融机构借款或对外发行债券取得资金后，将所借资金分拨给下属单位（包括独立核算单位和非独立核算单位，下同），并向下属单位收取用于归还金融机构或债券购买方本息的业务。企业集团向金融机构借款或对外发行债券取得资金后，由集团所属财务公司与企业集团或者集团内下属单位签订统借统还贷款合同并分拨资金，并向企业集团或者集团内下属单位收取本息，再转付企业集团，由企业集团统一归还金融机构或债券购买方的业务。

（20）被撤销金融机构以货物、不动产、无形资产、有价证券、票据等财产清偿债务。

被撤销金融机构，是指经人民银行、银监会依法决定撤销的金融机构及其分设于各地的分支机构，包括被依法撤销的商业银行、信托投资公司、财务公司、金融租赁公司、城市信用社和农村信用社。除另有规定外，被撤销金融机构所属、附属企业，不享受被撤销金融机构增值税免税政策。

（21）保险公司开办的一年期以上人身保险产品取得的保费收入。

一年期以上人身保险是指保险期间为一年期及以上返还本利的人寿保险、养老年金保险，以及保险期间为一年期及以上的健康保险。

（22）下列金融商品转让收入：合格境外投资者（QFII）委托境内公司在我国从事证券买卖业务；香港市场投资者（包括单位和个人）通过沪港通买卖上海证券交易所上市A股；对香港市场投资者（包括单位和个人）通过基金互认买卖内地基金份额；证券投资基金（封闭式证券投资基金，开放式证券投资基金）管理人运用基金买卖股票、债券；个人从事金融商品转让业务。

（23）金融同业往来利息收入：金融机构与人民银行所发生的资金往来业务；银行联行往来业务；金融机构间的资金往来业务；金融机构之间开展的转贴现业务。

（24）同时符合下列条件的担保机构从事中小企业信用担保或者再担保业务取得的收入（不含信用评级、咨询、培训等收入）3年内免征增值税。

① 已取得监管部门颁发的融资性担保机构经营许可证，依法登记注册为企（事）业法人，实收资本超过2 000万元。

② 平均年担保费率不超过银行同期贷款基准利率的50%。平均年担保费率=本期担保费收入/（期初担保余额+本期增加担保金额）×100%。

③ 连续合规经营2年以上，资金主要用于担保业务，具备健全的内部管理制度和为中小企业提供担保的能力，经营业绩突出，对受保项目具有完善的事前评估、事中监控、事后追偿与处置机制。

④ 为中小企业提供的累计担保贷款额占其两年累计担保业务总额的80%以上，单笔800万元以下的累计担保贷款额占其累计担保业务总额的50%以上。

⑤ 对单个受保企业提供的担保余额不超过担保机构实收资本总额的10%，且平均单笔担保责任金额最多不超过3 000万元人民币。

⑥ 担保责任余额不低于其净资产的3倍，且代偿率不超过2%。

（25）国家商品储备管理单位及其直属企业承担商品储备任务，从中央或者地方财政取得的利息补贴收入和价差补贴收入。

国家商品储备管理单位及其直属企业，是指接受中央、省、市、县四级政府有关部门（或者政府指定管理单位）委托，承担粮（含大豆）、食用油、棉、糖、肉、盐（限于中央储备）等6种商品储备任务，并按有关政策收储、销售上述6种储备商品，取得财政储备经费或者补贴的商品储备企业。利息补贴收入，是指国家商品储备管理单位及其直属企业因承担上述商品储备任务从金融机构贷款，并从中央或者地方财政取得的用于偿还贷款利息的贴息收入。价差补贴收入包括销售价差补贴收入和轮换价差补贴收入。销售价差补贴收入，是指按照中央或者地方政府指令销售上述储备商品时，由于销售收入小于库存成本而从中央或者地方财政获得的全额价差补贴收入。轮换价差补贴收入，是指根据要求定期组织政策性储备商品轮换而从中央或者地方财政取得的商品新陈品质价差补贴收入。

（26）纳税人提供技术转让、技术开发和与之相关的技术咨询、技术服务。

（27）同时符合下列条件的合同能源管理服务：

① 节能服务公司实施合同能源管理项目相关技术，应当符合国家质量监督检验检疫总局和国家标准化管理委员会发布的《合同能源管理技术通则》（GB/T24915—2010）规定的技术要求。

② 节能服务公司与用能企业签订节能效益分享型合同，其合同格式和内容，符合《中华人民共和国合同法》和《合同能源管理技术通则》（GB/T24915—2010）等规定。

（28）2017年12月31日前，科普单位的门票收入，以及县级及以上党政部门和科协开展科普活动的门票收入。

（29）政府举办的从事学历教育的高等、中等和初等学校（不含下属单位），举办进修班、培训班取得的全部归该学校所有的收入。

特别提醒 全部归该学校所有，是指举办进修班、培训班取得的全部收入进入该学校统一账户，并纳入预算全额上缴财政专户管理，同时由该学校对有关票据进行统一管理和开具。举办进修班、培训班取得的收入进入该学校下属部门自行开设账户的，不予免征增值税。

（30）政府举办的职业学校设立的主要为在校学生提供实习场所、并由学校出资自办、由学校负责经营管理、经营收入归学校所有的企业，从事《销售服务、无形资产或者不动产注释》中"现代服务"（不含融资租赁服务、广告服务和其他现代服务）、"生活服务"（不含文化体育服务、其他生活服务和桑拿、氧吧）业务活动取得的收入。

（31）家政服务企业由员工制家政服务员提供家政服务取得的收入。

知识链接 家政服务企业是指在企业营业执照的规定经营范围中包括家政服务内容的企业。员工制家政服务员，是指同时符合下列3个条件的家政服务员。①依法与家政服务企业签订半年及半年以上的劳动合同或者服务协议，且在该企业实际上岗工作。②家政服务企业为其按月足额缴纳了企业所在地人民政府根据国家政策规定的基本养老保险、基本医疗保险、工伤保险、失业保险等社会保险。对已享受新型农村养老保险和新型农村合作医疗等社会保险或者下岗职工原单位继续为其缴纳社会保险的家政服务员，如果本人书面提出不再缴纳企业所在地人民政府根据国家政策规定的相应的社会保险，并出具其所在乡镇或者原单位开具的已缴纳相关保险的证明，可视同家政服务企业已为其按月足额缴纳了相应的社会保险。③家政服务企业通过金融机构向其实际支付不低于企业所在地适用的经省级人民政府批准的最低工资标准的工资。

（32）福利彩票、体育彩票的发行收入。

（33）军队空余房产租赁收入。

（34）为了配合国家住房制度改革，企业、行政事业单位按房改成本价、标准价出售住房取得的收入。

（35）将土地使用权转让给农业生产者用于农业生产。

（36）涉及家庭财产分割的个人无偿转让不动产、土地使用权。

> **知识链接** 家庭财产分割，包括下列情形：离婚财产分割；无偿赠与配偶、父母、子女、祖父母、外祖父母、孙子女、外孙子女、兄弟姐妹；无偿赠与对其承担直接抚养或者赡养义务的抚养人或者赡养人；房屋产权所有人死亡，法定继承人、遗嘱继承人或者受遗赠人依法取得房屋产权。

（37）土地所有者出让土地使用权和土地使用者将土地使用权归还给土地所有者。

（38）县级以上地方人民政府或自然资源行政主管部门出让、转让或收回自然资源使用权（不含土地使用权）。

（39）随军家属就业。

① 为安置随军家属就业而新开办的企业，自领取税务登记证之日起，其提供的应税服务3年内免征增值税。

② 从事个体经营的随军家属，自办理税务登记事项之日起，其提供的应税服务3年内免征增值税。

（40）军队转业干部就业。

① 从事个体经营的军队转业干部，自领取税务登记证之日起，其提供的应税服务3年内免征增值税。

② 为安置自主择业的军队转业干部就业而新开办的企业，凡安置自主择业的军队转业干部占企业总人数60%（含）以上的，自领取税务登记证之日起，其提供的应税服务3年内免征增值税。

2．增值税即征即退

（1）一般纳税人提供管道运输服务，对其增值税实际税负超过3%的部分实行增值税即征即退政策。

（2）经人民银行、银监会或者商务部批准从事融资租赁业务的试点纳税人中的一般纳税人，提供有形动产融资租赁服务和有形动产融资性售后回租服务，对其增值税实际税负超过3%的部分实行增值税即征即退政策。

3．扣减增值税规定

（1）退役士兵创业就业。

① 对自主就业退役士兵从事个体经营的，在3年内按每户每年8 000元为限额依次扣减其当年实际应缴纳的增值税、城市维护建设税、教育费附加、地方教育附加和个人所得税。

纳税人年度应缴纳税款小于上述扣减限额的，以其实际缴纳的税款为限；大于上述扣减限额的，应以上述扣减限额为限。纳税人的实际经营期不足一年的，应当以实际月份换算其减免税限额。换算公式为：

减免税限额＝年度减免税限额÷12×实际经营月数

② 对商贸企业、服务型企业、劳动就业服务企业中的加工型企业和街道社区具有加工性质的小型企业实体，在新增加的岗位中，当年新招用自主就业退役士兵，与其签订1年以上期限劳动合同并依法缴纳社会保险费的，在3年内按实际招用人数予以定额依次扣减增值税、城市维护建设税、教育费附加、地方教育附加和企业所得税优惠。

纳税人按企业招用人数和签订的劳动合同时间核定企业减免税总额，在核定减免税总额内每月依次扣减增值税、城市维护建设税、教育费附加和地方教育附加。纳税人实际应缴纳的增值税、城市维护建设税、教育费附加和地方教育附加小于核定减免税总额的，以实际应缴纳的增值税、城市维护建设税、教育费附加和地方教育附加为限；实际应缴纳的增值税、城市维护建设税、教育费附加和地方教育附加大于核定减免税总额的，以核定减免税总额为限。

纳税年度终了，如果企业实际减免的增值税、城市维护建设税、教育费附加和地方教育附加小于核定的减免税总额，企业在企业所得税汇算清缴时扣减企业所得税。当年扣减不足的，不再结转以后年度扣减。计算公式为：

企业减免税总额＝Σ每名自主就业退役士兵本年度在本企业工作月份÷12×定额标准

> **特别注意** 上述税收优惠政策的执行期限为2016年5月1日至2016年12月31日，纳税人在2016年12月31日未享受满3年的，可继续享受至3年期满为止。

（2）重点群体创业就业。

① 对持《就业创业证》（注明"自主创业税收政策"或"毕业年度内自主创业税收政策"）或2015年1月27日前取得的《就业失业登记证》（注明"自主创业税收政策"或附着《高校毕业生自主创业证》）的人员从事个体经营的，在3年内按每户每年8000元为限额依次扣减其当年实际应缴纳的增值税、城市维护建设税、教育费附加、地方教育附加和个人所得税。纳税人年度应缴纳税款小于上述扣减限额的，以其实际缴纳的税款为限；大于上述扣减限额的，应以上述扣减限额为限。

② 对商贸企业、服务型企业、劳动就业服务企业中的加工型企业和街道社区具有加工性质的小型企业实体，在新增加的岗位中，当年新招用在人力资源社会保障部门公共就业服务机构登记失业半年以上且持《就业创业证》或2015年1月27日前取得的《就业失业登记证》（注明"企业吸纳税收政策"）人员，与其签订1年以上期限劳动合同并依法缴纳社会保险费的，在3年内按实际招用人数予以定额依次扣减增值税、城市维护建设税、教育费附加、地方教育附加和企业所得税优惠。

按上述标准计算的税收扣减额应在企业当年实际应缴纳的增值税、城市维护建设税、教育费附加、地方教育附加和企业所得税税额中扣减，当年扣减不足的，不得结转下年使用。

上述税收优惠政策的执行期限为2016年5月1日至2016年12月31日，纳税人在2016年12月31日未享受满3年的，可继续享受至3年期满为止。

4．金融企业发放贷款的规定

金融企业发放贷款后，自结息日起90天内发生的应收未收利息按现行规定缴纳增值税，自结息日起90天后发生的应收未收利息暂不缴纳增值税，待实际收到利息时按规定缴纳增值税。

5．个人销售所购买住房的规定

个人将购买不足 2 年的住房对外销售的，按照 5%的征收率全额缴纳增值税；个人将购买 2 年以上（含 2 年）的住房对外销售的，免征增值税。上述政策适用于北京市、上海市、广州市和深圳市之外的地区。

个人将购买不足 2 年的住房对外销售的，按照 5%的征收率全额缴纳增值税；个人将购买 2 年以上（含 2 年）的非普通住房对外销售的，以销售收入减去购买住房价款后的差额按照 5%的征收率缴纳增值税；个人将购买 2 年以上（含 2 年）的普通住房对外销售的，免征增值税。上述政策仅适用于北京市、上海市、广州市和深圳市。

三、税额计算

（一）销售额的确定

无论是一般纳税人还是小规模纳税人应纳税额的计算，关键是应税销售额确定。

1．一般销售方式销售额的确定

销售额是指纳税人发生应税行为向购买方收取的全部价款和价外费用。所谓价外费用是指随同发生的应税行为价外向购买方收取的各种性质的费用。下列项目不认定为价外费用。

（1）发生应税行为收取的增值税税额。即纳税人发生应税行为采用销售额与增值税合并定价时，应按下列公式换算为不含税销售额后作为计税依据。

（不含税）销售额 = 含税销售额 ÷（1 + 增值税税率或征收率）

（2）以委托方名义开具发票代委托方收取的款项。

（3）同时符合以下条件代为收取的政府性基金或行政事业性收费：由国务院或财政部批准设立的政府性基金，及由国务院或省级人民政府及其财政、价格主管部门批准设立的行政事业性收费；收取时开具省级以上（含省级）财政部门监（印）制的财政票据；所收款项全额上缴财政。

【案例分析 2-2】某商场为增值税一般纳税人，某月向个人消费者销售空调 30 台，共收取货款 105 300 元，另收取安装费 6 000 元，上述价款全部为含税价。分析确定该商场上述业务增值税计税销售额。

分析：货款和安装费均为含税价，已知空调增值税适用税率为 17%，则：

销售额 =（105 300+6 000）÷（1+17%）=95 128.21（元）

2．特殊销售方式销售额的确定

（1）折扣销售。也称商业折扣，是指销货方在销售货物时，因购买方购货数量较大等原因而给予购货方的价格优惠。折扣销售通常在销售实现时即发生并且确定，因此增值税法规规定，销售额和折扣额在同一发票上分别注明，可按扣除折扣后的余额作为计税销售额计算增值税；如果将折扣额另开发票，则无论财务上如何处理，计算增值税时其折扣额均不得从销售额中扣除。

另外，上述折扣销售仅限于价格折扣，如果销货方将自产、委托加工和购买的货物采取"买就送"等方式实现实物折扣，对实物折扣金额应按视同销售行为"无偿赠送"规定计算增值税。

	折扣销售、销售折扣与销售折让的增值税税务处理比较	
折扣方式	折扣目的	税务处理
折扣销售（商业折扣）	为促销对购买数量大等原因而给予的价格优惠。该折扣在销售实现时发生并确定	只要开具的票据符合要求，折扣额可以从销售额中扣除
销售折扣（现金折扣）	为鼓励购买方及早偿还货款而给予的价格优惠。该折扣只有在收到货款时才能确定	折扣额不得从销售额中扣除
销售折让	为保商业信誉，对已售商品存在质量、品种不符等问题而给予购买方的价格补偿。该折让发生在货物销售之后	折让额可以从折让当期销售额中扣除

【案例分析 2-3】某商场为增值税一般纳税人，某年 5 月 1 日批发销售给 A 企业空调 100 台，合同标价不含税 1 800 元/台，因批量购买给予七折优惠，同时约定付款条件为"5/10，2/20，n/30"。商场开具发票时将折扣额与销售额开在一张专用发票上，当月 10 日收到 A 企业支付的全部货款。分析确定该商场上述销售业务增值税计税销售额。

分析：商场采取的是"折扣销售"与"销售折扣"相结合的促销方式。其中：七折优惠属于折扣销售，发票开具符合税法规定，折扣额准予扣除；约定"5/10，2/20，n/30"的付款条件属于销售折扣，折扣额不得扣除。

销售额＝100×1 800×70%＝826 000（元）

（2）以旧换新。以旧换新是指纳税人在销售新货物的同时有偿收回旧货物的行为。除金银首饰外的货物以旧换新销售，应按新货物的同期销售价格确定销售额，不得扣减旧货物的收购价格；金银首饰以旧换新业务，按销售方实际收取的不含税价确认计税销售额。

【案例分析 2-4】苏宁电器丽水店采取"以旧换新"方式销售电器商品，共取得现金收入 5 850 万元，旧货抵价 2 340 万元。分析确定上述业务增值税计税销售额。（假设上述价款均为含税价）

分析：电器商品销售以旧换新业务增值税的计税依据为新货物的销售额，已知电器商品增值税适用税率为 17%。

销售额＝（5 850＋2 340）÷（1＋17%）＝7 000（万元）

（3）还本销售。还本销售是指纳税人在销售货物后，在一定期限内一次或分次退还给购货方全部或部分货款的一种销售方式。还本销售应以所售货物的销售价格确定销售额，不得扣除还本支出。

【案例分析 2-5】某家具生产厂与某商场签订家具购销合同，双方约定商场购入家具 500 套，含税价格 16 800 元/套，商场在购货时一次付清全部货款，工厂在货物销售后的 6 个月全部返还货款。分析确定上述业务增值税计税销售额。

分析：还本销售业务的增值税计税依据为货物的全部销售额，不得扣除还本支出。已知家具适用增值税税率为 17%。

销售额＝16 800÷（1＋17%）×500＝7 179 487（元）

（4）以物易物。以物易物是指购销双方以同等价款的货物相互结算货款以实现货物销售的一种购销方式。以物易物购销双方均应作正常的购销业务处理，以各自收到或发出的货物核算销售额并计算应纳或应扣的增值税税额。对换出的货物必须计算销项税额。对换入的货物，如果能够取得增值税专用发票的，可以抵扣其进项税额；如果未取得增值税专用发票，不得抵扣其进项税额。

（5）出租、出借包装物收取的押金税务处理。

① 销售一般货物收取包装物押金。纳税人为销售货物而出租、出借包装物收取的押金，单独记账核算又未逾期的，不征增值税；逾期未收回包装物而没收押金的，视同价外收费按所包装货物的适用税率计算销项税额。"逾期"是指按合同约定实际逾期或一年以上仍未收回。

② 销售酒类产品收取包装物押金。纳税人销售除啤酒、黄酒外的其他酒类产品而收取的包装物押金，无论是否返还以及会计上如何核算，均应在收取押金当期计征增值税。销售啤酒、黄酒所收取的包装物押金，按上述销售一般货物的相关规定处理。

【案例分析 2-6】 某酒厂为增值税一般纳税人，销售散装白酒 20 吨，并向购买方开具了增值税专用发票，注明价款 100 000 元。随同白酒销售收取包装物押金 3 510 元，开具收款收据并单独入账核算。分析确定该厂上述业务增值税计税销售额。

分析：专用发票上注明的价款为不含税价。随同白酒销售收取的出租包装物押金，无论是否退回均应在收取时计征增值税，且押金属于价外费用。已知白酒增值税适用税率为 17%。

销售额=3 510÷（1+17%）+100 000=103 000（元）

（6）视同销售行为销售额的确定。纳税人发生视同销售行为而无销售额的，由税务机关按下列顺序确定其销售额。

① 按纳税人最近时期同类应税行为的平均销售价格确定。

② 按其他纳税人最近时期同类应税行为的平均销售价格确定。

③ 按组成计税价格确定。其计算公式为

组成计税价格=成本+利润+消费税

=成本×（1+成本利润率）+消费税

=成本×（1+成本利润率）÷（1-消费税税率）

公式中的"成本利润率"，除应征消费税的货物应根据国家税务总局在《消费税若干具体问题的规定》中规定的成本利润率计算外，一律按 10% 计算。

如果征收增值税的货物同时又征收消费税，则上述公式的组成计税价格应加上消费税。

> **特别提醒** 纳税人销售货物或应税劳务的价格明显偏低并无正当理由的，税务机关有权按与上述视同销售行为同样的方法核定销售额。

【案例分析 2-7】 某服装厂为增值税一般纳税人，专门为本厂职工特制一批服装并免费分发给职工。账务资料显示该批服装的生产成本合计 10 万元。你认为上述业务需要计征增值税吗？如果要计征增值税，则计税销售额如何确定？

分析：企业将自产货物用于职工福利的应视同销售计征增值税；无同类产品销售额或价格明显偏低的，应按组成计税价格计税。

销售额=10×（1+10%）=11（万元）

（7）混合销售行为销售额的确定。

【案例分析 2-8】 甲企业为增值税一般纳税人，某月向乙企业销售大型设备一台，开具增值税专用发票注明货款 150 000 元，设备需安装调试。调试工作由甲企业负责，甲企业另收安装调试费 20 000 元。分析确定甲企业上述业务增值税计税销售额。

分析：销售设备并同时提供安装调试劳务的，属于混合销售行为。由于该行为的主业务是销售设备，次业务是提供安装调试，因此该混合销售行为合并按销售货物的适用增值税税率 17%计征增值税。

销售额=150 000+20 000÷（1+17%）=167 094（元）

（8）金融业特殊行为销售额确定。

① 贷款服务，以提供贷款服务取得的全部利息及利息性质的收入为销售额。

② 直接收费金融服务，以提供直接收费金融服务收取的手续费、佣金、酬金、管理费、服务费、经手费、开户费、过户费、结算费、转托管费等各类费用为销售额。

③ 金融商品转让，按照卖出价扣除买入价后的余额为销售额。转让金融商品出现的正负差，按盈亏相抵后的余额为销售额。若相抵后出现负差，可结转下一纳税期与下期转让金融商品销售额相抵，但年末时仍出现负差的，不得转入下一个会计年度。金融商品的买入价，可以选择按照加权平均法或者移动加权平均法进行核算，选择后 36 个月内不得变更。

> **特别提醒** 金融商品转让，不得开具增值税专用发票。

④ 经纪代理服务，以取得的全部价款和价外费用，扣除向委托方收取并代为支付的政府性基金或者行政事业性收费后的余额为销售额。

> **特别提醒** 向委托方收取的政府性基金或者行政事业性收费，不得开具增值税专用发票。

⑤ 融资租赁和融资性售后回租业务。

经人民银行、银监会或者商务部批准从事融资租赁业务的试点纳税人，提供融资租赁服务，以取得的全部价款和价外费用，扣除支付的借款利息（包括外汇借款和人民币借款利息）、发行债券利息和车辆购置税后的余额为销售额。

经人民银行、银监会或者商务部批准从事融资租赁业务的试点纳税人，提供融资性售后回租服务，以取得的全部价款和价外费用(不含本金)，扣除对外支付的借款利息（包括外汇借款和人民币借款利息）、发行债券利息后的余额作为销售额。

试点纳税人根据 2016 年 4 月 30 日前签订的有形动产融资性售后回租合同，在合同到期前提供的有形动产融资性售后回租服务，可继续按照有形动产融资租赁服务缴纳增值税。继续按照有形动产融资租赁服务缴纳增值税的试点纳税人，经人民银行、银监会或者商务部批准从事融资租赁业务的，根据 2016 年 4 月 30 日前签订的有形动产融资性售后回租合同，在合同到期前提供的有形动产融资性售后回租服务，可以选择以下方法之一计算销售额：一是，以向承租方收取的全部价款和价外费用，扣除向承租方收取的价款本金，以及对外支付的借款利息（包括外汇借款和人民币借款利息）、发行债券利息后的余额为销售额。纳税人提供有形动产融资性售后回租服务，计算当期销售额时可以扣除的价款本金，为书面合同约定的当期应当收取的本金；无书面合同或者书面合同没有约定的，为当期实际收取的本金。二是，以向承租方收取的全部价款和价外费用，扣除支付的借款利息（包括外汇借款和人民币借款利息）、发行债券利息后的余额为销售额。

（9）销售额确定的其他特殊规定。

① 航空运输企业的销售额，不包括代收的机场建设费和代售其他航空运输企业客票而代收转付的价款。

② 试点纳税人中的一般纳税人提供客运场站服务，以其取得的全部价款和价外费用，扣除支付给承运方运费后的余额为销售额。

③ 试点纳税人提供旅游服务，可以选择以取得的全部价款和价外费用，扣除向旅游服务购买方收取并支付给其他单位或者个人的住宿费、餐饮费、交通费、签证费、门票费和支付给其他接团旅游企业的旅游费用后的余额为销售额。选择上述办法计算销售额的试点纳税人，向旅游服务购买方收取并支付的上述费用，不得开具增值税专用发票，可以开具普通发票。

④ 试点纳税人提供建筑服务适用简易计税方法的，以取得的全部价款和价外费用扣除支付的分包款后的余额为销售额。

⑤ 房地产开发企业中的一般纳税人销售其开发的房地产项目(选择简易计税方法的房地产老项目除外)，以取得的全部价款和价外费用，扣除受让土地时向政府部门支付的土地价款后的余额为销售额。房地产老项目，是指《建筑工程施工许可证》注明的合同开工日期在 2016 年 4 月 30 日前的房地产项目。

⑥ 税法规定从全部价款和价外费用中扣除的价款，应当取得符合法律、行政法规和国家税务总局规定的有效凭证。否则，不得扣除。上述凭证是指：支付给境内单位或者个人的款项，以发票为合法有效凭证；支付给境外单位或者个人的款项，以该单位或者个人的签收单据为合法有效凭证，税务机关对签收单据有疑议的，可以要求其提供境外公证机构的确认证明；缴纳的税款，以完税凭证为合法有效凭证；扣除的政府性基金、行政事业性收费或者向政府支付的土地价款，以省级以上（含省级）财政部门监（印）制的财政票据为合法有效凭证；国家税务总局规定的其他凭证。纳税人取得的上述凭证属于增值税扣税凭证的，其进项税额不得从销项税额中抵扣。

（二）一般纳税人增值税一般计税方法下应纳税额计算

一般情况下，一般纳税人发生应税行为适用一般计税方法计税，但发生财政部和国家税务总局规定的特定应税行为的，可以选择适用简易计税方法计税，但一经选择，36个月内不得变更。

一般计税方法的应纳税额是指当期销项税额抵扣当期进项税额后的余额，计算公式：

$$应纳税额 = 当期销项税额 - 当期进项税额$$

当期销项税额小于当期进项税额不足抵扣时，其不足部分可以结转下期继续抵扣。

1．当期销项税额确定

销项税额是指纳税人发生应税行为按照销售额和增值税税率计算并收取的增值税额。计算公式为：

$$销项税额 = 销售额 \times 税率$$

销项税额的确定时限总原则是不得延后，具体来说销项税额确定时间就是增值税纳税义务发生时间。

2．当期进项税额确定

进项税额是指纳税人购进货物、加工修理修配劳务、服务、无形资产或者不动产支付或者负担的增值税额。在开具增值税专用发票的情况下，销售方收取的销项税额就是购买方支付的进项税额。

增值税进项税额确定的核心在于判断哪些进项税额可以抵扣，哪些不能抵扣。

（1）准予抵扣的进项税额。根据税法规定，准予抵扣的进项税额限于下列增值税扣税凭证上注明的增值税税额和按规定计算的进项税额：

① 从销售方取得的增值税专用发票（含税控机动车销售统一发票，下同）上注明的增值税额。

② 从海关取得的海关进口增值税专用缴款书上注明的增值税额。

③ 购进农产品，除取得增值税专用发票或海关进口增值税专用缴款书外，按农产品收购发票或销售发票上注明的农产品买价和13%的扣除率计算进项税额，计算公式为

$$进项税额 = 买价 \times 13\%$$

上式"买价"是指纳税人购进农产品在农产品收购发票或销售发票上注明的价款和按规定缴纳的烟叶税。购进农产品按照《农产品增值税进项税额核定扣除试点实施办法》抵扣的进项税额除外。

> **特别提醒** 适用计算扣税法的农产品特指免税农产品。增值税一般纳税人从农民专业合作社购进的免税农业产品，也可按13%的扣除率计算抵扣增值税进项税额。

④ 从境外单位或者个人购进服务、无形资产或者不动产，自税务机关或者扣缴义务人取得的解缴税款的完税凭证上注明的增值税额。

（2）固定资产或不动产在建工程进项税额抵扣办法。适用一般计税方法的试点纳税人，2016年5月1日后取得并在会计制度上按固定资产核算的不动产或者2016年5月1日后取得的不动产在建工程，其进项税额应自取得之日起分2年从销项税额中抵扣，第一年抵扣比例为60%，第二年抵扣比例为40%。取得不动产，包括以直接购买、接受捐赠、接受投资入股、自建以及抵债等各种形式取得不动产，不包括房地产开发企业自行开发的房地产项目。

融资租入的不动产以及在施工现场修建的临时建筑物、构筑物，其进项税额不适用上述分2年抵扣的规定。

（3）不得抵扣的进项税额。纳税人取得的增值税扣税凭证不符合法律、行政法规或国家税务总局有关规定的，其进项税额不得从销项税额中抵扣。增值税扣税凭证是指增值税专用发票、海关进口增值税专用缴款书、农产品收购发票、农产品销售发票和完税凭证。纳税人凭完税凭证抵扣进项税额的，应当具备书面合同、付款证明和境外单位的对账单或者发票。资料不全的，其进项税额不得从销项税额中抵扣。

下列项目进项税额不得从销项税额中抵扣。

① 用于简易计税方法计税项目、免征增值税项目、集体福利或者个人消费的购进货

物、加工修理修配劳务、服务、无形资产和不动产。其中涉及的固定资产、无形资产、不动产，仅指专用于上述项目的固定资产、无形资产（不包括其他权益性无形资产）、不动产。纳税人的交际应酬消费属于个人消费。

> 特别提醒
>
> 按照本条规定不得抵扣且未抵扣进项税额的固定资产、无形资产、不动产，发生用途改变，用于允许抵扣进项税额的应税项目，可在用途改变的次月按照下列公式计算可以抵扣的进项税额：
>
> 可以抵扣的进项税额=固定资产、无形资产、不动产净值/（1+适用税率）×适用税率

该可以抵扣的进项税额应取得合法有效的增值税扣税凭证。

② 非正常损失的购进货物，以及相关的加工修理修配劳务和交通运输服务。

③ 非正常损失的在产品、产成品所耗用的购进货物（不包括固定资产）、加工修理修配劳务和交通运输服务。

④ 非正常损失的不动产，以及该不动产所耗用的购进货物、设计服务和建筑服务。

⑤ 非正常损失的不动产在建工程所耗用的购进货物、设计服务和建筑服务。纳税人新建、改建、扩建、修缮、装饰不动产，均属于不动产在建工程。

> 特别提醒
>
> 上述第④项、第⑤项所称货物是指构成不动产实体的材料和设备，包括建筑装饰材料和给排水、采暖、卫生、通风、照明、通讯、煤气、消防、中央空调、电梯、电气、智能化楼宇设备及配套设施。上述第②项至第⑤项所称非正常损失是指因管理不善造成货物被盗、丢失、霉烂变质，以及因违反法律法规造成货物或者不动产被依法没收、销毁、拆除的情形。

⑥ 购进的旅客运输服务、贷款服务、餐饮服务、居民日常服务和娱乐服务。

⑦ 纳税人接受贷款服务向贷款方支付的与该笔贷款直接相关的投融资顾问费、手续费、咨询费等费用，其进项税额不得从销项税额中抵扣。

> 特别提醒
>
> 适用一般计税方法的纳税人，兼营简易计税方法计税项目、免征增值税项目而无法划分不得抵扣的进项税额，按照下列公式计算不得抵扣的进项税额：
>
> 不得抵扣的进项税额 = 当期无法划分的全部进项税额×（当期简易计税方法计税项目销售额+免征增值税项目销售额）÷当期全部销售额

（4）进项税额转出。由于当期购进货物、劳务、服务、无形资产或不动产，事先无法确定将用于上述不得抵扣进项税额所列项目，其进项税额已在购进货物、劳务、服务、无形资产或不动产的当期予以抵扣，因此，当发生用途改变时，应当从发生用途改变当期进项税额中扣减，即形成进项税额转出。进项税额转出具体可按以下三种情况计算确定。

① 已抵扣进项税额的购进货物（不含固定资产）、劳务、服务，发生前面（3）规定不得抵扣进项税额情形（简易计税方法计税项目、免征增值税项目除外）的，应当将该进项税额从当期进项税额中扣减；无法确定该进项税额的，按照当期实际成本计算应扣减的进项税额。

② 已抵扣进项税额的固定资产、无形资产或者不动产，发生前面（3）规定不得抵

扣进项税额情形的，按照下列公式计算不得抵扣的进项税额：

不得抵扣的进项税额＝固定资产、无形资产或者不动产净值×适用税率

固定资产、无形资产或者不动产净值是指纳税人根据财务会计制度计提折旧或摊销后的余额。

（5）纳税人适用一般计税方法计税的，因销售折让、中止或者退回而退还给购买方的增值税额，应当从当期的销项税额中扣减；因销售折让、中止或者退回而收回的增值税额，应当从当期的进项税额中扣减。

（6）有下列情形之一者，应当按照销售额和增值税税率计算应纳税额，不得抵扣进项税额，也不得使用增值税专用发票：①一般纳税人会计核算不健全，或者不能够提供准确税务资料的；②应当办理一般纳税人资格登记而未办理的。

【案例分析2-9】某企业为增值税一般纳税人，2016年8月发生如下业务：（1）4日，外购货物一批，取得增值税专用发票注明税款18万元，月底清查发现该批货物中的1/4发生霉变；（2）12日，建造职工活动中心领用生产用原材料一批，该批材料的账面成本为20万元。分析确定该企业上述业务当月可抵扣的进项税额。

分析：

（1）外购货物取得增值税专用发票，可以凭票抵扣，但因管理不善造成购进货物发生非正常损失的部分进项税额不得抵扣。进项税额=18－18×1/4=13.5（万元）

（2）已作进项税额抵扣的购进货物事后改变用途用于集体福利的，应当将已抵扣的进项税额转出。进项税额转出=20×17%=3.4（万元）

当月可抵扣的进项税额=13.5－3.4=10.1（万元）

（4）进项税额申报抵扣时限确定。增值税一般纳税人取得增值税专用发票、海关进口增值税专用缴款书，应在开具之日起180日内到税务机关办理认证，并在认证通过的次月申报期内，向主管税务机关申报抵扣进项税额；未在规定期限内到税务机关办理认证、申报抵扣或申请稽核比对的，不得作为法定的增值税扣税凭证，不得计算进项税额抵扣。

3．应纳税额计算典型案例分析

【案例分析2-10】某自行车生产企业为增值税一般纳税人，2016年7月发生下列购销业务。

（1）购进原材料一批，取得增值税专用发票注明价款100 000元、增值税17 000元。

（2）购进办公用品一批，取得增值税专发票上注明价款20 000元、3 400元；购进机床一台，取得增值税专用发票注明价款50 000元、增值税8 500元；为职工食堂购置用具一批，取得增值税专用发票注明价款10 000元、增值税1 700元。

（3）向当地某商场销售自行车300辆，开具增值税专用发票，不含税单价为300元，厂家给予了5%的折扣，并开具了红字发票。

（4）向某个体户销售自行车零配件，开具增值税普通发票，取得价税合计现金2 340元。

（5）某免税项目需要领用上月购进的生产用钢材，价值100 000元。

计算该自行车生产企业7月份应纳增值税税额。

分析：

（1）购进材料取得增值税专用发票，其进项税额允许抵扣。

进项税额＝100 000×17%＝17 000（元）

（2）购进办公用品取得增值税专用发票，进项税额允许抵扣；购进机床属与生经营有关的固定资产，其进项税额符合税法要求可以抵扣；购进货物用于职工福利的，进项税额不得抵扣。

进项税额 = 3 400+8 500 = 11 900（元）

（3）税法规定销售货物给予的折扣，折扣额与销售额不在同一发票上注明的，折扣额不得扣除。

销项税额 = 300 × 300 × 17% = 15 300（元）

（4）向个体户销售货物开具增值税普通发票，其销售额为含税销售额。

销项税额 = 2 340 ÷ (1 + 17%) × 17% = 340（元）

（5）购进货物改变用途用于增值税免税项目，其进项税额不得抵扣，上期已抵扣的进项税额应转出。

进项税额转出 = 100 000 × 17% = 17 000（元）

综合上述分析，当期应纳税额汇总计算如下：

当期销项税额 = 15 300 + 340 = 15 640（元）

当期进项税额 = 17 000+11 900 = 28 900（元）

当期进项税额转出 = 17 000（元）

当期应纳税额 = 15 640 − 28 900 + 17 000 = 3 740（元）

（三）一般纳税人适用简易计税法应纳税额的计算

一般纳税人发生下列应税行为可以选择适用简易计税方法计税。

（1）公共交通运输服务。公共交通运输服务，包括轮客渡、公交客运、地铁、城市轻轨、出租车、长途客运、班车。

（2）经认定的动漫企业为开发动漫产品提供的动漫脚本编撰、形象设计、背景设计、动画设计、分镜、动画制作、摄制、描线、上色、画面合成、配音、配乐、音效合成、剪辑、字幕制作、压缩转码（面向网络动漫、手机动漫格式适配）服务，以及在境内转让动漫版权（包括动漫品牌、形象或者内容的授权及再授权）。

（3）电影放映服务、仓储服务、装卸搬运服务、收派服务和文化体育服务。

（4）以纳入营改增试点之日前取得的有形动产为标的物提供的经营租赁服务。

（5）在纳入营改增试点之日前签订的尚未执行完毕的有形动产租赁合同。

（6）建筑服务中下列应税行为可以选择适用简易计税方法计税。

① 一般纳税人以清包工方式提供的建筑服务。

> 知识链接　以清包工方式提供建筑服务，是指施工方不采购建筑工程所需的材料或只采购辅助材料，并收取人工费、管理费或者其他费用的建筑服务。

② 一般纳税人为甲供工程提供的建筑服务。

> 知识链接　甲供工程是指全部或部分设备、材料、动力由工程发包方自行采购的建筑工程。

③ 一般纳税人为建筑工程老项目提供的建筑服务。

> **知识链接**　建筑工程老项目是指《建筑工程施工许可证》注明的合同开工日期在 2016 年 4 月 30 日前的建筑工程项目；未取得《建筑工程施工许可证》的，建筑工程承包合同注明的开工日期在 2016 年 4 月 30 日前的建筑工程项目。

（四）纳税人跨县提供建筑服务增值税应纳税额的计算

（1）纳税人跨县（市、区）提供建筑服务，按照以下规定预缴税款。

① 一般纳税人跨县（市、区）提供建筑服务，适用一般计税方法计税的，以取得的全部价款和价外费用扣除支付的分包款后的余额，按照 2% 的预征率计算应预缴税款。

② 一般纳税人跨县（市、区）提供建筑服务，选择适用简易计税方法计税的，以取得的全部价款和价外费用扣除支付的分包款后的余额，按照 3% 的征收率计算应预缴税款。

③ 小规模纳税人跨县（市、区）提供建筑服务，以取得的全部价款和价外费用扣除支付的分包款后的余额，按照 3% 的征收率计算应预缴税款。

（2）纳税人跨县（市、区）提供建筑服务，按照以下公式计算应预缴税款：

① 适用一般计税方法计税的，应预缴税款=（全部价款和价外费用-支付的分包款）÷（1+11%）×2%

② 适用简易计税方法计税的，应预缴税款=（全部价款和价外费用-支付的分包款）÷（1+3%）×3%

纳税人取得的全部价款和价外费用扣除支付的分包款后的余额为负数的，可结转下次预缴税款时继续扣除。

纳税人应按照工程项目分别计算应预缴税款，分别预缴。

纳税人按照上述规定从取得的全部价款和价外费用中扣除支付的分包款，应当取得符合法律、行政法规和国家税务总局规定的合法有效凭证，否则不得扣除。上述凭证是指从分包方取得的 2016 年 4 月 30 日前开具的建筑业营业税发票（上述建筑业营业税发票在 2016 年 6 月 30 日前可作为预缴税款的扣除凭证）；从分包方取得的 2016 年 5 月 1 日后开具的，备注栏注明建筑服务发生地所在县（市、区）、项目名称的增值税发票。

（五）小规模纳税人增值税应纳税额计算

小规模纳税人发生应税行为适用简易计税方法计税。

简易计税方法的应纳税额是指按照销售额和增值税征收率计算的增值税额，不得抵扣进项税额。计算公式：

$$应纳税额 = 销售额 × 征收率$$

上述公式中，征收率为 3%；销售额为不含税销售额，其内涵与一般纳税人规定相同。

纳税人采用销售额和应纳税额合并定价方法的，按照下列公式计算销售额：

$$销售额 = 含税销售额 ÷ （1 + 征收率）$$

纳税人适用简易计税方法计税的，因销售折让、中止或者退回而退还给购买方的销售额，应当从当期销售额中扣减。扣减当期销售额后仍有余额造成多缴的税款，可以从以后的应纳税额中扣减。

【案例分析 2-11】某超市为增值税小规模纳税人，2016 年 11 月取得零售收入 80 000 元。计算该超市当月应纳增值税税额。

分析：应纳税额 = 80 000÷(1 + 3%)×3% = 2 330（元）

（六）进口货物增值税应纳税额计算

无论是一般纳税人还是小规模纳税人进口货物，均按组成计税价格和规定的税率计算缴纳增值税，不得抵扣任何税额。计算公式为

$$组成计税价格 = 关税完税价格 + 关税 + 消费税$$

或

$$组成计税价格 = （关税完税价格 + 关税）÷（1-消费税税率）$$

$$应纳税额 = 组成计税价格 × 税率$$

前述"不得抵扣任何税额"是指在计算进口环节的增值税应纳税额时，不得抵扣发生在境外的各种税金。

【**案例分析 2-12**】某进出口公司进口办公设备 200 台，每台进口关税完税价格 10 000 元，假定进口关税税率为 15%。计算进口环节应纳增值税。

分析：进口货物应纳关税 = 200×10 000×15% = 300 000（元）

组成计税价格 = 200×10 000 + 300 000 = 2 300 000（元）

进口环节应纳增值税 = 2 300 000×17% = 391 000（元）

第四节 增值税税款缴纳

一、纳税义务发生时间

增值税纳税义务、扣缴义务发生时间为。

（1）纳税人发生应税行为并收讫销售款项或者取得索取销售款项凭据的当天；先开具发票的，为开具发票的当天。收讫销售款项是指纳税人发生应税行为过程中或者完成后收到款项。取得索取销售款项凭据的当天，是指书面合同确定的付款日期；未签订书面合同或者书面合同未确定付款日期的，为服务、无形资产转让完成的当天或者不动产权属变更的当天。按结算方式不同分别规定如下。

① 采用直接收款方式销售货物，不论货物是否发出，均为收到销货款或取得索取销货款凭据的当天。

② 采取托收承付和委托银行收款方式销售货物，为发出货物并办妥托收手续当天。

③ 采取赊销和分期收款方式销售货物，为书面合同约定的收款日期的当天；无书面合同或书面合同没有约定收款日期的，为货物发出的当天。

④ 采取预收货款方式销售货物，为货物发出的当天，但生产销售工期超过 12 个月的大型机械设备、船舶、飞机等货物，为收到预收款或书面合同约定的收款日期的当天。

⑤ 委托其他纳税人代销货物，为收到代销单位代销清单或收到全部或部分货款的当天；未收到代销清单及货款的，为发出代销货物满 180 天的当天。

（2）纳税人提供建筑服务、租赁服务采取预收款方式的，为收到预收款的当天。

（3）纳税人从事金融商品转让的，为金融商品所有权转移的当天。

（4）纳税人发生增值税视同销售行为的，为货物移送的当天，或劳务、服务、无形

资产转让完成的当天或者不动产权属变更的当天。

（5）纳税人进口货物，其纳税义务发生时间为报关进口的当天。

（6）增值税扣缴义务发生时间为增值税纳税义务发生的当天。

二、纳税期限

增值税的纳税期限分别为 1 日、3 日、5 日、10 日、15 日、1 个月或 1 个季度。具体纳税期限，由主管税务机关根据纳税人应纳税额的大小分别核定。以 1 个季度为纳税期限的规定适用于小规模纳税人、银行、财务公司、信托投资公司、信用社，以及财政部和国家税务总局规定的其他纳税人。不能按照固定期限纳税的，可以按次纳税。

纳税人以 1 个月或 1 个季度为一期纳税的，自期满之日起 15 日内申报纳税；以 1 日、3 日、5 日、10 日或 15 日为一期纳税的，自期满之日起 5 日内预缴税款，于次月 1 日起 15 日内申报纳税并结清上月应纳税款。

扣缴义务人解缴税款的期限，依照纳税人相关规定执行。

进口货物应当自海关填发税款缴纳书之日起 15 日内缴纳税款。

三、纳税地点

（1）固定业户应当向其机构所在地或者居住地主管税务机关申报纳税。总机构和分支机构不在同一县（市）的，应当分别向各自所在地的主管税务机关申报纳税；经财政部和国家税务总局或者其授权的财政和税务机关批准，可以由总机构汇总向总机构所在地的主管税务机关申报纳税。

（2）非固定业户应当向应税行为发生地主管税务机关申报纳税；未申报纳税的，由其机构所在地或者居住地主管税务机关补征税款。

（3）进口货物，应当由进口人或其代理人向报关地海关申报纳税。

（4）扣缴义务人应当向其机构所在地或居住地的主管税务机关申报缴纳扣缴的税款。

第五节 | 增值税出口退税

一、出口退税概念

出口退税是对出口商品，按照适用零税率的规定，将其在生产与流通环节已经缴纳的国内商品税退还给出口商。实行出口退税，可以使出口商品以不含国内商品税的价格进入国际市场，从而与其他国家的商品开展平等的竞争。因此，当今世界，对出口商品实行退税已经成为一种国际惯例。

二、出口退税范围认定

我国对增值税出口退税实行免税和退税相结合的政策。出口货物增值税退税形式主要有以下三种。

1．出口免税并退税

出口免税是指对货物出口环节不征收增值税；出口退税是指对货物在出口前实际承

担的税款，按规定的退税率计算后予以退还。适用出口免税并退税政策的有以下几种。

（1）生产企业自营出口或委托外贸企业代理出口的自产货物；（2）有出口经营权的外贸企业收购后直接出口或委托其他外贸企业代理出口的货物；（3）符合国家政策规定的特准退（免）税货物，如对外承包工程公司运出境外用于对外承包项目的货物，对外承接修理修配业务的企业用于对外修理修配的货物等。

2．出口免税不退税

出口免税的含义与上述相同。出口不退税是指适用此项政策的出口货物因在出口前各环节是免税的，报关出口时该货物的价格中本身就不含增值税，因而出口环节无需退税。下列企业出口的货物，除另有规定外，给予免税不退税：属于生产企业的小规模纳税人自营出口或委托外贸企业代理出口的自产货物；外贸企业从小规模纳税人购进并持有普通发票的货物（下列 12 类货物特准退税：抽纱、工艺品、香料油、山货、草柳竹藤制品、渔网鱼具、松香、五倍子、生漆、鬃尾、山羊板皮、纸制品）；外贸企业直接购进国家规定的免税货物（包括免税农产品）出口；来料加工复出口的货物；避孕药品和用具、古旧图书；国家计划内出口卷烟；军品以及军队系统企业出口军需工厂生产或军需部门调拨的货物；国家规定的其他免税货物，如农业生产者销售的自产农产品、饲料等。

3．出口不免税也不退税

出口不免税也不退税是指对国家限制或禁止出口的某些货物，出口环节视同内销环节正常征税，同时也不退还其出口前各环节所负担的税款。适用该政策是主要是税法列举限制或禁止出口的货物，如天然牛黄、麝香、铜及铜基合金、白金等。

> **特别提醒** 交通运输业和部分现代服务业单位和个人提供适用零税率的应税服务，如果属于适用增值税一般计税方法的，实行免抵退税办法，并不得开具增值税专用发票；如果属于适用简易计税办法的，实行免征增值税办法。

三、出口退税率选择

我国现行增值税出口退税率是在增值税税率的基础上综合考虑对不同货物的经济政策确定的，目前主要有 5%、9%、11%、13%、14% 和 17% 六档。纳税人应将不同税率的货物分开核算和申报，凡划分不清的，一律从低适用退税率计算退免税。

四、出口退税额计算

当出口货物适用"出口免税并退税"政策时，就会涉及增值税退税额计算问题。我国目前计算增值税退税的方法主要有两种："免、抵、退"（适用于生产企业及提供适用零税率的应税服务企业）和"先征后退"（适用于外贸企业）。

（一）生产企业增值税出口退税额的计算

生产企业一般纳税人自营出口或委托外贸企业代理出口自产货物，除税法另有规定外，一律实行"免、抵、退"税管理办法。其中，"免"税，是指对生产企业出口自产货物免征本企业生产销售环节增值税；"抵"税，是指生产企业出口自产货物所耗用的原材料、零部件、燃料、动力等所含应予退还的进项税额，抵顶内销货物的应纳税额；"退"

税，是指生产企业出口的自产货物在当月应抵顶的进项税额大于应纳税额时，对未抵完的部分予以退税。具体计算程序和方法如下。

1．计算当期不得免征和抵扣税额

$$免抵退税不得免征和抵扣税额 = 出口货物离岸价 \times （出口货物征税率 -$$
$$出口货物退税率） - 免抵退税不得免征和抵扣税额抵减额$$

其中：

$$免抵退税不得免征和抵扣税额抵减额 = 免税购进原材料价格 \times$$
$$（出口货物征税率 - 出口货物退税率）$$

2．计算当期应纳税额

$$当期应纳税额 = 当期内销货物销项税额 - (当期进项税额 -$$
$$当期免抵退税不得免征和抵扣税额) - 上期留抵税额$$

上述计算结果为正数，表示内销货物销项税额与所有进项税额（含出口自产货物所耗用部分）相抵后的应纳税额。

上述计算结果为负数，表示内销货物销项税额与所有进项税额（含出口自产货物所耗用部分）相抵后，尚未抵扣完的进项税额。

3．计算当期应退税额

$$当期应退税额 = 出口货物离岸价 \times 出口货物退税率$$

在部分购进货物免税情况下，按照"未征不退"原则，对该部分购进货物应按照购进价格和规定的退税率计算进项税额，抵减当期应退税额。

$$应退税额抵减额 = 免税购进原材料价格 \times 出口货物退税率$$

4．计算当期实际退税额和当期抵税额

（1）当第2项"当期应纳税额"计算结果为正数时，其余额就是当期应纳税额；当期实际退税额为0；当期抵税额等于当期应退税额。

（2）当第2项"当期应纳税额"计算结果为负数时，其余额的绝对值就是内销货物销项税额尚未抵扣完的进项税额，即退税前的期末留抵税额。此时，应分别以下两种情况确定实际退税额和抵税额

① 退税前的期末留抵税额 ≤ 当期应退税额，则：

$$当期实际退税额 = 退税前的期末留抵税额$$

$$当期抵税额 = 当期应退税额 - 当期实际退税额$$

② 退税前的期末留抵税额 > 当期应退税额，则：

$$当期实际退税额 = 当期应退税额$$

$$当期抵税额 = 0$$

$$留待下期抵扣税额 = 退税前的期末留抵税额 - 当期实际退税额$$

【案例分析2-13】某有自营出口权的生产企业为增值税一般纳税人。该企业2016年1~3月出口业务资料如下：出口货物增值税税率为17%，出口退税率为13%，无免税购进原材料，上年留抵税额3万元。

（1）1月：购进原材料一批，取得增值税专用发票上注明价款200万元，外购货物准予抵扣的进项税额34万元通过认证，内销货物不含税销售额为100万元，出口货物销

售额折合人民币 200 万元。

（2）2 月：购进材料一批，取得增值税专用发票上注明的价款 400 万元，外购货物准予抵扣的进项税额 68 万元已通过认证，内销货物不含税销售额 100 万元，出口货物销售额折合人民币 200 万元。

（3）3 月：购进材料一批，取得增值税专用发票上注明的价款 200 万元，外购货物准予抵扣的进项税额 34 万元已通过认证，内销货物不含税销售额 300 万元，出口货物销售额折合人民币 150 万元。

分析确定该自营出口生产企业 1 月至 3 月份的出口退税额和抵税额。

分析：

（1）1 月。

免抵退税不得免征和抵扣税额 = 2 000 000×(17% - 13%) = 80 000（元）

当期应纳税额=1 000 000×17% -（340 000 - 80 000）- 30 000 = - 120 000（元）

当期应退税额 = 2 000 000×13% = 260 000（元）

分析确定当期应退税额和当期免抵税额：

当期应纳税额为负数，退税前期末留抵税额（120 000 元）< 当期应退税额（260 000 元），则：

当期实际退税额=退税前期末留抵税额=120 000（元）

当期抵税额=260 000 - 120 000=140 000（元）

期末留抵税额=0

（2）2 月。

免抵退税不得免征和抵扣税额 = 2 000 000 × (17% - 13%) = 80 000（元）

当期应纳税额=1 000 000 × 17% -（680 000 - 80 000）= - 430 000（元）

当期应退税额 = 2 000 000 × 13% = 260 000（元）

当期应纳税额为负数，退税前期末留抵税额（430 000 元）> 当期应退税额（260 000 元），则：

当期实际退税额=当期应退税额=260 000（元）

当期抵税额=0（元）

期末留抵税额=430 000 - 260 000=170 000（元）

（3）3 月。

免抵退税不得免征和抵扣税额 = 1 500 000 × (17% - 13%) = 60 000（元）

当期应纳税额=3 000 000 × 17% -（340 000 - 60 000）- 170 000=60 000（元）

当期应退税额 = 1 500 000 × 13% = 195 000（元）

因为当期应纳税额为正数，则当期应缴税额为 60 000 元

当期实际应退税额=0（元）

当期抵税额=195 000（元）

期末留抵税额=0（元）

（二）外贸企业增值税出口退税额的计算

外贸企业一般纳税人收购货物后直接出口或委托其他外贸企业代理出口，除税法另

有规定外，一律实行"先征后退"税收管理办法。"先征后退"是指出口货物在生产（购货）环节按规定缴纳增值税，货物出口后由收购出口的企业向其主管出口的税务机关申请办理出口退税。

（1）外贸企业将出口货物单独设立库存账和销货账记载的，应依据购进出口货物增值税专用发票所列明的进项税额和退税率，按下列公式计算增值税应退税额。

$$应退税额 = 出口货物不含税购进金额 × 出口货物退税率$$

对出口货物库存账和销售账均采用加权平均法核算的企业，也可按适用不同退税率的货物，依下列公式计算应退税额。

$$应退税额 = 出口货物数量 × 加权平均进价 × 出口货物退税率$$

（2）外贸企业委托生产企业加工收回后报关出口的货物，按购进原材料取得增值税专用发票上注明的金额，依购进原材料的适用退税率计算原材料的应退税额；支付的加工费，按受托方开具增值税专用发票上注明的金额和退税率计算加工费的应退税额。

（3）外贸企业从小规模纳税人购进税务机关代开增值税专用发票的出口货物，按以下公式计算退税额。

$$应退税额 = 增值税专用发票注明的金额 × 3\%$$

【案例分析 2-14】某进出口公司，2016 年 1 月发生如下出口业务：（1）以离岸价 10 美元/平方米出口平纹布 5 000 平方米。该平纹布购进时取得增值税专用发票注明金额 100 000 元，税金 17 000 元。（2）购进牛仔布一批（价款 30 000 元、增值税 5 100 元）委托本市某服装厂加工成牛仔裤全部出口（出口离岸价格 12 000 美元），支付加工费 3 000 元、增值税 510 元。假设退税率为 13%。计算该进出口公司上述业务应退增值税税额。

分析：

出口平纹布应退税额 = 100 000 × 13% = 13 000（元）

出口牛仔裤应退税额 = 30 000 × 13% + 3 000 × 17% = 4 410（元）

五、出口退税征收管理

1．备案登记

根据《中华人民共和国对外贸易法》和《对外贸易经营者备案登记办法》的规定，凡从事货物进出口或技术进出口的对外贸易经营者，应当向商务部或商务部委托的机构办理备案登记。对外贸易经营者未按规定办理备案登记的，海关不予办理进出口报关验放手续。

2．出口退税的认定

对外贸易经营者按规定办理备案登记后，没有出口经营资格的生产企业委托出口自产货物，应分别在备案登记、代理出口协议签订之日起 30 日内持有关资料，填写"出口货物退（免）税认定表"，到所在地税务机关办理出口货物退（免）税认定手续。出口企业在办理认定手续前已出口的货物，凡在出口退税申报期限内申报退税的，可按规定批准退税；凡超过出口退税申报期限的，视同内销予以征税。

已办理出口货物退（免）税认定的出口商，其认定内容发生变化的，需自有关管理机关批准变更之日起 30 日内，持相关证件向税务机关申请办理出口货物退（免）税认定变更手续。

出口商发生解散、破产、撤销及其他依法应终止出口货物退（免）税事项的，应持相关证件、资料向税务机关办理出口货物退（免）税注销认定。

3．出口退税的申报

出口商应在规定期限内，收齐出口货物退（免）税所需的有关单证，使用国家税务总局认可的出口货物退（免）税电子申报系统生成电子申报数据，填写出口货物退（免）税申报表，向税务机关申报办理出口货物退（免）税手续。逾期申报的，除另有规定者外，税务机关不再办理该笔出口货物的退（免）税申报。

4．出口退税受理、审核

出口商申报出口货物退（免）税，税务机关经初步审核，其报送的申报资料、电子申报数据及纸质凭证齐全的，税务机关应受理该笔出口货物退（免）税申报。其报送的申报资料或纸质凭证不齐全的，除另有规定者外，税务机关不予受理该笔出口货物退（免）税申报，并应当即向出口商提出改正或补充的要求。

税务机关受理出口货物退（免）税申报后，应在规定时间内对申报凭证、资料的合法性、准确性进行审查，并核实申报数据之间的逻辑对应关系。

本章概要

内容结构：

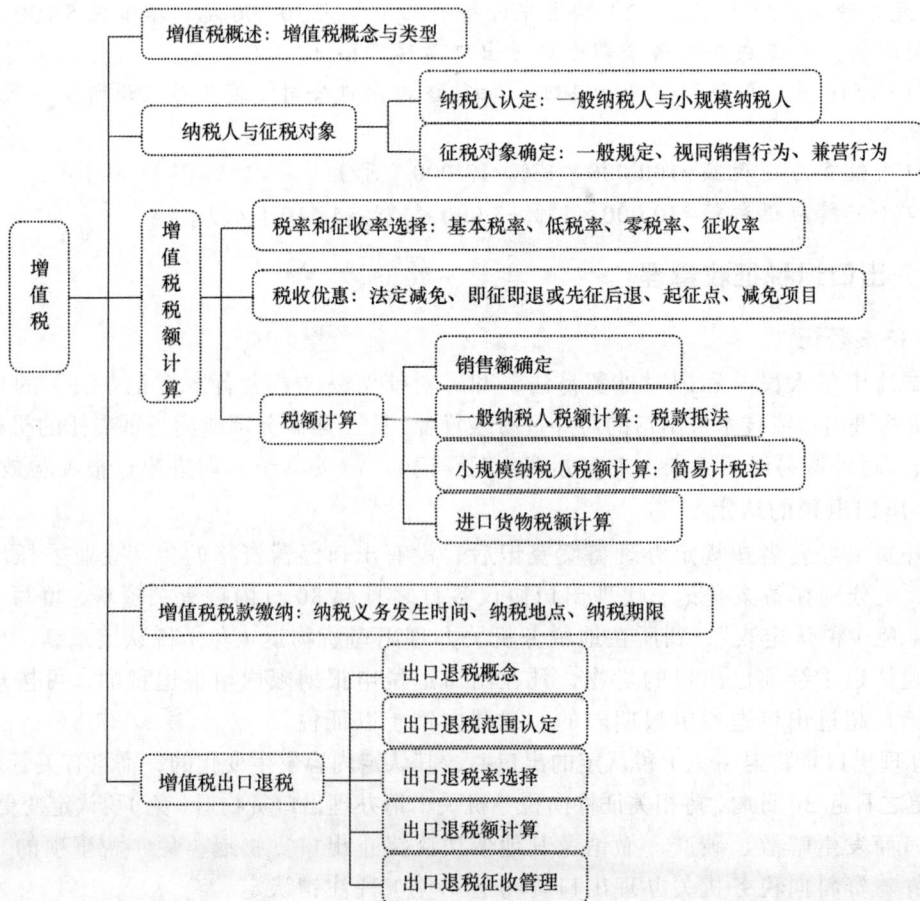

知识点：增值税　生产型增值税　收入型增值税　消费型增值税　小规模纳税人　一般纳税人　增值税征税范围　增值税视同销售行为　混合销售行为　销项税额　价外费用　进项税额

能力点：纳税人认定　征税对象确定　税率选择　计税销售额确定　销项税额计算　准予抵扣进项税额确定　不得抵扣进项税额认定与计算　进项税额申报抵扣时限确定　一般纳税人当期应纳税额计算　小规模纳税人当期应纳税额计算　纳税义务发生时间确定　纳税期限选择　纳税地点的确定　增值税出口退税适用范围认定　增值税出口退税适用政策判断　增值税出口退税额计算

重点：增值税纳税人认定　增值税征税对象确定　增值税税率选择　增值税税额计算　增值税税款缴纳　出口退税额计算

难点：增值税特殊征税对象确定　特殊销售方式下计税销售额确定　一般纳税人增值税税额计算　免抵退税法出口退税额计算

单元训练

一、复习思考题

1. 简述增值税一般纳税人和小规模纳税人的划分标准。
2. 简述增值税视同销售行为的内容。
3. 根据现行税法规定，增值税一般纳税人销售或进口货物适用 13%低税率的货物有哪些？
4. 什么是混合销售行为和兼营行为？它们的税务处理有什么差别？
5. 增值税计税销售额如何确定？
6. 一般纳税人与小规模纳税人增值税应纳税额计算方法有何不同？
7. 简述增值税进项税额不得抵扣项目的基本内容。
8. 进口货物应纳增值税怎样计算？
9. 现行税法对增值税纳税义务发生时间是怎样规定的？
10. 出口货物"免抵退"税法与"先征后退"法有何区别？

二、单项选择题

1. 关于消费型增值税的下列说法错误的有（　　　）。
    A. 有利于鼓励投资　　　　　　　　B. 有利于消除增值税的重复征税
    C. 有利于增加财政收入　　　　　　D. 有利于促进技术升级和产业结构调整
2. 下列应确定为增值税一般纳税人的是（　　　）。
    A. 年应税销售额 100 万元的百货商店　B. 个人（个体经营者除外）
    C. 不经常发生增值税应税行为的企业　D. 非企业性单位
3. 下列项目实现的收入，无需征收增值税的是（　　　）。
    A. 银行销售金银　　　　　　　　　B. 货物期货
    C. 农业生产者销售自产农产品收入　D. 报社销售报纸收入
4. 纳税人发生的下列行为不应征收增值税的是（　　　）。

A. 将自产、委托加工或购买的货物分配给股东或投资者

B. 将自产、委托加工或购买的货物对外投资提供给其他单位或个体工商户

C. 将自产、委托加工货物用于集体福利、个人消费

D. 将购买的货物用于集体福利、个人消费

5. 下列行为应按销售货物增值税混合销售行为计税的有（　　）。

A. 计算机公司同时从事计算机销售和修理服务

B. 饭店在提供餐饮服务的同时，销售酒水

C. 防盗门商店在销售产品的同时又提供安装服务

D. 建材商店在销售建材的同时又为其他客户提供装饰服务

6. 汽车销售公司的下列价外收费应计征增值税的有（　　）。

A. 销售汽车的同时代办保险而向顾客收取的保险费

B. 增值税销项税额

C. 销售汽车的同时向车主收取的车辆购置税

D. 车辆装饰费

7. 下列关于纳税人出租出借包装物收取押金的税务处理正确的是（　　）。

A. 出租出借包装物收取的押金，凡单独记账核算又未逾期的，一律不征增值税

B. 销售除啤酒、黄酒外的其他酒类产品收取的包装物押金，一律应在收取押金当期计征增值税

C. 销售酒类产品收取的包装物押金，一律应在收取押金当期计征增值税

D. 收取押金与收取租金税务处理相同，一律应按价外收费计征增值税

8. 关于进项税额的下列处理方法错误的有（　　）。

A. 为用于职工福利购入货物而支付的增值税不得抵扣进项税额

B. 进项税额已抵扣的外购货物改作个人消费的，其已抵扣的进项税额必须转出

C. 一般纳税人兼营增值税应税项目与免税项目而又无法划分其进项税额的，进项税额一律不得抵扣

D. 一般纳税人兼营增值税应税项目与免税项目而又无法划分其进项税额的，进项税额可以按应税项目与免税项目的销售额比例分摊扣除

9. 下列不得作为增值税扣税凭证的是（　　）。

A. 销货方开具的增值税专用发票　　　B. 海关开具的增值税完税凭证

C. 收购免税农产品的收购发票　　　D. 零售商店销售货物开具的普通发票

10. 采取预收货款方式销售货物的，增值税纳税义务的发生时间为（　　）。

A. 购买方收到货物当天　　　B. 销售方发出货物当天

C. 销售方收到剩余货款当天　　　D. 销售方收到第一笔货款当天

11. 以下项目中，属于关于营改征试点范围中的"销售服务"的说法正确的是（　　）。

A. 销售服务包括交通运输服务、邮政服务、电信服务、建筑服务、金融服务、现代服务和生活服务

B. 销售服务包括交通运输服务、邮政服务、电信服务、建筑服务、金融服务、现代服务和加工修理修配

C. 销售服务包括交通运输服务、邮政服务、电信服务、建筑服务、金融服务、

生活服务和无形资产

D. 销售服务包括交通运输服务、邮政服务、电信服务、建筑服务、现代服务、生活服务和固定资产

12. 根据营改增试点税收政策规定，纳税人的程租或期租业务应按（ ）缴纳增值税。

A. 水路运输服务
B. 租赁服务
C. 物流辅助服务
D. 代理服务

13. 根据营改增试点税收政策规定，纳税人的湿租业务应按（ ）缴纳增值税。

A. 租赁服务
B. 航空运输服务
C. 物流辅助服务
D. 现代服务

14. 根据营改增试点税收政策规定，下列各项中，不属于营业税改征增值税中所称应税服务项目的是（ ）。

A. 加工修理修配服务
B. 交通运输服务
C. 邮政服务
D. 电信服务

15. 根据营改增试点税收政策规定，下列各项中，不属于建筑服务项目的是（ ）。

A. 工程服务
B. 安装服务
C. 修缮服务
D. 工程设计

16. 根据营改增试点税收政策规定，下列各项中，不属于金融服务项目的是（ ）。

A. 贷款服务
B. 直接收费金融服务
C. 保险服务
D. 融资租赁

17. 根据营改增试点税收政策规定，下列各项中，不属于研发和技术服务项目的是（ ）。

A. 研发服务
B. 合同能源管理服务
C. 工程勘察勘探服务
D. 软件服务

18. 根据营改增试点税收政策规定，下列各项中，不属于物流辅助服务项目的是（ ）。

A. 航空运输的干租业务
B. 港口码头服务
C. 装卸搬运服务
D. 收派服务

19. 根据营改增试点税收政策规定，下列各项中，应按生活服务项目缴纳增值税的是（ ）。

A. 家政服务
B. 铁路运输
C. 房屋租赁
D. 土地租赁

20. 以货币资金投资收取的固定利润或者保底利润按照（ ）缴纳增值税。

A. 直接收费金融服务
B. 贷款服务
C. 保险服务
D. 租赁服务

二、多项选择题

1. 我国现行增值税法规，按（ ）将增值税纳税人划分为一般纳税人和小规模纳税人。

A. 主管部门的行政级别
B. 会计核算是否健全
C. 经营规模大小
D. 经营效益好坏

2. 下列项目增值税适用税率为 13% 的有（ ）。

A. 洗衣机生产企业销售的洗衣机
B. 音像制品商店销售的录像带
C. 自来水公司销售的自来水
D. 粮油公司批发的大米

3. 纳税人提供的下列项目应当 6% 税率计征增值税的有（　　　）。
   A. 城建公司提供的房屋修理　　　　B. 手机店提供的手机维修
   C. 汽车修理厂提供的汽车修配　　　D. 桥梁公司提供的桥梁维修

4. 单位或个体经营者的下列行为，应视同销售计征增值税的有（　　　）。
   A. 饭店将购入的啤酒用于餐饮服务　B. 商场将库存商品发给职工作福利
   C. 食品厂将购买的原料赠送他人　　D. 个体商店代销鲜奶

5. 下列各项行为应当按"生活服务"税目计征增值税的有（　　　）。
   A. 歌厅在提供唱歌服务的同时销售啤酒
   B. 快餐店在销售饭菜的同时销售可乐
   C. 商店销售空调并负责安装
   D. 汽车修理厂修理汽车并销售汽车零配件

6. 下列关于特殊销售方式增值税计税销售额确定说法正确的有（　　　）。
   A. 计算增值税计税销售额时现金折扣不得可扣除，销售折让可以扣除
   B. 现金折扣必须按全部金额计算增值税，折扣额不得从销售额中扣除
   C. 销售折让可以按折让额计算增值税，并从折让发生当期增值税中扣除
   D. 商业折扣只要销售额与折扣额在同一张发票上分别注明就可按扣除折扣后的金额为计算增值税

7. 下列项目中的进项税额不得抵扣的有（　　　）。
   A. 企业为职工购买的服装　　　　　B. 购进的旅客运输服务
   C. 生产用的水、电　　　　　　　　D. 因管理不善霉烂变质的货物

8. 增值税视同销售行为计税销售额可按下列说法确定（　　　）。
   A. 按纳税人最近时期同类应税行为的平均销售价格确定
   B. 按其他纳税人最近时期同类应税行为的平均销售价格确定
   C. 按组成计税价格确定
   D. 组成计税价格=成本×（1+成本利润率）÷（1-消费税税率）

9. 下列关于增值税申报地点表述正确的有（　　　）。
   A. 固定业户应当向其机构所在地主管税务机关申报纳税
   B. 非固定业户应当向销售地或劳务发生地主管税务机关申报纳税
   C. 进口货物应当向报关地海关申报纳税
   D. 总机构和分支机构不在同一县（市）的，应当分别向各自所在地主管税务机关申报纳税，但经批准也可由总机构汇总向总机构所在地主管税务机关申报纳税

10. 在增值税出口退（免）税"免抵退"法中，可以用于抵减出口货物应退税额的"当期应纳税额"可按下列公式计算确定（　　　）。
    A. 当期应纳税额=当期内销货物销项税额-当期进项税额
    B. 当期应纳税额=当期销项税额-当期进项税额
    C. 当期应纳税额=当期内销货物销项税额-（当期进项税额-当期免抵退税不得免征和抵扣税额）
    D. 当期应纳税额=当期内销货物销项税额-（当期进项税额-当期免抵退税不得免征和抵扣税额）-上期留抵税额

11. 根据营改增试点税收政策规定，下列各项中，应按邮政普遍服务缴纳增值税的有（　　　）。

    A. 函件、包裹等邮件寄递

    B. 邮票发行、报刊发行和邮政汇兑业务

    C. 邮政代理业务

    D. 义务兵平常信函、机要通信、盲人读物和革命烈士遗物的寄递

12. 根据营改增试点税收政策规定，下列各项中，应按基础电信服务缴纳增值税的有（　　　）。

    A. 利用固网、移动网、卫星、互联网，提供语音通话服务的业务活动

    B. 出租或者出售带宽、波长等网络元素的业务活动

    C. 利用固网、移动网、卫星、互联网、有线电视网络，提供短信和彩信服务、电子数据和信息的传输及应用服务、互联网接入服务等业务活动

    D. 卫星电视信号落地转接服务

13. 营改增试点范围中的"建筑服务"包括（　　　）和其他建筑服务。

    A. 工程服务   B. 安装服务   C. 修缮服务   D. 装饰服务

14. 根据营改增试点税收政策规定，下列各项中，应按建筑服务缴纳增值税的有（　　　）。

    A. 固定电话、有线电视、宽带、水、电、燃气、暖气等经营者向用户收取的安装费、初装费、开户费、扩容费

    B. 新建、改建各种建筑物、构筑物的工程作业

    C. 生产设备、动力设备、起重设备、运输设备、传动设备、医疗实验设备以及其他各种设备、设施的装配、安置工程作业

    D. 对建筑物、构筑物进行修补、加固、养护、改善，使之恢复原来的使用价值或者延长其使用期限的工程作业

15. 根据营改增试点税收政策规定，下列各项中，应按现代服务缴纳增值税的有（　　　）。

    A. 研发和技术服务   B. 信息技术服务

    C. 文化创意服务   D. 物流辅助服务

16. 根据营改增试点税收政策规定，信息技术服务是指利用计算机、通信网络等技术对信息进行生产、收集、处理、加工、存储、运输、检索和利用，并提供信息服务的业务活动。下列各项中，属于信息技术服务项目的有（　　　）和信息系统增值服务。

    A. 软件服务   B. 电路设计及测试服务

    C. 信息系统服务   D. 业务流程管理服务

17. 根据营改增试点税收政策规定，下列各项中，属于文化创意服务项目的有（　　　）。

    A. 设计服务   B. 知识产权服务   C. 广告服务   D. 会议展览服务

18. 根据营改增试点税收政策规定，下列各项中，应按物流辅助服务缴纳增值税的有（　　　）。

    A. 航空摄影

    B. 港口设施经营人收取的港口设施保安费

    C. 货运客运场站提供货物配载服务

D. 船舶财产救助

19. 根据营改增试点税收政策规定，下列各项中应按租赁服务缴纳增值税的有（　　）。

  A. 航空运输的干租业务

  B. 将建筑物、构筑物等不动产或者飞机、车辆等有形动产的广告位出租给其他单位或者个人用于发布广告

  C. 融资性售后回租

  D. 水路运输的光租业务

20. 根据营改增试点税收政策规定，下列各项中，应按鉴证咨询服务缴纳增值税的有（　　）。

  A. 工程监理 B. 资产评估 C. 翻译服务 D. 市场调查服务

21. 根据营改增试点税收政策规定，下列各项中，属于商务辅助服务项目的有（　　）。

  A. 企业管理服务 B. 经纪代理服务 C. 人力资源服务 D. 安全保护服务

三、判断题

1. 还本销售业务的增值税计税依据为货物的销售额，不得扣除还本支出。　（　　）

2. 以旧换新销售业务的增值税计税依据为新货物的同期不含税销售额。　（　　）

3. 企业购进运货用汽车的进项税额不得抵扣。　（　　）

4. 用于建造房屋的外购电梯的进项税额不得抵扣。　（　　）

5. 不经常发生应税行为的企业必须按小规模纳税人纳税。　（　　）

6. 书面合同未约定收款日期的分期收款货物销售，增值税纳税义务发生时间为货物发出当天。　（　　）

7. 总分机构不在同一县（市）的，增值税应由总机构汇总向总机构所在地主管税务机关申报缴纳。　（　　）

8. 小规模生产企业自营出口自产货物适用"又免又退"的出口货物退税政策。（　　）

9. 纳税人销售货物或应税劳务适用免税规定的，可以放弃免税，但放弃免税后，2年内不得再申请免税。　（　　）

10. 转让土地、房屋及无形资产收入应缴纳增值税。　（　　）

11. 出租车公司向使用本公司自有出租车的出租车司机收取的管理费用，按照陆路运输服务缴纳增值税。　（　　）

12. 水路运输的程租、期租业务，属于水路运输服务，应按照水路运输服务缴纳增值税。　（　　）

13. 航空运输的湿租业务，属于航空运输服务，应按照航空运输服务缴纳增值税。　（　　）

14. 纳税人提供航天运输服务应按照航空运输服务缴纳增值税。　（　　）

15. 无运输工具承运业务应按照交通运输服务缴纳增值税。　（　　）

16. 融资性售后回租业务取得的利息收入，按照贷款服务缴纳增值税。　（　　）

17. 以货币资金投资收取的固定利润或者保底利润，按照贷款服务缴纳增值税。　（　　）

18. 车辆停放服务、道路通行服务（包括过路费、过桥费、过闸费等）等按照不动产经营租赁服务缴纳增值税。　（　　）

19. 某美箱个人在中国境内提供增值税应税服务不需要缴纳增值税。（　　）

20. 某运输企业甲以挂靠方式经营，应以被挂靠人作为增值税纳税人。（　　）

四、单项计算题

1. 某啤酒生产企业为增值税一般纳税人，某月向小规模纳税人销售啤酒，开具的普通发票注明金额 93 600 元；同时收取包装物押金 2 000 元。则当月此项业务的增值税销项税额为（　　）元。

    A. 15 912　　　　　B. 13 600　　　　　C. 13 890.6　　　　　D. 16 252

2. 某图书销售中心（增值税一般纳税人）批发图书一批，每册标价 20 元（不含税价），共计 1 000 册。由于购买方购买数量多，按七折优惠价格成交，并将折扣额与销售额开具在同一张发票上，同时约定 10 日内付款享受 2% 折扣。购买方如期付款，则销项税额为（　　）元。

    A. 2 034.18　　　　B. 1 610.62　　　　C. 1 820　　　　D. 2 380

3. 某银楼为增值税一般纳税人，某月有一顾客拿来一条旧项链要求改成新款项链，银楼实收加工费 4 000 元，则银楼此项业务的增值税销项税额为（　　）元。

    A. 520　　　　　B. 680　　　　　C. 581.2　　　　　D. 460.18

4. 某超市为增值税一般纳税人，某月采取"以旧换新"方式销售电器，开出普通发票 10 张，共收到货款 80 000 元，并注明已扣除旧货折价 30 000 元。则该超市当月此项业务的增值税销项税额为（　　）元。

    A. 15 982.91　　　　B. 77 000　　　　C. 13 600　　　　D. 11 623.93

5. 某增值税一般纳税人向农业开发基地购进玉米一批，支付货款 10 000 元，取得普通发票，则玉米的采购成本为（　　）元。

    A. 10 000　　　　B. 8 700　　　　C. 11 300　　　　D. 8 300

6. 某制药厂为增值税一般纳税人，某月购入一批材料取得增值税专用发票注明的价款 20 000 元、增值税 3 400 元。此批材料同时被用于应税和免税药物的生产。当月应税药物不含税销售额 50 000 元，免税药物销售额为 70 000 元。则上述业务不得抵扣的进项税额为（　　）元。

    A. 1 983.33　　　　B. 3 400　　　　C. 8 500　　　　D. 11 900

7. 某汽车贸易公司 2014 年 1 月进口一批小汽车，到岸价格为 1 000 万美元，含境外负担的税金 11 500 美元，缴纳进口关税 900 万元人民币。当月美元与人民币的汇率比为 1:6.8，小汽车消费税适用税率为 5%。该公司进口环节应纳增值税税额为（　　）元。

    A. 1 377.89　　　　B. 1 156　　　　C. 1 309　　　　D. 1 247

8. 某商业企业月初购进伊利牌牛奶一批，取得专用发票上注明价款 500 000 元、增值税 85 000 元。月末将其中的 6% 作为福利发放给职工，则本月可以抵扣的进项税额为（　　）元。

    A. 82 000　　　　B. 79 900　　　　C. 5 100　　　　D. 85 000

9. 某超市（增值税一般纳税人）月末盘点发现由于管理不善库存的外购糖果 21 000 元受潮变质，则不得抵扣的进项税额为（　　）元。

    A. 3 411.9　　　　B. 3 570　　　　C. 3 481.90　　　　D. 3 477

10. 万隆超市为增值税小规模纳税人，某月购进货物取得普通发票，共计支付金额 90 000 元；当月销售货物共计收入 167 800 元；销售废旧物品取得收入 80 元。计算该商店当月应缴纳增值税为（　　）元。

    A. 4 889.71　　　　B. 4 887.38　　　　C. 5 036.4　　　　D. 5 034

五、综合分析题

1. 某工业企业为增值税一般纳税人，2016 年 1 月发生如下经济业务。

（1）购进原材料一批，取得增值税专用发票注明价款为 300 000 元、增值税 51 000 元，取得交通运输业增值税专用发票注明运费 14 000 元、增值税 1 540 元，材料已验收入库，款项尚未支付。

（2）接受外单位转入材料一批，专用发票注明价款 200 000 元、增值税 34 000 元，材料未到。

（3）将产品投资入股 100 000 元（成本价），该企业暂无同类产品售价。

（4）销售自己使用过的小轿车一辆，取得收入 30 000 元。该小轿车为 2007 年购入，账面原值 25 000 元。

该企业生产销售的产品适用增值税税率为 17%，取得的增值税专用发票均通过税务机关的认证。

要求：计算该企业本月应纳增值税税额。

2. 某生产企业为增值税一般纳税人，货物适用增值税税率为 17%。2016 年 2 月发生经济业务如下。

（1）采用交款提货方式销售商品一批，不含税售价 80 万元。

（2）委托某连锁企业代销产品，因资金紧张，经与代销单位协商代销单位提前结算价款，每件不含税售价 60 元，提前结算 3 000 件。

（3）提供原料为甲企业加工产品 9 000 件，该产品含税单价 58.5 元，货物已经发出，同类产品每件加工费为 45 元。

（4）通过本厂非独立核算的门市部销售产品给消费者，共收取价款 74.88 万元。

（5）捐赠给某学校办公用品一批，成本 10 万元。

（6）购进材料一批，增值税专用发票上注明价款为 50 万元、增值税 8.5 万元，材料已验收入库。

（7）从小规模纳税人购进修理用配件，购进金额为 10 000 元。

（8）购进生活用品一批，发给职工作为春节职工福利，增值税专用发票上注明的增值税为 4 500 元。

（9）月末盘点时发现上月已抵扣的原材料被盗，成本 4 万元。

要求：计算该企业 4 月份应纳增值税税额。

3. 某百货商场为增值税一般纳税人，2016 年 3 月发生增值税相关业务如下。

（1）购进货物取得增值税专用发票上注明价款 30 万元、增值税 5.1 万元。

（2）向一般纳税人销售货物，开具增值税专用发票注明价款 120 万元。

（3）向小规模纳税人销售货物，开具普通发票注明价款 23 400 元。

（4）柜台零售货物金额 245 700 元。

（5）"三八"节，以库存商品不含税价值 20 000 元为女职工搞福利。

（6）月末盘亏存货账面成本 15 930 元。经查是因为管理不善被盗。

要求：计算该百货商场 3 月份应纳增值税税额。

4. 爱丽芬特股份有限公司为增值税一般纳税人，从事服装生产，拥有自营出口经营权。2016 年 2 月与增值税相关的经济业务资料如下。

（1）外购原材料等货物，取得增值税专用发票上注明的价款 480 000 元、增值税 81 600 元。

（2）内销售服装 150 套，每套不含税售价 2 400 元。

（3）报关出口服装 650 套，出口 FOB 价每套 320 美元，报关出口当日美元对人民币汇率为 1:6.82。

其他资料：服装增值税税率为 17%，出口退税率为 13%。上述业务购销款均以银行存款收支。上月留抵税额 73 200 元。

要求：

（1）爱丽芬特股份有限公司出口退（免）增值税应选择何种方法计算？

（2）计算爱丽芬特股份有限公司出口应退（免）增值税额。

第三章
消费税

① 了解消费税的含义和类型。

② 掌握消费税法律制度的主要内容，能确定消费税纳税人、征税范围和适用税率。

③ 掌握消费税计税方法，能计算直接对外销售应税消费品、自产自用应税消费品、委托加工应税消费品和进口应税消费品的消费税应纳税额。

④ 熟悉消费税出口退税制度主要内容，能计算出口货物退（免）消费税税额。

⑤ 能向企业员工宣传消费税法规政策，并共同进行税收筹划。

⑥ 能与税务部门沟通，以获得他们对本企业税收支持。

第一节 消费税概述

一、消费税概念

在我国现行税制结构体系中，消费税是与增值税配套的一个税种。它是在普遍征收增值税的基础上，根据国家产业政策的要求，选择部分消费品再征收一道特殊的流转税，目的是引导消费和生产结构，调节收入分配，增加财政收入。

我国现行消费税主要法律依据是国务院 1993 年 12 月 13 日颁布、2008 年 11 月修订的《中华人民共和国消费税暂行条例》和财政部、国家税务总局 2008 年 12 月发布的《中华人民共和国消费税暂行条例实施细则》。根据《消费税暂行条例》规定，消费税是对在我国境内从事生产、委托加工和进口应税消费品的单位和个人，就其应税消费品的销售额或销售数量征收的一种流转税。

二、消费税类型

1．收入性消费税和调节性消费税

根据消费税征税目的，可将消费税分为收入性消费税和调节性消费税。收入性消费税是以取得收入为目的而征收的消费税，其征税对象主要是需求缺乏弹性的日常消费品，如食盐、米、面等；调节性消费税是为实施特定的经济和社会政策而征收的消费税，其征税对象主要是一些需要限制消费的消费品，如奢侈品、稀缺资源等。目前世界各国的消费税基本上属于调节性消费税。

2．狭窄型消费税、中间型消费税和宽泛型消费税

根据消费税征税范围，可将消费税分为狭窄型消费税、中间型消费税和宽泛型消费税。狭窄型消费税的征税对象主要是一些传统的应税消费品，包括劣质品和混合品。劣质品主要指烟、酒等，混合品主要是汽车等；中间型消费税的征税对象除传统的应税消费品外，还包括一些奢侈品和生活必需品；宽泛型消费税的征税对象除包括狭窄型消费税、中间型消费税的征税对象外，还包括更多的奢侈品和一些用于生产消费的物品。目前发达国家的消费税多为狭窄型消费税，发展中国家的消费税多为中间型或宽泛型消费税。我国现行消费税的征税对象为 15 类消费品，是一种范围较大的狭窄型消费税。

想一想：根据税负能否转嫁判断，我国现行消费税属于直接税还是间接税？

第二节　消费税纳税人与征税对象

一、纳税人认定

消费税的纳税人是指我国境内生产、委托加工、进口应税消费品的单位和个人，以及国务院确定的销售应税消费品的其他单位和个人。"国务院确定的销售应税消费品的其他单位和个人"是指在我国境内从事金银首饰、钻石饰品零售，以及卷烟批发业务的单位和个人。"单位"是指企业、行政单位、事业单位、军事单位、社会团体及其他单位；"个人"是指个体工商户及其他个人。

特别提醒：为确保源泉扣税，《税法》规定，受托加工应税消费品的单位（除个体经营者外）负有扣缴消费税的义务；海关负有扣缴进口环节消费税的义务。

二、征税对象确定

我国现行消费税征税对象可分为 15 个税目。

1．烟

凡是以烟叶为原料加工生产的产品，不论使用何种辅料，均属于本税目的征收范围。本税目下设卷烟、雪茄烟和烟丝 3 个子目。

（1）卷烟按价格和来源分为两类：①甲类卷烟，是指每标准条（200支）不含增值税调拨价格在70元（含）以上的卷烟、进口卷烟和政府规定的其他卷烟（如白包卷烟、手工卷烟）；②乙类卷烟，是指每标准条不含增值税调拨价格在70元以下的卷烟。

（2）雪茄烟包括各种规格、型号的雪茄烟。

（3）烟丝包括以烟叶为原料加工生产的不经卷制的散装烟，如斗烟、莫合烟、烟末、水烟、黄红烟丝等。

2．酒

酒是指酒精度在1度以上的各种酒类饮料，本税目下包括白酒、黄酒、啤酒和其他酒4个子目。

（1）白酒是以粮食或干鲜薯类为原料，经糖化、发酵后，采用蒸馏方法酿制的酒，包括粮食白酒和薯类白酒。

（2）黄酒是指以糯米、粳米等为原料经加温、糖化、发酵、压榨配制的酒和酒度在12度（含）的土甜酒。

（3）啤酒是指以大麦或其他粮食为原料，加入啤酒花，经糖化、发酵、过滤酿制的含有二氧化碳的酒。按价格和来源分为两类：①甲类啤酒，是指每吨不含增值税出厂价格在3 000元以上的啤酒和娱乐业、饮食业自制的啤酒；②乙类啤酒，是指每吨不含增值税出厂价格不足3 000元的啤酒。

（4）其他酒是指除白酒、黄酒、啤酒以外，酒度在1度以上的各种酒，包括糠麸酒、其他原料酒、土甜酒、复制酒、果木酒、汽酒、药酒等。

3．化妆品

化妆品是指日常生活中用于修饰美化人体表面的用品，包括各类美容修饰类化妆品和高档护肤类化妆品。其中美容修饰类化妆品是指香水、香水精、香粉、口红、指甲油、胭脂、眉笔、唇笔、蓝眼油、眼睫毛以及成套化妆品。

> **特别提醒**　舞台、戏剧、影视演员化妆用的上妆油、卸妆油、油彩、发胶和头发漂白剂，不属于本税目征税范围。

4．贵重首饰及珠宝玉石

贵重首饰包括以金、银、白金、宝石、珍珠、钻石、翡翠、珊瑚、玛瑙等贵重、稀有物质及其他金属、人造宝石等制作的纯金银首饰及镶嵌首饰。珠宝玉石包括钻石、珍珠、松石、青金石、欧泊石、橄榄石、长石、玉、石英、玉髓、石榴石、锆石、尖晶石、黄玉、碧玺、金绿玉、刚玉、琥珀、珊瑚、煤玉、龟甲、合成刚玉、合成宝石、双合石、玻璃仿制品。

5．鞭炮焰火

鞭炮指多层纸密裹火药接以药引线制成的一种爆炸品。焰火指烟火剂。

> **特别提醒**　体育上用的发令纸、鞭炮药引线，不属于本税目征税范围。

6．成品油

本税目下设汽油、柴油、溶剂油、航空煤油、石脑油、润滑油、燃料油7个子目。

（1）汽油是指用原油或其他原料生产的辛烷值不小于 66 的可用作汽油发动机燃料的各种轻质汽油。以汽油、汽油组分调和生产的甲醇汽油、乙醇汽油也属于本税目。

（2）柴油是指用原油或其他原料生产的倾点或凝点在-50 至 30，可用作柴油发动机燃料的各种轻质柴油和以柴油组分为主、经调和精制，可用作柴油发动机的非标油。以柴油、柴油组分调和生产的生物柴油也属于本税目。

> **特别提醒**　利用废弃的动物油和植物油为原料生产的纯生物柴油免征消费税。

（3）溶剂油是用原油或其他原料生产的用于涂料、油漆、食用油、印刷油墨、皮革、农药、橡胶、化妆品生产和机械清洗、胶粘行业的轻质油。

（4）航空煤油也叫喷气燃料，是以原油或其他原料生产的用于喷气发动机和喷气推进系统燃料的各种轻质油。

> **特别提醒**　航空煤油暂缓征收消费税。

（5）石脑油又叫化工轻油，是以原油或其他原料生产的用于化工原料的轻质油。本子目包括除汽油、柴油、航空煤油、溶剂油以外的各种轻质油。

（6）润滑油是用原油或其他原料生产的用于内燃机、机械加工过程的润滑产品。润滑油分为矿物性润滑油、植物性润滑油、动物性润滑油和化工原料合成润滑油。

（7）燃料油也称重油、渣油，是用原油或其他原料生产的主要用于电厂发电、锅炉用燃料、加热炉燃料、冶金和其他工业炉燃料。

> **特别提醒**　自 2009 年 1 月 1 日起，对成品油生产企业在生产成品油过程中，作为燃料、动力及原料消耗掉的自产成品油，免征消费税。

7. 摩托车

本税目包括轻便摩托车、摩托车。

> **特别提醒**　气缸容量 250 毫升（不含）以下的小排量摩托车自 2014 年 12 月 1 日起不再征收消费税。

8. 小汽车

本税目下设乘用车、中轻型商用客车 2 个子目。

乘用车包括含驾驶员座位在内最多不超过 9 个座位（含）的，在设计和技术特性上用于载运乘客和货物的各类乘用车。

中轻型商用客车包括含驾驶员座位在内的座位数在 10~23 座（含 23 座）的，在设计和技术特性上用于载运乘客和货物的各类中轻型商用客车。用排气量小于 1.5 升（含）的乘用车底盘（车架）改装、改制的车辆属于乘用车征收范围。用排气量大于 1.5 升的乘用车底盘（车架）或用中轻型商用客车底盘（车架）改装、改制的车辆属于中轻型商用客车征收范围。

车身长度大于 7 米（含），并且座位在 10～23 座（含）以下的商用客车，不属于中轻型商用客车，不征消费税。电动汽车、沙滩车、雪地车、卡丁车、高尔夫车，不征消费税。

9．高尔夫球及球具

高尔夫球及球具是指从事高尔夫球运动所需的各种专用装备，包括高尔夫球、高尔夫球杆、高尔夫球包（袋）等。

10．高档手表

高档手表是指不含增值税销售价格每只在 10 000 元（含）以上的各类手表。

11．游艇

游艇是指艇身长度大于 8 米（含）小于 90 米（含），内置发动机，可以在水上移动，主要用于水上运动和休闲娱乐等非牟利活动的各类机动艇。

12．木制一次性筷子

木制一次性筷子是指以木材为原料，经锯断、浸泡、旋切、刨切、烘干、筛选、包装等环节加工而成的一次性使用的筷子。未经打磨、倒角的木制一次性筷子属于本税目。

13．实木地板

实木地板是指以木材为原料，经锯割、干燥、刨光、截断、开榫等工序加工而成的地面装饰材料，包括各类规格的实木地板、实木指接地板、实木复合地板及用于装饰墙壁、天棚的侧端面为榫、槽的实木装饰板。未经涂饰的素板属于本税目征税范围。

14．电池

电池是一种将化学能、光能等直接转换为电能的装置，一般由电极、电解质、容器、极端组成，通常还有隔离层组成的基本功能单元，以及用一个或多个基本功能单元装配成的电池组。电池包括原电池、蓄电池、燃料电池、太阳能电池和其他电池。

对无汞原电池、金属氢化物镍蓄电池（又称"氢镍蓄电池"或"镍氢蓄电池"）、锂原电池、锂离子蓄电池、太阳能电池、燃料电池和全钒液流电池免征消费税。2015 年 12 月 31 日前对铅蓄电池缓征消费税，自 2016 年 1 月 1 日起，对铅蓄电池按 4%税率征收消费税。

15．涂料

涂料是指涂于物体表面能形成具有保护、装饰或特殊性能的固态涂膜的一类液体或固体材料之总称。按主要成膜物质涂料可分为油脂类、天然树脂类、酚醛树脂类、沥青类、醇酸树脂类、氨基树脂类、硝基类、过滤乙烯树脂类、烯类树脂类、丙烯酸酯类树脂类、聚酯树脂类、环氧树脂类、聚氨酯树脂类、元素有机类、橡胶类、纤维素类、其他成膜物类等。

对施工状态下挥发性有机物（Volatile Organic Compounds，VOC）含量低于 420 克/升（含）的涂料免征消费税。外购电池、涂料大包装改成小包装或者外购电池、涂料不经加工只贴商标的行为，视同应税消费税品的生产行为。

第三节 | 消费税税额计算

一、税率选择

我国现行消费税的计税方法有从价计征、从量计征和复合计征三种，相应的消费税税率有比例税率、定额税率和复合税率三种形式。各种应税消费品的具体税率如表 3-1 所示。

> **特别提醒** ① 纳税人兼营不同税率应税消费品的，应分别核算其销售额和销售量；未分别核算或将不同税率应税消费品组成套装销售的，从高适用税率。
> ② 零售环节征收消费税的贵重首饰只包括金、银和金基、银基合金首饰，以及以金、银和金基、银基合金的镶嵌首饰、钻石及钻石饰品。

表 3-1　　　　　　　　　　　消费税税目税率（税额）表

税　　　目			税率/税额	
一、烟	1. 卷烟	生产环节	甲类卷烟	56%
				0.003 元/支（0.6 元/条）（150 元/箱）
			乙类卷烟	36%
				0.003 元/支（0.6 元/条）（150 元/箱）
		批发环节		11%
				0.005 元/支（1 元/条）（250 元/箱）
	2. 雪茄烟			36%
	3. 烟丝			30%
二、酒	1. 白酒			20%
				0.5 元/斤
	2. 啤酒（果啤）		甲类啤酒	250 元/吨
			乙类啤酒	220 元/吨
	3. 黄酒			240 元/吨
	4. 其他酒			10%
三、化妆品				30%
四、贵重首饰及珠宝玉石		零售环节		5%
		其他环节		10%
五、鞭炮焰火				15%
六、成品油	1. 汽油			1.52 元/升（2015 年 1 月 13 日起）
	2. 柴油			1.2 元/升（2015 年 1 月 13 日起）
	3. 溶剂油			1.52 元/升（2015 年 1 月 13 日起）
	4. 润滑油			1.52 元/升（2015 年 1 月 13 日起）
	5. 石脑油			1.52 元/升（2015 年 1 月 13 日起）
	6. 燃料油			1.2 元/升（2015 年 1 月 13 日起）
	7. 航空煤油			1.2 元/升（2015 年 1 月 13 日起）
七、摩托车		气缸容量在 250 毫升		3%
		气缸容量在 250 毫升以上的		10%
八、小汽车	1. 乘用车	气缸容量（排气量）在 1.0 升（含）以下的		1%
		气缸容量在 1.0 升以上至 1.5 升（含）的		3%
		气缸容量在 1.5 升以上至 2.0 升（含）的		5%
		气缸容量在 2.0 升以上至 2.5 升（含）的		9%
		气缸容量在 2.5 升以上至 3.0 升（含）的		12%

续表

税　　目		税率/税额	
八、小汽车	1. 乘用车	气缸容量在3.0升以上至4.0升（含）的	25%
		气缸容量在4.0升以上的	40%
	2.中轻型商用客车		5%
九、高尔夫球及球具		10%	
十、高档手表		20%	
十一、游艇		10%	
十二、木制一次性筷子		5%	
十三、实木地板		5%	
十四、电池		4%	
十五、涂料		4%	

想一想　请问应税消费品中哪些适用定额税率？哪些适用复合税率？

二、税额计算

（一）计税依据确定

消费税计税依据确定因计税方法不同而有差异。

1．从价计征应税消费品计税依据确定

（1）生产并对外销售应税消费品。生产并对外销售应税消费品消费税计税依据为销售额。

销售额是指纳税人销售应税消费品向购买方收取的全部价款和价外费用。其中，价款是指不含增值税的销售价格。价外费用是指价外向购买方收取的手续费、补贴、基金、集资费、返还利润、奖励费、违约金、滞纳金、延期付款利息、赔偿金、代收款项、代垫款项、包装费、包装物租金、储备费、优质费、运输装卸费及其他各种性质的价外收费。

小窍门　生产并对外销售从价计征的消费品，消费税计税依据与增值税计税依据相同。

想一想　请确定在下列项目中，构成从价计征对外销售应税消费品消费税计税依据的有哪些？

①向购买方收取的销项税额。②同时符合下列条件代为收取的政府性基金或行政事业性收费：由国务院或财政部门批准设立的政府基金，由国务院或省级人民政府及其财政、价格主管部门批准设立的行政事业性收费；收取时开具省级以上财政部门印制的财政票据；所收款项全额上缴财政。③包装物押金。

（2）自产自用应税消费品。自产自用应税消费品消费税计税依据为同类消费品的销售价格或组成计税价格。

自产自用应税消费品包括用于连续生产应税消费品和用于其他方面两类。用于连续生产应税消费品的，不征税；用于其他方面的，在移送使用时征税。"用于连续生产应税消费品"是指将自产应税消费品作为直接材料用于生产最终应税消费品；"用于其他方面"是指用于生产非应税消费品、在建工程、管理部门、非生产机构、提供劳务以及用于馈赠、赞助、投资、广告、样品、职工福利、奖励等方面。

> 想一想　卷烟厂的下列行为是否应缴纳消费税？
> ①生产的烟丝直接对外销售；②生产的烟丝用于本厂卷烟生产；③烟丝用于广告样品。

自产自用应税消费品应纳消费税的，其计税依据按下列原则确定。

① 纳税人有同类消费品销售价格的，以纳税人当月销售的同类消费品的销售价格为计税依据，如果当月同类消费品各期销售价格高低不同，应按销售数量加权平均计算。但销售的应税消费品有下列情况之一的，不得列入加权平均计算：一是销售价格明显偏低又无正当理由的；二是无销售价格的。如果当月无销售或者当月未完结，应按同类消费品上月或最近月份的销售价格计税。

> 特别提醒　纳税人用于换取生产资料和消费资料、投资入股和抵偿债务等方面的应税消费品，以纳税人同类消费品的最高销售价格为税基计算消费税。

② 没有同类消费品销售价格的，以组成计税价格为计税依据。计算公式为：

组成计税价格＝（成本＋利润）÷（1－消费税税率）

其中，成本是指应税消费品的生产成本；利润是指根据应税消费品的全国平均成本利润率计算的利润。应税消费品全国平均成本利润率由国家税务总局规定，具体如表3-2所示。

表3-2　　　　　　　　应税消费品全国平均成本利润率表

序号	种 类	成本利润率(%)	序号	种 类	成本利润率(%)
1	甲类卷烟	10	11	贵重首饰及珠宝玉石	6
2	乙类卷烟	5	12	涂料	7
3	雪茄烟	5	13	摩托车	6
4	烟丝	5	14	乘用车	8
5	粮食白酒	10	15	中轻型商用客车	5
6	薯类白酒	5	16	高尔夫球及球具	10
7	其他酒	5	17	高档手表	20
8	电池	4	18	游艇	10
9	化妆品	5	19	木制一次性筷子	5
10	鞭炮、焰火	5	20	实木地板	5

【案例分析3-1】某日化厂将一批自产的化妆品用于职工福利，查知无同类产品销售价格，其生产成本为15 000元。请问日化厂化妆品的上述使用行为是否应缴消费税？如果要计征，其消费税的计税依据金额是多少？

分析：自产自用化妆品用职工福利应缴纳消费税，无同类产品销售价格，应按组成计税价格确定计税依据。已知化妆品的成本利润率为5%，消费税适用税率为30%。

组成计税价格 = 15 000 × （1+5%）÷ （1－30%）= 22 500 （元）

（3）委托加工应税消费品。委托加工应税消费品消费税计税依据为同类消费品的销售价格或组成计税价格。

委托加工应税消费品是指由委托方提供原料或主要材料，受托方只收取加工费和代垫部分辅助材料加工的应税消费品。

> 想一想 下列行为是否属于委托加工行为？
> ①由受托方提供原材料生产的应税消费品；②受托方先将原材料卖给委托方，然后再接受加工的应税消费品；③由受托方以委托方名义购进原材料生产的应税消费品。

委托加工应税消费品应纳消费税计税依据按下列原则确定。

① 受托方有同类消费品销售价格的，以受托方当月销售的同类消费品的销售价格为计税依据，如果当月同类消费品各期销售价格高低不同的，应按销售数量加权平均计算。但无销售价格或销售价格明显偏低又无正当理由的，不得列入加权平均计算。

② 受托方没有同类消费品销售价格的，以组成计税价格为计税依据。计算公式为

组成计税价格 = （材料成本 + 加工费）÷（1-比例税率）

其中，"材料成本"是指委托方所提供的加工材料的实际成本；"加工费"是指受托方加工应税消费品向委托方收取的全部费用（包括代垫辅助材料的实际成本，但不包括增值税）。

【案例分析3-2】某高尔夫球俱乐部委托甲企业加工一批高尔夫球球杆，受托加工合同上注明俱乐部提供原材料的实际成本为 7 000 元；支付甲企业加工费 2 000 元，其中包括代垫的辅助材料 500 元。该高尔夫球俱乐部委托加工货物是否应缴纳消费税？如果需要缴纳其消费税的计税依据如何确定？

分析：高尔夫球球杆属于消费税应税范围，应计征消费税。同时上述行为属于委托加工行为，且受托方无同类产品销售价格，应按组成计税价格确定计税依据，已知高尔夫球的消费税适用税率为10%。

组成计税价格 = （7 000 + 2 000）÷（1 - 10%）= 10 000 （元）

（4）进口应税消费品。进口应税消费品消费税计税依据为组成计税价格。计算公式为

组成计税价格=（关税完税价格+关税）÷（1 - 消费税税率）

> 小窍门 进口应税消费品，从价计征消费税的计税依据与增值税计税依据相同。

（5）在零售环节纳税的应税消费品，消费税计税依据为不含增值税销售额。

现行消费税法规中，在零售环节征收消费税的应税消费品为金银首饰、钻石及钻石饰品，计税依据均为不含增值税销售额。对纳税人采取以旧换新方式销售金银首饰的，按实际收到不含增值税的销售额为计税依据计征消费税。

2．从量计征应税消费品计税依据确定

从量计征消费税的应税消费品计税依据按下列原则确定：①自制并对外销售的，以对外销售数量为计税依据；②自产自用且应当纳税的，以移送使用数量为计税依据；

③委托加工的，以收回应税消费品数量为计税依据；④进口的应税消费品，以海关核定的进口数量为计税依据。

现行消费税制度中，从量计征消费税的消费品有哪些？

3．复合计征应税消费品计税依据确定

现行消费税制度中，适用复合计征消费税的消费品有哪些？

（1）白酒消费税计税依据确定。白酒消费税实行复合计征，其计税依据由从价和从量两部分构成。

① 从价计征部分的计税依据确定方法见从价计征应税消费品计税依据确定的规定。其中需要以组成计税价格为计税依据的，计算公式为

自产自用：

组成计税价格=（成本+利润+自产自用数量×定额税率）÷（1-比例税率）

委托加工：

组成计税价格=（材料成本+加工费+委托加工数量×定额税率）÷（1-比例税率）

进口：

组成计税价格=（关税完税价格+关税+进口数量×定额税率）÷（1-比例税率）

为保全税基，国税函〔2009〕380号《白酒消费税最低计税价格核定管理办法》规定，白酒生产企业销售给销售单位的白酒，生产企业消费税的计税价格低于销售单位对外不含税销售价格70%以下的，税务机关应核定消费税最低计税价格；生产企业消费税计税价格高于销售单位对外销售价格70%（含）以上的，税务机关暂不核定消费税最低计税价格。已核定最低计税价格的白酒，生产企业实际销售价格高于消费税最低计税价格的，按实际销售价格申报纳税；实际销售价格低于消费税最低计税价格的，按最低计税价格申报纳税。已核定最低计税价格的白酒，销售单位对外销售价格持续上涨或下降时间达到3个月以上、累计上涨或下降幅度在20%（含）以上的白酒，税务机关应重新核定最低计税价格。

② 从量计征部分的计税依据确定。生产销售、自产自用、委托加工、进口的，分别以实际销售数量、移送使用数量、委托方收回数量、进口数量为计税依据。

（2）卷烟消费税计税依据确定。卷烟消费税实行复合计征，其消费税的计税依据分别由从价和从量两部分构成。

① 从价部分的计税依据确定。生产销售卷烟的，自2012年1月1日起，由国家税务总局按照卷烟批发环节销售价格扣除卷烟批发环节批发毛利核定发布卷烟消费税最低计税价格（以下简称计税价格）。计算公式为

某牌号规格卷烟计税价格=批发环节销售价格×（1-适用批发毛利率）

其中，卷烟批发环节销售价格，为税务机关采集的所有卷烟批发企业在价格采集期内销售的该牌号规格卷烟的数量、销售额进行加权平均值。

　　未经国家税务总局核定计税价格的新牌号、新规格卷烟，生产企业应按卷烟调拨价格申报纳税。已经国家税务总局核定计税价格的卷烟，生产企业实际销售价格高于计税价格的，按实际销售价格申报纳税；实际销售价格低于计税价格的，按计税价格申报纳税。

　　自产自用、委托加工、进口卷烟，需要以组成计税价格为计税依据的，分别按下列公式计算确定

　　自产自用：

　　　组成计税价格=（成本+利润+自产自用数量×定额税率）÷（1-比例税率）

　　委托加工：

　　　组成计税价格=（材料成本+加工费+委托加工数量×定额税率）÷（1-比例税率）

　　进口：

　　　组成计税价格=（关税完税价格+关税+进口数量×定额税率）÷（1-进口卷烟消费税适用比例税率）

> **特别提醒**
>
> ### 进口卷烟消费税适用比例税率确定
>
> 　　第一步，计算每标准条进口卷烟确定消费税适用比例税率的价格=（关税完税价格+关税+定额税率 0.6 元）÷（1-36%）
>
> 　　第二步，确定适用进口卷烟消费税适用比例税率：上式计算结果 ≥ 70 元时，适用比例税率为 56%；上式计算结果 < 70 元时，适用比例税率为 36%。

　　② 从量计征部分的计税依据确定。生产销售、自产自用、委托加工、进口的，分别以实际销售数量、移送使用数量、委托方收回数量、进口数量为计税依据。

> **特别提醒**
>
> 　　自 2015 年 5 月 10 日起，在我国境内从事卷烟批发业务的所有单位和个人，应就其批发销售的所有牌号、规格的卷烟，按 11% 税率征从价税，并按 0.005 元/支加征从量税。计算批发环节卷烟消费税应注意以下几点。
>
> 　　（1）应将卷烟销售额与其他商品销售额分开核算，未分开核算的，一并征收消费税。
>
> 　　（2）卷烟批发企业之间销售的卷烟不缴纳消费税，只有将卷烟销售给其他单位和个人时才缴纳消费税。
>
> 　　（3）卷烟批发企业在计算卷烟消费税时不得扣除卷烟生产环节已缴纳的消费税税额。

（二）税额计算

1．从价计征应税消费品的应纳税额计算公式

① 生产销售应税消费品的：

　　　　　应纳税额=销售额×比例税率

② 自产自用、委托加工应税消费品的：

　　　应纳税额=同类应税消费品的销售价格（或组成计税价格）×比例税率

③ 零售应税消费品的：

　　　　　应纳税额=销售额×比例税率

④ 进口应税消费品的：

　　　　应纳税额=组成计税价格×比例税率

【案例分析 3-3】甲日化厂（一般纳税人）受化妆品厂委托加工香水精。乙厂提供原材料实际成本 62 000 元，甲厂已将加工完成的香水精交付乙厂，并向乙厂开具增值税专用发票收取加工费 40 000 元、增值税 6 800 元。同时代收消费税，并向乙厂开具代收代缴消费税凭证。该香水精没有同类产品销售价格。甲日化厂应代收的消费税税额是多少？

分析：受托方无同类产品销售价格，应以组成计税价格为计税依据。

组成计税价格＝（62 000+40 000）÷（1-30%）=145 714.29（元）

代收代缴消费税税额=145 714.29×30%=43 714.29（元）

【案例分析 3-4】某烟草集团公司为增值税一般纳税人，持有烟草批发许可证，2016 年 6 月收回委托加工的卷烟 300 箱，集团公司将其中 30 箱销售给烟草批发商甲企业，取得含税销售收入 129.87 万元；60 箱销售给烟草零售商乙专卖店，取得不含税收入 240 万元；100 箱作为股本与丙企业合资成立一家烟草零售经销商店丙。计算该烟集团公司上述业务应缴纳消费税税额。

分析：甲企业为烟草批发商，批发商之间销售卷烟不征消费税。因此，向甲企业销售卷烟应纳消费税为零。

向乙专卖店销售卷烟应纳消费税=240×11%+60×5×0.005=27.9（万元）（注：一标准箱烟卷等于 5 万支）

向丙商店投资卷烟应纳消费税=240/60×100×11%+100×5×0.005=46.5（万元）

集团公司上述业务应纳消费税总额=27.9+46.5=74.4（万元）

【案例分析 3-5】黄道友珠宝店为增值税一般纳税人，2016 年 6 月发生如下经济业务：①采取以旧换新方式销售金项链 90 条，新项链每条零售价 3 000 元，旧项链每条抵价 2 000 元，每条项链实收差价 1 000 元；②本月金银首饰及珠宝玉石零售金额合计 267 800 元，其中，金银首饰 114 660 元，钻石及钻石饰品 95 940 元，其他首饰 57 200 元。分析计算该珠宝店 6 月份上述业务应纳消费税税额。

分析：金银首饰零售环节以旧换新应以实际取得不含税价款为消费税计税依据。金银首饰和钻石、钻石饰品在零售环节计征消费税，其他饰品在生产、进口或委托加工环节计征消费税。

应纳消费税= 90×1 000÷（1+17%）×5%+（114 660+95 940）÷（1+17%）×5%= 12 846.15（元）

2. 从量计征应税消费品的应纳税额计算公式

① 生产销售应税消费品的：

$$应纳税额=销售数量×定额税率$$

② 自产自用应税消费品的：

$$应纳税额=移送使用数量×定额税率$$

③ 委托加工应税消费品的：

$$应纳税额=委托方收回数量×定额税率$$

④ 进口应税消费品的：

$$应纳税额=海关核定进口数量×定额税率$$

⑤ 卷烟批发销售应纳消费税：

$$应纳税额=销售额×比例税率+销售数量×定额税率$$

【**案例分析 3-6**】海宏酒厂为增值税一般纳税人，2016 年 1 月销售自产 A 牌号啤酒 20 吨。啤酒出厂不含税价每吨 2 800 元。海宏酒厂 6 月份上述业务该缴纳多少消费税？

分析：出厂不含税价格 3 000 元以下的为乙类啤酒，其消费税税率为 220 元/吨

应纳消费税税额=220×20=4 400（元）

3．复合计征应税消费品的应纳税额

① 生产销售应税消费品的：

$$应纳税额=销售额×比例税率+销售数量×定额税率$$

② 自产自用应税消费品的：

$$应纳税额=同类应税消费品的销售价格（或组成计税价格）×比例税率+$$
$$移送使用数量×定额税率$$

③ 委托加工应税消费品的：

$$应纳税额=同类应税消费品的销售价格（或组成计税价格）×比例税率+$$
$$委托方收回数量×定额税率$$

④ 进口应税消费品的：

$$应纳税额=组成计税价格×比例税率+海关核定进口数量×定额税率$$

【**案例分析 3-7**】 接上述海宏酒厂资料，该酒厂 2016 年 1 月销售散装粮食白酒 5 000 斤，开具增值税专用发票注明销售额 15 000 元。海宏酒厂上述业务该缴纳多少消费税？

分析：白酒消费税适用复合计征的办法。

应纳消费税税额=5 000×0.5+15 000×20%=5 500（元）

4．以已税消费品连续生产应税消费品应纳税额扣除

（1）扣除范围认定。消费税实行"一物一税，税不重征"原则，因此，以应税消费品生产应税消费品的，对于用于生产的应税消费品，不征消费税。若用于生产的应税消费品为已税消费品的，应当从生产的应税消费品的应纳消费税中扣除其已纳消费税。

现行消费税法规规定，准予从应纳消费税中扣除的已纳消费税的应税消费品范围如下。

① 用外购或委托加工收回的已税烟丝为原料生产的卷烟。

② 用外购或委托加工收回的已税化妆品为原料生产的化妆品。

③ 用外购或委托加工收回的已税珠宝玉石为原料生产的贵重首饰及珠宝玉石。

④ 用外购或委托加工收回的已税鞭炮、焰火为原料生产的鞭炮、焰火。

⑤ 用外购或委托加工收回的已税摩托车为原料生产的摩托车。

⑥ 用外购或委托加工收回的已税杆头、杆身和握把为原料生产的高尔夫球球杆。

⑦ 用外购或委托加工收回的已税木制一次性筷子为原料生产的木制一次性筷子。

⑧ 用外购或委托加工收回的已税实木地板为原料生产的实木地板。

⑨ 用外购或委托加工收回的已税石脑油为原料生产的应税消费品。

⑩ 用外购或委托加工收回的已税润滑油为原料生产的润滑油。

⑪ 以外购或委托加工收回的汽油、柴油为原料生产的甲醇汽油、生物柴油。

上列应税消费品中，在零售环节纳税的金银首饰，不得扣除外购或委托加工收回的珠宝玉石已纳的消费税。在批发环节纳税的卷烟，不得扣除已含的生产环节已纳的消费税。

（2）扣除税额的计算

① 以外购已税消费品生产应税消费品的。

适用从价计征的应税消费品，其抵扣税额的计算公式为

当期准予扣除的外购应税消费品已纳税额＝当期准予扣除的外购应税消费品买价×

外购应税消费品适用税率

其中：

当期准予扣除的外购应税消费品买价＝期初库存的外购应税消费品买价＋

当期购进的应税消费品的买价－期末库存的外购应税消费品的买价

适用从价计征的应税消费品，其抵扣税款的计算公式为

当期准予扣除的外购应税消费品已纳税额＝当期准予扣除外购应税消费品数量×

外购应税消费品单位税额

其中：

当期准予扣除的应税消费品数量＝期初库存的应税消费品数量＋

当期购进的应税消费品数量－期末库存的应税消费品数量

> **特别提醒** 上述公式中的"买价"是指纳税人取得外购应税消费品增值税专用发票上注明的销售额；"数量"是指纳税人取得外购应税消费品专用发票上注明的应税消费品的销售数量。

【案例分析3-8】 某卷烟厂 2016 年 2 月库存烟丝（全部为外购）账户资料显示：月初库存 50 000 元，本月购进 200 000 元，月末库存 66 000 元，减少部分全部为生产卷烟领用。本月生产销售卷烟 20 标准箱，每标准条调拨价 56 元，取得不含税销售额 280 000 元，款项已收。计算该卷烟厂应纳消费税税额。

分析： 已知每标准条调拨价 56 元，卷烟适用消费税比例税率为 36%。销售卷烟计提消费税税额=20×150+280 000×36%=103 800（元）

生产领用数量=50 000+200 000-66 000=184 000（元）

准予扣除的外购烟丝已纳税额=184 000×30%=55 200（元）

本月实际应纳消费税税额=103 800-55 200=48 600（元）

② 以委托加工已税消费品生产应税消费品的。

当期准予扣除的应税消费品已纳税额＝期初库存的应税消费品已纳税额＋

当期收回的应税消费品已纳税额－期末库存的应税消费品已纳税额

【案例分析3-9】 甲化妆品厂发出材料委托 A 日化厂加工香水精 200 瓶，A 厂同类香水精不含税售价每瓶 450 元。加工的香水精本月全部收回，支付加工费并取得增值税专用发票，其消费税已由 A 厂代收代缴。收回香水精的 50% 当月全部对外销售，实现不含税销售额 5 万元；另 50% 用于本厂化妆品生产，本月生产的化妆品全部实现对外销售，实现不含税销售额 37 万元。计算甲化妆品厂销售化妆品应纳消费税税额。

分析： A 日化厂受托加工香水精，应按 A 厂同类货物销售价格计税，则：

应代收消费税税额=200×450×30%=27 000（元）

甲化妆品厂收回香水精对外销售不再征收消费税，另外一半用于生产化妆品的已由 A 厂扣缴的消费税可以扣除，则：

允许扣除消费税税额=27 000×50%=13 500（元）

销售化妆品实际应纳消费税税额=370 000×30%-13 500=97 500（元）

③ 以进口已税消费品生产应税消费品的。

当期准予扣除的应税消费品已纳税额=期初库存的应税消费品税款+当期进口的

应税消费品税额－期末库存的应税消费品税额

第四节 消费税税款缴纳

一、纳税义务发生时间

（1）纳税人销售应税消费品的，纳税义务发生时间规定如下。

① 采取赊销和分期收款结算方式的，为销售合同规定的收款日期当天；书面合同没有约定收款日期或无书面合同的，为发出应税消费品的当天。

② 采取预收货款结算方式的，为发出应税消费品的当天。

③ 采取托收承付或委托银行收款方式结算的，为发出应税消费品并办妥托收手续的当天。

④ 采取其他结算方式的，为收讫销售款或者取得索取销售款凭据的当天。

（2）纳税人自产自用的应税消费品，为移送使用的当天。

（3）纳税人委托加工的应税消费品，为纳税人提货的当天。

（4）纳税人进口的应税消费品，为报关进口的当天。

二、纳税期限

消费税的纳税期限分别为 1 日、3 日、5 日、10 日、15 日、1 个月或 1 个季度。具体纳税期限，由主管税务机关根据纳税人应纳税额的大小分别核定，不能按固定期限纳税的，可以按次纳税。

纳税人以 1 个月或 1 个季度为一期纳税的，自期满之日起 15 日内申报纳税；以 1 日、3 日、5 日、10 日或 15 日为一期纳税的，自期满之日起 5 日内预缴税款，于次月 1 日起 15 日内申报纳税并结清上月应纳税款。

纳税人进口应税消费品，应当自海关填发税款缴款书之日起 15 日内缴纳税款。

> 想一想 你认为消费税纳税义务发生时间和纳税期限的有关确定与增值税完全一致吗？

三、纳税地点

纳税人生产销售的应税消费品，以及自产自用的应税消费品，除国家另有规定外，应当向纳税人机构所在地或居住地主管税务机关申报纳税。

委托加工的应税消费品，除受托方为个人外，由受托方向其机构所在地或居住地主管税务机关解缴税款，但委托个人加工的应税消费品，由委托方向其机构所在地或居住地主管税务机关申报纳税。

进口应税消费品，由进口人或其代理人向报关地海关申报纳税。

纳税人到外县（市）销售或委托外县（市）代销自产应税消费品的，于应税消费品销售后，回纳税人机构所在地或居住地主管税务机关申报纳税。

纳税人的总机构与分支机构不在同一县（市）的，应分别向各自机构所在地主管税务机关申报纳税；经财政部、国家税务总局或其授权的财政、税务机关批准，也可以由总机构汇总向总机构所在地主管税务机关申报纳税。

第五节 | 消费税出口退（免）税

一、出口退税范围认定

出口退税的应税消费品，必须同时是实行增值税出口退税的货物。由生产企业自营出口应税消费品的，免征消费税；无出口经营权生产企业委托外贸企业代理出口的，实行先征后退；外贸企业自营出口应税消费品的，准予退税；其他企业出口应税消费品，不予退税。

二、出口退税率选择

消费税出口退税率为应税消费品的适用征税率。企业出口不同税率应税消费品的，应分别核算出口消费品的销售额和销售数量，未分别核算或划分不清的，从低适用出口退税率。

三、出口退税额计算

基本计算公式为

从价计征的：

$$应退消费税额 = 出口货物工厂销售额 × 比例税率$$

从量计征的：

$$应退消费税额 = 报关出口数量 × 定额税率$$

复合计征的：

$$应退消费税额 = 出口货物工厂销售额 × 比例税率 + 报关出口数量 × 定额税率$$

【案例分析3-10】丽都进出口公司 2016 年 2 月从生产企业购进一批化妆品，取得增值税专用发票注明价款 300 000 元、增值税 51 000 元；支付收购化妆品运输费 30 000 元，取得运输发票。当月该批化妆品全部出口实现销售额 400 000 元。该公司出口化妆品应退消费税是多少？

分析：应退消费税税额=300 000 × 30%=90 000（元）

四、已退税应税消费品退关或退货的处理

已退税应税消费品发生退关或退货的，应补缴所退消费税。具体规定如下：

纳税人出口的应税消费品办理退税后发生退关，或者国外退货进口时予以免税的，报关出口者必须及时向其机构所在地或者居住地主管税务机关申报补缴已退消费税税款。

纳税人直接出口的应税消费品办理免税后，发生退关或国外退货进口时予以免税的，经机构所在地或居住地主管税务机关批准，可暂不办理补税，待其转为国内销售时，再申报补缴消费税。

本章概要

内容结构：

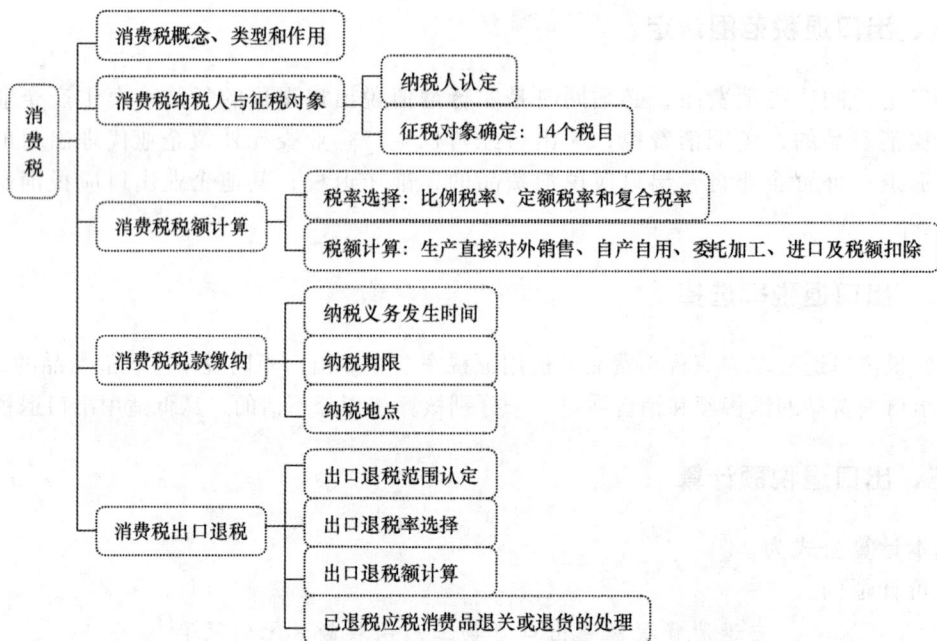

知识点： 消费税　收入性消费税　调节性消费税　狭窄型消费税　中间型消费税　宽泛型消费税　消费税纳税义务人　消费税征税对象　自产自用行为　委托加工应税消费品

能力点： 纳税人认定　征税范围确定　税率选择　自产销售应税消费品应纳税额计算　自产自用应税消费品应纳税额计算　委托加工应税消费品应纳税额计算　进口应税消费品应纳税额计算　外购应税消费品已纳税额扣除额计算　委托加工应税消费品已纳税额扣除额计算　纳税义务发生时间确定　纳税期限选择　纳税地点的确定　出口退税适用范围认定　出口退税适用政策判断　出口退税额计算

重点： 纳税人认定　征税对象确定　税率选择　税额计算　出口退税额计算

难点： 相关税目应税消费品的具体规定　从价计征法下计税依据的确定　委托加工业务组成计税价格的确定　已纳税额扣除的计算　消费税出口退税范围认定

单元训练

一、复习思考题

1. 怎样认定消费税的纳税人？

2. 我国现行消费税的征税货物有哪些？

3. 消费税的征税环节有哪些？如何确定不同环节应税货物消费税的计税依据？怎样计算各应税货物消费税应纳税额？

4. 我国现行税法对消费税的纳税义务发生时间、纳税期限和纳税地点怎样规定？

二、单项选择题

1. 依据消费税法律制度规定，下列项目应缴纳消费税的是（　　　　）。

    A. 零售化妆品　　　　B. 进口服装　　　　C. 进口卷烟　　　　D. 零售白酒

2. 纳税人将应税消费品与非应税消费品以及适用税率不同的应税消费品组成套装销售的，应按（　　　　）。

    A. 应税消费品的最高税率计征　　　　　　B. 应税消费品的平均税率计征

    C. 应税消费品的最低税率计征　　　　　　D. 应税消费品的不同税率，分别计征

3. 下列各项中，应同时征收增值税和消费税的是（　　　　）。

    A. 批发的白酒　　　　　　　　　　　　　B. 零售的卷烟

    C. 生产环节销售的普通护肤护发品　　　　D. 零售的金银首饰

4. 依据消费税法律制度规定，下列消费品中应征消费税的是（　　　　）。

    A. 木制一次性筷子　　　　　　　　　　　B. 体育上用的鞭炮引线

    C. 演员化妆用的上妆油　　　　　　　　　D. 电动汽车

5. 根据消费税法律制度规定，下列表述正确的有（　　　　）。

    A. 消费税的税率呈现单一税率形式

    B. 生产企业没有对外销售的应税消费品不征消费税

    C. 消费税实行多环节课征制度

    D. 消费税税收负担具有转嫁性

三、多项选择题

1. 按照现行消费税法律制度规定，纳税人外购下列消费品已纳消费税税额不可以从应税销售额中扣除的有（　　　　）。

    A. 外购已税汽车轮胎生产的汽车　　　　B. 外购已税散装白酒装瓶出售的白酒

    C. 外购已税化妆品生产的化妆品　　　　D. 外购已税珠宝玉石生产的金银首饰

2. 按照现行消费税法律制规定，下列情形的应税消费品，应以纳税人同类应税消费品的最高销售价格作为计税依据计算消费税的有（　　　　）。

    A. 用于馈赠的应税消费品　　　　　　　B. 用于抵债的应税消费品

    C. 用于换取生产资料的应税消费品　　　D. 用于换取消费资料的应税消费品

3. 对于企业自产的化妆品，下列处理方式正确的有（　　　　）。

    A. 用于职工福利的，不缴纳消费税

B. 连续生产非应税消费品的，不缴纳消费税

C. 直接出售，缴纳消费税

D. 连续生产应税消费品的，不缴纳消费税

4. 下列行为中，既缴纳增值税又缴纳消费税的有（　　）。

A. 酒厂将自产的白酒赠送给协作单位

B. 卷烟厂将自产的烟丝移送用于生产卷烟

C. 日化厂将自产的香水精移送用于生产护肤品

D. 汽车厂将自产的应税小汽车赞助给某艺术节组委会

5. 下列各项中，不符合消费税纳税义务发生时间规定的有（　　）。

A. 自产自用的应税消费品，为移送使用的当天

B. 进口的应税消费品，为取得进口货物的当天

C. 委托加工的应税消费品，为支付加工费的当天

D. 采取预收货款结算方式的，为收到预收款的当天

四、判断题

1. 我国消费税的纳税人包括在我国境内从事生产、委托加工和进口应税消费品的单位和个人，但不包括外国企业和外国人。　　　　　　　　　　　　　（　　）

2. 凡征收消费税的应税消费品均应征收增值税。　　　　　　　　　（　　）

3. 企业缴纳的消费税最终由消费者负担。　　　　　　　　　　　　（　　）

4. 消费税与增值税的计税依据均为含消费税但不含增值税的销售额，因而两税的税额计算方法也是一致的。　　　　　　　　　　　　　　　　　　　　（　　）

5. 纳税人将不同税率的应税消费品组成成套消费品销售的，如果分别核算不同税率应税消费品的销售额、销售数量的，应按不同税率分别计算不同消费品应纳的消费税。
　　　　　　　　　　　　　　　　　　　　　　　　　　　　　　（　　）

五、单项计算题

1. 某酒厂用外购粮食白酒为原料以曲香调味生产浓香型白酒100吨，当月全部发往经销商，并办妥托收手续，不含税价款1 480万元尚未收到，则该厂上述业务应纳消费税为（　　）万元。

A. 121　　　　B. 112　　　　C. 306　　　　D. 103

2. 某进出口贸易公司为增值税一般纳税人，进口白酒2吨，已知关税完税价格为100万元，缴纳关税30万元，则该批进口白酒应缴纳消费税为（　　）元。

A. 327 500　　B. 327 000　　C. 325 600　　D. 323 500

3. 某化妆品厂将一批自产的化妆品用于职工福利，该批化妆品暂无同类产品市场销售价格，账面显示生产成本为8 000元，化妆品成本利润率为5%，则该批化妆品应缴纳的消费税为（　　）元。

A. 2 520　　　B. 3 600　　　C. 3 429　　　D. 2 578

4. 某啤酒厂销售给甲商场啤酒40吨，实现的不含税销售额120 000元，代垫运费2 000元，则该啤酒厂上述业务应缴纳的消费税为（　　）元。

A. 10 000　　B. 9 000　　　C. 9 600　　　D. 9 800

5. 某高尔夫球具厂接受某俱乐部委托加工一批高尔夫球具，俱乐部提供主要材料不

含税成本为 8 000 元，球具厂收取含税加工费和代垫辅料费 2 808 元，球具厂没有同类球具的销售价格。该俱乐部应缴纳的消费税为（　　　）元。

    A. 1 155.56　　　B. 1 123.56　　　C. 1 150　　　D. 1 213.56

六、综合分析题

1. 某卷烟厂为增值税一般纳税人，2016 年 2 月将 20 标准条特制的甲类卷烟无偿赠送给客户，此批卷烟生产成本为 2 000 元，无同类产品销售价格。请分析上述行为是否应缴纳消费税？如果需要缴纳，计算应缴纳的消费税税额。

2. 某日化厂为增值税一般纳税人，2016 年 3 月销售化妆品业务如下：开具增值税专用发票注明价款 200 000 元、增值税 34 000 元；开具普通发票金额为 117 000 元；另收取运输装卸费 117 元，包装物押金 200 元。计算该日化厂 3 月上述业务应缴纳的消费税额。

3. 某外贸公司 2016 年 2 月从生产企业购进一批化妆品，取得增值税专用发票注明价款 25 万元、增值税 4.25 万元，支付购货运输费 2 万元，当月将此批化妆品全部出口，取得销售收入 32 万元。计算该外贸公司出口化妆品应退消费税税额。

4. 丽都市思佳日化厂为增值税一般纳税人，主要生产化妆品和一部分护肤护发品。该厂 2016 年 5 月发生的涉税业务及税务处理如下。

（1）厂部非独立核算门市部对外销售本厂生产的洗发水 900 瓶、胭脂 1 800 盒，价税合计收入 234 000 元。会计未将上述销售作明细核算，无法分清两种产品的各自收入额。应纳消费税税额 = 234 000 ÷（1+30%）× 30% = 54 000（元）

（2）销售化妆品礼盒 800 套，取得不含税销售额 520 000 元。该礼盒由胭脂、卸妆油、眉笔和洗发水、护发素组成，账户资料显示其中：化妆品销售额 242 000 元，护肤护发品销售额 278 000 元。应纳消费税税额 = 242 000 × 30% = 72 600（元）

（3）本月用于职工福利发放的化妆品，生产成本 30 000 元，本厂无同类产品销售价格。应纳消费税税额 = 30 000 × 30% = 9 000（元）

当月应纳消费税税额 = 54 000+72 600+9 000 = 135 600（元）

请你对该厂税务人员申报的上述消费税业务进行检查，若有错误请更正。

第四章
关税

学习目标

① 了解关税的概念。

② 掌握关税法律制度的主要内容，能确定纳税人、征税范围，选择适用税率。

③ 熟悉关税计税原理，能计算进出口关税税额。

④ 熟悉关税缴纳、强制执行、退还、追征和补征的相关政策。

⑤ 能向企业员工宣传关税法规政策，并共同进行税收筹划。

⑥ 能与税务部门沟通，以获得他们对税收优惠的支持。

第一节 关税概述

关税是对进出关境的货物与物品征收的一种税。关境是一个国家关税法令完全施行的境域。一般情况下，一个国家的关境与国境是一致的，但当一个国家在国境内设立自由贸易区、自由贸易港、保税区或保税仓库时，进出这些区域的货物不征收关税，则关境小于该国的国境。当几个国家结成关税同盟、组成一个共同关境时，彼此之间的货物进出国境不征收关税，只对来自和过往非同盟成员国的货物进出共同关境征收关税，则就成员国而言其关境大于各国的国境，如欧洲联盟。

我国现行关税基本法规是 2003 年 10 月 29 日国务院颁布的《中华人民共和国进出口关税条例》(以下简称为《进出口关税条例》),以及由国务院关税税则委员会审定作为条例组成部分的《中华人民共和国海关进出口税则》(以下简称《进出口税则》)和《中华人民共和国海关入境旅客行李物品和个人邮递物品征收进口税办法》。

第二节 | 关税纳税人与征税对象

一、纳税人认定

贸易性商品关税的纳税人是经营进出口货物的收货人与发货人。进出境物品关税的纳税人是进出境物品的所有人和推定所有人，即入境旅客随身携带的行李物品的持有人、各种运输工具上服务人员入境携带自用物品的持有人、馈赠物品以及其他方式入境个人物品的所有人和进口个人邮件的收件人。

二、征税对象确定

关税的征税对象是进出关境的货物和物品。"货物"是指贸易性商品；"物品"是指入境旅客随身携带的行李和物品、个人邮递物品、各种运输工具上服务人员携带进口的自用物品、馈赠物品以及以其他方式进入关境的个人物品。关税征税对象的具体品目由《海关进出口税则》的商品分类目录规定。

第三节 | 关税税额计算

一、税率选择

1．进口关税税率

进口关税设置有最惠国税率、协定税率、特惠税率、普通税率、关税配额税率等，对进口货物在一定期限内还可以实行暂定税率。

（1）最惠国税率，适用原产于与我国共同适用最惠国待遇条款的世界贸易组织成员国或地区的进口货物；或原产于与我国签订有相互给予最惠国待遇条款的双边贸易协定的国家或地区的进口货物；以及原产于我国境内的进口货物。

（2）协定税率，适用原产于我国参加的含有关税优惠条款的区域性贸易协定的有关缔约方的进口货物。

（3）特惠税率，适用原产于与我国签订有特殊优惠关税协定的国家或地区的进口货物。

（4）普通税率，适用原产于上述国家或地区以外的国家或地区的进口货物。

（5）配额税率。按照国家规定实行关税配额管理的进口货物，关税配额内的，适用关税配额税率；关税配额外的，其税率的适用按照前述的规定执行。

（6）暂定税率，是对某些税号中的部分货物在适用最惠国税率的前提下，通过法律程序暂时实施的进口税率，具有非全税目的特点，低于最惠国税率。

适用最惠国税率的进口货物有暂定税率的，应当适用暂定税率；适用协定税率、特惠税率的进口货物有暂定税率的，应当从低适用税率；适用普通税率的进口货物，不适用暂定税率。

2．出口关税税率

出口关税设置出口税率。为鼓励国内企业出口创汇，现行关税对绝大部分出口商品不征税，仅对少数资源性产品及易于竞相杀价、盲目出口、需要规范出口秩序的商品，按 20%、25%、30%、40% 和 50% 五档税率，征收少量出口关税。

《中华人民共和国进出口关税条例》规定，进出口货物应当按照税则规定的归类原则归入合适的税号，并按照适用的税率征税。具体来说，进出口货物，应按照纳税人申报进口或者出口之日实施的税率征税。进口货物到达前，经海关核准先行申报的，应按照装载此项货物的运输工具申报进境之日实施的税率征税。有下列情形之一，需缴纳税款的，应当适用海关接受申报办理纳税手续之日实施的税率：保税货物经批准不复运出境的；减免税货物经批准转让或者移作他用的；暂准进境货物经批准不复运出境，以及暂准出境货物经批准不复运进境的；租赁进口货物，分期缴纳税款的。进出口货物的补税和退税，除税法规定的特别情况外，适用该进出口货物原申报进口或者出口之日所实施的税率。因纳税义务人违反规定需要追征税款的，应当适用该行为发生之日实施的税率；行为发生之日不能确定的，适用海关发现该行为之日实施的税率。

知识链接

特别关税简介

特别关税包括报复性关税、反倾销税与反补贴税、保障性关税。

（1）报复性关税，是指为报复他国对本国出口货物的关税歧视，而对相关国家的进口货物征收的一种进口附加税。任何国家或地区对其进口的原产于我国的货物征收歧视性关税或给予其他歧视性待遇的，我国对原产于该国家或地区的进口货物征收报复性关税。

（2）反倾销税与反补贴税，是指进口国海关对外国的倾销商品，在征收关税的同时附加征收的一种特别关税，其目的在于抵销他国补贴。

（3）保障性关税，当某类商品进口量剧增，对我国相关产业带来巨大威胁或损害时，可按有关法规规定，采取保障措施，征收保障性关税。任何国家或地区对我国出口成品采取歧视性保障措施的，我国可以根据实际情况对该国或地区采取相应的税收措施。征收特别关税的货物、适用国别、税率、期限和征收办法，由国务院关税税则委员会决定，海关总署负责实施。

二、税收优惠

关税的税收优惠主要有法定减免税、特定减免税和临时减免税三种类型。

1．法定减免税

法定减免税是税法中明确列出的减税或免税。法定减免税货物进出口时，纳税人无需提出申请，海关可按规定直接予以减免。海关对法定减免税货物一般不进行后续管理。以下是享受法定减免税待遇的主要货物。

（1）起征点以下的货物，包括：关税税额在人民币 50 元以下的货物；边民通过互市贸易进口的每人每天 3 000 元以下的货物；海关总署规定数额以内的个人自用进境物品。

（2）外国政府、国际组织无偿赠送的货物。

（3）无商业价值的广告品和货样。

（4）进出境运输工具装载的途中必需的燃料、物料和饮食用品。

（5）经海关批准暂时进境或暂时出境，并在 6 个月内复运出境或复运进境的货样、展览品、施工机械、工程车辆、工程船舶、供安装设备时使用的仪器和工具、电视或电影摄制器械、盛装货物的容器以及剧团服装道具，在货物收发货人向海关缴纳相当于税款的保证金或提供担保后，可予暂时免税。

（6）为境外厂商加工、装配成品和为制造外销产品而进口的原材料、辅料、零件、部件、配套件和包装物料，海关按实际加工出口的成品数量免征进口关税，或对进口料、件先征进口关税，再按实际加工出口的成品数量予以退税。

（7）因故退还的中国出口货物，经海关审查属实，可酌情减免进口关税，但已征收的出口关税不予退还。

（8）因故退还的境外进口货物，经海关审查属实，可酌情减免进口关税，但已征收的进口关税不予退还。

（9）进口货物如有以下情形，经海关查明属实，可酌情减免进口关税：在境外运输途中或在起卸时，遭受损坏或损失的；起卸后海关放行前，因不可抗力遭受损坏或损失的；海关查验时已经破漏、损坏或腐烂，经证明不是保管不慎造成的。

（10）无代价抵偿物，即进口货物在征税放行后，发现货物残损、短少或品质不良，而由国外承运人、发货人或保险公司免费补偿或更换的同类货物，可以免税。但有残损或质量问题的原进口货物如未退运国外，其进口的无代价抵偿货物应照章征税。

（11）我国缔结或参与的国际条约规定的减征、免征关税的货物、物品，按规定予以减免关税。

2．特定减免税

特定减免税亦称政策性减免税，是指在法定减免税以外，国家按照国际通行规则和我国实际情况，制定发布的有关进出口货物减免关税政策。特定减免税货物一般有地区、企业和用途的限制，海关需要进行后续管理，并进行减免税统计。

特定减免税货物包括科教用品、残疾人专用品、扶贫慈善性捐赠物资、加工贸易产品、边境贸易进口物资、保税区进口货物、出口加工区进出口货物、进口设备、特定行业或用途的减免税政策。

3．临时减免税

临时减免税是指在法定和特定减免税以外的其他减免税，即由国务院根据《海关法》对某个单位、某类商品、某个项目或某批进出口货物的特殊情况，给予特别照顾，一案一批，专文下达的减免税。

三、税额计算

（一）完税价格的确定

完税价格是海关计征关税所使用的计税价格，是海关以进出口货物的实际成交价格为基础审定的完税价格。实际成交价格不能确定的，完税价格由海关依法估定。实际成交价格是一般贸易项下进口或出口货物的买方为购买该项货物向卖方实际支付或应支付的价格。

1. 一般进口货物完税价格确定

（1）以成交价格为基础的完税价格。以成交价格为基础的完税价格是指以符合规定条件的成交价格及货物运抵中国境内输入地点起卸前的运输费及其相关费用、保险费为基础由海关审查确定的计税价格。实际执行需注意下列问题：

① 下列费用或价值未包括在进口货物的实付或应付价格中的，应计入关税完税价格：由买方负担的除购货佣金以外的佣金和经纪费；由买方负担的与该货物视为一体的容器费用；由买方负担的包装材料和包装劳务费用；与该货物的生产和向我国境内销售有关的，由买方以免费或以低于成本的方式提供并可以按适当比例分摊的料件、工具、模具、消耗材料及类似货物的价款，以及在境外开发、设计等相关服务的费用；作为该货物向我国境内销售的条件，买方必须支付的、与该货物有关的特许使用费；卖方直接或间接从买方获得的该货物进口后转售、处置或使用的收益。

② 下列费用如能与进口货物实付或应付价格区分的，不得计入该货物的关税完税价格：厂房、机械及设备等货物进口后的基建、安装、装配、维修和技术服务等费用；进口货物运抵境内输入地点起卸后的运输费、保险费；进口关税及其他国内税收。

③ 进口货物关税完税价格中的运费和保险费按下列规定确定：

进口货物的运费，应当按照实际支付的费用计算。如果进口货物的运费无法确定，海关应当按该货物进口同期运输行业公布的运费率（额）计算运费。运输工具作为进口货物，利用自身动力进境的，海关在审定关税完税价格时，可以不另行计算运费。

进口货物的保险费，应当按实际支付的费用计算。如果进口货物的保险费无法确定或未实际发生，海关应当按照"货价加运费"两者总额的3‰计算保险费。

邮运进口货物的，应当以邮费作为运输费、保险费。

以境外边境口岸价格条件成交的铁路或公路运输进口货物的，海关应当按照境外边境口岸价格的1%计算运输费、保险费。

> **小窍门** 不同成交价格条件下的进口货物完税价格计算公式如下。
>
> 以 CIF（到岸价格）成交的：
>
> $$完税价格 = CIF$$
>
> 以 CFR（离岸价格+运输费）成交的：
>
> $$完税价格 = （CFR+保险费） = CFR×（1+保险费率）$$
>
> 以 FOB（离岸价格）成交的：
>
> $$完税价格 = （FOB+运输费+保险费） = （FOB+运输费）×（1+保险费率）$$

（2）海关估定的完税价格。进口货物的成交价格不符合有关规定条件，或成交价格不能确定的，海关应当依次以下列方法审查确定该货物的完税价格。

① 相同货物成交价格估价方法。是指海关以与进口货物同时或者大约同时向我国境内销售相同货物的成交价格为基础，审查确定进口货物完税价格的估价方法。

② 类似货物成交价格估价方法。是指海关以与进口货物同时或者大约同时向我国境内销售类似货物的成交价格为基础，审查确定进口货物完税价格的估价方法。

③ 倒扣价格估价方法。是指海关以与进口货物相同或者类似进口货物在境内的销售

价格为基础，扣除境内发生的关税和进口环节海关代征的税款及其他国内税、运费、保险费、利润等相关费用后，审查确定进口货物完税价格的估价方法。

④ 计算价格估价方法。是指海关按照下列各项总和计算的关税完税价格：生产该货物所使用的料件成本和加工费；向境内销售同等级或者同种类货物通常的利润和一般费用；该货物运抵境内输入地点起卸前的运输及相关费用、保险费。

⑤ 其他合理方法。是指海关以客观量化的数据资料为基础审查确定的进口货物完税价格。

2．特殊进口货物完税价格确定

（1）加工贸易进口料件或其制成品需征税或内销补税的，应按一般进口货物完税价格规定，审定完税价格。以下是其中的一些货物。

进口时需征税的进料加工进口料件，以该料件申报进口时的价格估定。

内销的进料加工进口料件或其制成品（包括残次品、副产品），以料件原进口时的价格估定。

内销的来料加工进口料件或其制成品（包括残次品、副产品），以料件申报内销时的价格估定。

保税区内的加工企业内销的进口料件或其制成品（包括残次品、副产品），分别以料件或制成品申报内销时的价格估定。如果内销的制成品中含有从境内采购的料件，则以所含从境外购入的料件原进口时的价格估定。

加工贸易加工过程中产生的边角料，以申报内销时的价格估定。

（2）运往境外修理的机械器具、运输工具或其他货物，出境时已向海关报明并在海关规定的期限内复运进境的，应当以境外修理费和料件费为完税价格。

（3）运往境外加工的货物，出境时已向海关报明，并在海关规定的期限内复运进境的，应当以境外加工费和料件费、复运进境的运输费和保险费估定完税价格。

（4）以租赁方式进口的货物，以海关审定的租金为完税价格。

（5）留购的进口货样、展览品和广告陈列品，以海关审定的留购价格为关税完税价格。

（6）出口加工区内的加工企业内销的制成品（包括残次品、副产品），以制成品申报内销时的价格估定完税价格。

（7）以易货贸易、寄售、捐赠、赠送等其他方式进口货物，应按一般进口货物估价办法的规定估定完税价格。

【案例分析 4-1】某公司从美国进口货物一批，货物进口成交价格为 FOB 纽约 USD200 000，公司另支付运输费 USD10 000，保险费率为 0.3%。假设外汇牌价为 USD100=RMB698。计算该批进口货物完税价格。

分析：完税价格 =（200 000+10 000）×（1+0.3%）×6.98 = 1 470 197.4（元）

3．出口货物完税价格确定

（1）以成交价格为基础的完税价格。出口货物的完税价格由海关以该货物的成交价格及该货物运至我国境内输出地点装载前的运输费、保险费为基础审查确定。出口货物的成交价格，是指该货物出口时卖方为出口该货物应当向买方直接收取和间接收取的价款总额。出口货物完税价格不包括离境口岸至境外口岸之间的运输费、保险费和出口关税。

不同成交价格条件下的出口货物完税价格计算公式如下。

以 CIF（到岸价格）成交的：

完税价格 =（CIF-保险费-运输费）÷（1+关税税率）

以 CFR（离岸价格+运输费）成交的：

完税价格 =（CFR-运输费）÷（1+关税税率）

以 FOB（离岸价格）成交的：

完税价格 = FOB ÷（1+关税税率）

（2）海关估定的完税价格。出口货物的成交价格不能确定的，海关经了解有关情况，并与纳税义务人进行价格磋商后，依次以下列价格估定该货物的关税完税价格。

① 与该货物同时或大约同时向同一国家或地区出口的相同货物的成交价格。

② 与该货物同时或大约同时向同一国家或地区出口的类似货物的成交价格。

③ 根据境内生产相同或类似货物的成本、利润和一般费用、境内发生的运输费、保险费计算所得的价格。

④ 其他合理方法估定的价格。

【案例分析 4-2】某公司生产一批产品出口美国，以 CIF 纽约 USD220 000 价格成交，其中运输费为 USD10 000，保险费为 USD3 000。若适用关税税率为 10%，计算该批出口货物完税价格。

分析：完税价格 =（220 000-3 000-10 000）÷（1+10%）=188 180（元）

（二）关税税额计算

关税税额计算的基本公式如下。

从价计征：

关税税额=进（出）口货物关税完税价格×比例税率

从量计征：

关税税额=进（出）口货物数量×定额税率

复合计征：

关税税额=进（出）口货物关税完税价格×比例税率+进（出）口货物数量×定额税率

【案例分析 4-3】某公司从美国进口货物一批，货物以离岸价格成交，成交价折合人民币 1 410 万元，其中单独计价并经海关审查属实的向境外采购代理人支付的买方佣金 10 万元，但不包括使用该货物而向境外支付的软件费 50 万元及向卖方支付的佣金 15 万元。另支付货物运抵我国宁波港的运费、保险费等 35 万元。假定该货物适用关税税率为 20%、增值税税率为 17%、消费税率为 10%。计算上述业务进口环节应纳关税、消费税和增值税税额。

分析：完税价格=1 410+50+15-10+35=1 500（万元）

应纳关税税额=1 500×20%=300（万元）

消费税组成计税价格=（1 500+300）/(1-10%)=2 000（万元）

海关代征消费税=2 000×10%=200（万元）

增值税组成计税价格=1 500+300+200=2 000（万元）

海关代征增值税=2 000×17%=340（万元）

第四节 | 关税税款缴纳

一、关税缴纳

进口货物应自运输工具申报进境之日起 14 日内，由收货人或其代理人向海关申报；出口货物应自货物运抵海关监管区后装货的 24 小时以前向海关申报。

海关在接受纳税人的申报后，即可对实际货物和物品进行查验，然后根据货物的税则归类和完税价格计算应纳关税税额，从而向纳税人作出征收关税的决定。关税纳税义务人因不可抗力或者国家税收政策调整的原因造成不能按期缴纳税款的，经海关总署批准，可以延期缴纳税款，但最长不得超过 6 个月。

二、关税强制执行

纳税义务人、担保人超过 3 个月仍未缴纳税款的，经直属海关关长或其授权的隶属海关关长批准，海关可以采取下列强制措施：①书面通知其开户银行或者其他金融机构从其存款中扣缴税款；②将应税货物依法变卖，以变卖所得抵缴税款；③扣留并依法变卖其价值相当于应纳税款的货物或者其他财产，以变卖所得抵缴税款。

三、关税退还

关税退还是纳税人按海关核定的税额缴纳关税后，因某种原因的出现，海关将多征的税款退还给原纳税人的一种行政行为。

根据《进出口关税条例》规定有下列情形之一的，纳税人自缴纳税款之日起 1 年内，向海关申请退税的，海关应予以退税并加计银行同期存款利息：因海关误征多纳税款的；海关核准免验进口的货物，在完税后发现有短卸情形，经海关审查认可的；已征出口关税的货物，因故未将其运出口，申报退关，经海关查验属实的。

对已征进出口关税的货物，因货物品种或规格原因（非其他原因）原状复运进境或出境，经海关查验属实的，应退还已征的关税。海关应自受理退税申请之日起 30 日内，作出书面答复并通知退税申请人。

四、关税补征和追征

关税补征和追征是海关在关税纳税人按海关核定的税额缴纳关税后，发现实际征收的税额少于应当征收的税额（称短征关税）时，责令纳税人补缴所差税款的一种行政行为。因纳税人违反海关规定造成短征关税的称为追征；非因纳税人违反海关规定造成短征关税的称为补征。

进出口货物放行后，海关发现少征或漏征税款的，应当自缴纳税款或货物放行之日起 1 年内，向纳税人补征税款。但因纳税人违反规定造成少征或漏征税款的，海关可以自缴纳税款或货物放行之日起 3 年内追征税款，并从缴纳税款或货物放行之日起按日加收少征或漏征税款万分之五的滞纳金。

本章概要

内容结构：

```
        ┌─ 关税概念与类型
        │
        ├─ 关税纳税人与征税对象
关 ─────┤
税      ├─ 关税税额计算：税率、税收优惠、税额计算
        │
        └─ 关税税款缴纳：关税缴纳、关税强制执行、关税退补、关税补征与追征
```

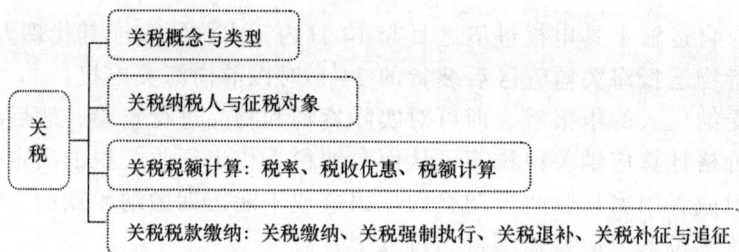

　　知识点： 关税　贸易性商品　物品　最惠国税率　协定税率　特惠税率　普通税率　配额税率　关税征税对象　完税价格　进口货物完税价格　出口货物完税价格

　　能力点： 纳税人认定　征税对象确定　一般进口货物完税价格计算　特殊进口货物完税价格计算　出口货物完税价格计算　税率选择　税额计算　关税缴纳　关税退补

　　重点： 纳税人认定　征税对象确定　进口关税税率选择　进出口关税税额计算　税款缴纳

　　难点： 进出口完税价格的确定　关税减免和追征政策的运用

单元训练

一、复习思考题

1. 怎样确定进出口货物的关税纳税人？

2. 一般进口货物的完税价格怎样计算？完税价格的主要内容是什么？

3. 出口货物完税价格怎样计算？

4. 关税有哪些优惠政策？关税有哪些强制执行措施？

二、单项选择题

1. 下列各项中，不属于关税纳税义务人的是（　　　）。

　　A. 进口货物的收货人　　　　　　　B. 进出口货物的代理人

　　C. 出口货物的发货人　　　　　　　D. 进出境物品的所有人

2. 下列各项中，符合关税法定免税规定的是（　　　）。

　　A. 关税税款在人民币 100 元以下的一票货物

　　B. 残疾人专用品

　　C. 起卸时遭受损坏或损失的货物或物品

　　D. 经海关核准进口的无商业价值的广告品和货样

3. 下列各项中，符合进口关税完税价格规定的是（　　　）。

　　A. 留购的租赁货物，以租赁期间审定的租金为完税价格

B. 留购的进口货样，以海关审定的留购价格为完税价格

C. 准予暂时进口的施工机械，以同类货物的价格为完税价格

D. 运往境外加工的货物，以加工后入境时的到岸价格为完税价格

4. 以下项目中，应计入进口货物完税价格的是（　　　　）。

A. 货物运抵境内输入地点之后的运输费用

B. 卖方间接从买方对该货物进口后使用所得中获得的收益

C. 进口关税　　　　　　　　　　　D. 国内保险费

5. 因收发货人或者其代理人违反规定造成少征或漏征的税款，海关可以自缴纳税款之日起（　　　）内追征税款。

A. 1年　　　　　　B. 2年　　　　　　C. 3年　　　　　　D. 5年

三、多项选择题

1. 下列各项中，属于关税征税对象的有（　　　　）。

A. 贸易性商品

B. 馈赠物品或以其他方式进入国境的个人物品

C. 入境旅客随身携带的行李和物品

D. 个人邮寄物品

2. 下列未包含在进口货物成交价格中的项目，应计入关税完税价格的有（　　　　）。

A. 由买方负担的包装材料费和包装劳务费

B. 由买方负担的购货佣金

C. 由买方负担的经纪费用

D. 由买方负担的与该货物视为一体的容器费用

3. 下列进口货物，海关可以酌情减免关税的有（　　　　）。

A. 在境外运输途中或者起卸时遭受损坏或者损失的货物

B. 起卸后海关放行前因不可抗力遭受损坏或者损失的货物

C. 非保管不慎原因在海关查验时已经破漏、损坏或者腐烂的货物

D. 因不可抗力缴税确有困难的纳税人进口的货物

4. 下列特殊进口货物完税价格确定方法，符合税法规定的有（　　　　）。

A. 进口时需征税的进料加工进口料件，以该料申报进口时的价格估定

B. 内销的进料加工进口料件或其制成品，以该料件原进口时的价格估定

C. 内销的来料加工进口料件或其制成品，以该料件申报内销时的价格估定

D. 出口加工区内的加工企业内销的制成品，以制成品申报内销时的价格估定

5. 下列出口货物完税价格确定方法中，符合关税法规定的有（　　　　）。

A. 海关依法估价确定的完税价格

B. 以成交价格为基础确定的完税价格

C. 根据境内生产类似货物的成本、利润和费用计算出的价格

D. 按照其他合理方法估定的完税价格

四、判断题

1. 出口货物完税价格不包括离境口岸至境外口岸之间的运输费、保险费和出口关税。

（　　　）

2. 留购的进口货样、展览品和广告陈列品，以海关审定的留购价格为关税完税价格。（　　）

3. 在海关对进出口货物进行完税价格审定时，如海关不接受申报价格，可以与进出口货物的纳税义务人进行价格磋商。（　　）

4. 盛装货物的容器单独计价的不征关税。（　　）

5. 出口货物应自货物运抵海关监管区后装货的 12 小时以前向海关申报。（　　）

五、单项计算题

1. 某企业进口一批货物，海关审定货价 5 000 万元，运费 20 万元，该批货物进口关税税率为 7%，则应纳关税（　　）万元。

A. 350　　B. 351　　C. 352.45　　D. 360

2. 某企业将一台账面余额 55 万元的进口设备运往境外修理，当月在海关规定的期限内复运进境。经海关审定的境外修理费 4 万元、料件费 6 万元。假定该设备的进口关税税率为 10%，则该企业应缴纳的关税为（　　）万元。

A. 1　　B. 0.4　　C. 0.6　　D. 6.5

3. 某医疗设备厂以租赁方式从韩国租进医疗仪器一台，其到岸价格为 100 万元，从入境地到该厂的国内运输费为 3 000 元，海关审查确定仪器租赁费为 33.2 万元。进口关税税率为 5%，则该设备厂应缴纳的进口关税为（　　）万元。

A. 1.66　　B. 5　　C. 5.015　　D. 6.675

4. 某外贸企业从日本进口甲醇，以我国口岸的到岸价格成交，进口申报价格为到岸价格 USD1 000 000。当日外汇牌价（中间价）为 USD100=RMB¥684。关税税率为 5.5%。则该企业应交进口关税为（　　）万元。

A. 684　　B. 5.5　　C. 37.62　　D. 456

5. 某企业出口化工材料 10 000 吨到日本，每吨离岸价格为杭州 USD800，其中佣金为离岸价格的 2%，理舱费为 USD10 000。当日的外汇牌价（中间价）为 USD100=¥682。出口关税税率为 5%。则出口货物应纳关税为（　　）万元。

A. 2 785.97　　B. 428 925　　C. 388 571　　D. 2 653 305

六、综合分析题

某企业 2016 年 1 月部分进出口业务资料如下。

（1）从英国进口一批原材料共 800 吨，货物以境外口岸离岸价格成交，单价为 18 000 元，买方承担包装费每吨 600 元，另向卖方支付的佣金每吨 700 元，另向自己的采购代理人支付佣金 6 000 元，已知该原材料运抵中国海关境内输入地起卸前的包装、运输、保险和其他劳务费用为每吨 2 100 元。该原材料进口关税税率为 10%。

（2）进口一批机器设备共 20 台，每台货价 12 万元，包括运抵我国大连港起卸前的包装、运输、保险和其他劳务费用共计 5 万元。另外销售商单独向该进出口公司收取境内安装费用 5 万元，技术支持费用 7 万元，设备包装材料费 8 万元。假设该类设备进口关税税率为 50%。

（3）出口产品一批，出厂价为 3 800 万元，支付境内佣金比例为出厂价的 5%，运费、保险费等其他杂费合计 250 万元，产品出口关税税率为 6%。

计算各项进出口业务应纳关税税额。

3

模块三

所得税

第五章
企业所得税

学习目标

① 了解企业所得税的概念与发展历程。

② 熟悉企业所得税的纳税人与征税对象，能判断居民企业和非居民企业及其纳税义务。

③ 熟悉企业所得税税率和税收优惠，能选择居民企业和非居民企业的适用税率，能运用税收优惠并进行纳税调整。

④ 掌握应纳税所得额的确定及应纳所得税额的计算方法，能计算居民企业和非居民企业的应纳所得税额。

⑤ 能根据企业的经营情况与税务部门沟通，争取税务部门对企业的税收支持。

⑥ 能与企业员工共同进行税收筹划。

第一节 | 企业所得税概述

企业从事生产经营活动的目的，是在为社会提供财富的同时实现盈利。在现代社会，企业有多种形式。从资本构成看，有独资企业、合伙企业、有限责任公司、无限责任公司等形式。从法律地位看，有非法人企业与法人企业等形式。企业所得税就是对公司或具有法人地位的企业从事生产经营活动取得的盈利征收的一种税。

设置开征企业所得税，不仅能为国家建设筹集财政资金，而且有利于正确处理政府与企业的利益关系，实现政府的经济权益，有利于贯彻政府的经济政策，实现经济的稳定增长，有利于促进企业改善经营管理，提升企业的盈利能力。

企业所得税是目前世界各国普通征收的一个税种。政务院在1950年发布了《全国税政实施要则》，在其"工商业税"中包含了对所得额征税的内容。1958年，创立了工商所得税，企业所得征税成为一个独立税种，主要对非国有企业征收，后被集体企业所得税、私营企业所得税等税种所替代。对国营企业的盈利，最初只上缴利润，不上缴所得税，20世纪80年代，对国营企业实施"利改税"改革，将国营企业上缴利润改为上缴所得税，创立了国营企业所得税。改革开放初期，为吸引、利用外商投资的需要，分别对中外合资经营企业、外国企业开征了中外合资经营企业所得税和外国企业所得税。1991年将中外合资经营企业所得税和外国企业所得税合并，创立了统一的外商投资企业和外国企业所得税。1994年，为简化税制、公平税负，合并了国营企业所得税、集体企业所得税和私营企业所得税，创立了统一的（内资）企业所得税。2008年，为平衡内、外资企业的税收负担，合并了内资企业所得税和外商投资企业和外国企业所得税，创立了完全统一的企业所得税。

我国现行企业所得税的法律依据，主要是2007年3月16日全国人民代表大会通过的《中华人民共和国企业所得税法》和同年12月6日国务院公布的《中华人民共和国企业所得税法实施条例》。

西方国家所得税之最

趣味阅读　　　西方国家的所得税产生于18世纪末的英国。英法战争期间，英国财政收入入不敷出，因此，于1798年颁布具有所得税性质的"三级税"法案，并于1799年正式开征。1802年战争结束，所得税即被废止。1803年英法战争又起，英国制定了分类所得税法，再次开征所得税。1816年该法再次废止。1842年英国趁平定"印度叛乱"之机再次开征所得税，一直延续至今。19世纪以后，世界各国相继效仿，到目前为止所得税已成为许多国家的主体税种。

第二节　企业所得税纳税人与征税对象

一、纳税人认定

企业所得税的纳税人是指在中国境内取得收入的企业和其他组织（统称企业），包括居民企业和非居民企业。

1．居民企业

我国对居民企业的认定，采用了登记注册地标准和实际管理机构标准相结合的办法。具体来说，居民企业是指依法在中国境内成立，或依外国（地区）法律成立但实际管理机构在中国境内的企业。具体有两类：一是依照中国法律、行政法规在中国境内成立的企业、事业单位、社会团体以及其他取得收入的组织；二是依照外国（地区）法律成立但实际管理机构在中国境内的企业和其他取得收入的组织。所谓"实际管理机构"是指对企业的生产经营、人员、账务、财产等实施实质性全面管理和控制的机构。

居民企业负有无限纳税义务，应就其来源于中国境内、境外的所得缴纳企业所得税。

2．非居民企业

非居民企业是指依照外国（地区）法律成立且实际管理机构不在中国境内，但在中国境内设立机构、场所，或在中国境内未设立机构、场所，但有来源于中国境内所得的企业。所谓"机构、场所"是指在中国境内从事生产经营活动的机构、场所，包括管理机构、营业机构、办事机构，工厂、农场、开采自然资源的场所，提供劳务的场所，从事建筑、安装、装配、修理、勘探等工程作业的场所，其他从事生产经营活动的机构、场所。非居民企业委托营业代理人在中国境内从事生产经营活动的，该营业代理人视为非居民企业在中国境内设立的机构、场所。

非居民企业负有限纳税义务，具体有以下两种情况。

（1）非居民企业在中国境内设立机构、场所的，应就其所设机构、场所取得的来源于中国境内的所得，以及发生在中国境外但与其所设机构、场所有实际联系的所得缴纳企业所得税。

（2）非居民企业在中国境内未设立机构、场所的，或虽设立机构、场所，但其所得与所设机构、场所没有实际联系的，应就其来源于中国境内的所得缴纳企业所得税。

所谓"实际联系"是指非居民企业在中国境内设立的机构、场所拥有据以取得所得的股权、债权，以及拥有、管理、控制据以取得所得的财产等。

知识链接

企业所得税扣缴义务人

《企业所得税法》规定，非居民企业在中国境内未设立机构、场所的，或者虽设立机构、场所但取得所得与所设机构、场所没有实际联系的，其来源于中国境内的各项所得应缴纳的企业所得税实行源泉扣缴，以支付人为扣缴义务人。

二、征收对象确定

企业所得税征税对象是企业取得的各项应税所得，包括销售货物所得；提供劳务所得；财产转让所得；股息、红利等权益性投资所得；利息所得；租金所得；特许权使用费所得；接受捐赠所得；其他所得。

三、所得来源地确定

《企业所得税法》对所得来源地的确认原则规定如下。

（1）销售货物所得，为交易活动发生地。

（2）提供劳务所得，为劳务发生地。

（3）不动产转让所得，为不动产所在地；动产转让所得，为转让动产的企业或机构、场所所在地；权益性投资资产转让所得，为被投资企业所在地。

（4）股息、红利等权益性投资所得，为分配所得的企业所在地。

（5）利息、租金、特许权使用费所得，为负担支付所得的企业或机构、场所所在地，或负担支付所得的个人住所地。

（6）其他所得，由国务院财政、税务主管部门确定。

第三节 企业所得税税额计算

一、税率选择

我国现行企业所得税实行比例税率，基本税率有以下几种。

（1）居民企业和在中国境内设立机构、场所且其所得与机构、场所有关联的非居民企业，适用税率为25%。

（2）在中国境内未设立机构、场所，或虽设立机构、场所但其所得与其所设机构、场所没有实际联系的非居民企业，适用税率为20%，同时可享受减半征收优惠，实际税率为10%。

二、税收优惠

根据国家税务总局公告2015年第76号规定，以《企业所得税优惠事项备案管理目录（2015年版）》为标准，主要税收优惠政策如下。

> **特别提醒** 以下税收优惠是指企业所得税法规定的优惠事项，以及税法授权国务院和民族自治地方制定的优惠事项。企业是指企业所得税法规定的居民企业。

1．国债利息收入免征企业所得税

企业持有国务院财政部门发行的国债取得的利息收入免征企业所得税。

> **特别提醒** 本项目执行"预缴享受，年度备案"方式。主要留存备查资料包括：①国债净价交易交割单；②购买、转让国债的证明，包括持有时间，票面金额，利率等相关材料；③应收利息（投资收益）科目明细账或按月汇总表；④减免税计算过程的说明。

2．取得的地方政府债券利息收入免征企业所得税

企业取得的地方政府债券利息收入（所得）免征企业所得税。

> **特别提醒** 本项目执行"预缴享受，年度备案"方式。主要留存备查资料包括：①购买地方政府债券证明，包括持有时间，票面金额，利率等相关材料；②应收利息（投资收益）科目明细账或按月汇总表；③减免税计算过程的说明。

3．符合条件的居民企业之间的股息、红利等权益性投资收益免征企业所得税

居民企业直接投资于其他居民企业取得的权益性投资收益免征企业所得税。所称股息、红利等权益性投资收益，不包括连续持有居民企业公开发行并上市流通的股票不足12个月取得的投资收益。

> **特别提醒** 本项目执行"预缴享受，年度备案"方式。主要留存备查资料包括：①被投资企业出具的股东名册和持股比例（企业在证券交易市场购买上市公司股票获得股权的，提供相关记账凭证、本公司持股比例以及持股时间超过12个月情况说明）；②被投资企业董事会（或股东大会）利润分配决议；③若企业取得的是被投资企业未按股东持股比例分配的股息、红利等权益性投资收益，还需提供被投资企业的最新公司章程；④被投资企业进行清算所得税处理的，留存被投资企业填报的加盖主管税务机关受理章的《中华人民共和国清算所得税申报表》及附表三《剩余财产计算和分配明细表》复印件。

4．内地居民企业连续持有 H 股满 12 个月取得的股息红利所得免征企业所得税

对内地企业投资者通过沪港通投资香港联交所上市股票取得的股息红利所得，计入其收入总额，依法计征企业所得税。其中，内地居民企业连续持有 H 股满 12 个月取得的股息红利所得，依法免征企业所得税。

> **特别提醒** 本项目执行"预缴享受，年度备案"方式。主要留存备查资料包括：①相关记账凭证、本公司持股比例以及持股时间超过 12 个月的情况说明；②被投资企业董事会（或股东大会）利润分配决议。

5．符合条件的非营利组织的收入免征企业所得税

符合条件的非营利组织取得的捐赠收入、不征税收入以外的政府补助收入、会费收入、不征税收入和免税收入孳生的银行存款利息收入等。不包括非营利组织的营利收入。非营利组织主要包括事业单位、社会团体、基金会、民办非企业单位、宗教活动场所等。

> **特别提醒** 本项目执行"预缴享受，年度备案"方式。主要留存备查资料包括：①非营利组织资格有效认定文件或其他相关证明；②登记管理机关出具的事业单位、社会团体、基金会、民办非企业单位对应汇缴年度的检查结论（新设立非营利组织不需提供）；③应纳税收入及其有关的成本、费用、损失，与免税收入及其有关的成本、费用、损失分别核算的情况说明；④取得各类免税收入的情况说明。

6．中国清洁发展机制基金取得的收入免征企业所得税

中国清洁发展机制基金取得的 CDM 项目温室气体减排量转让收入上缴国家的部分，国际金融组织赠款收入，基金资金的存款利息收入、购买国债的利息收入，国内外机构、组织和个人的捐赠收入，免征企业所得税。

> **特别提醒** 本项目执行"预缴享受，年度备案"方式。主要留存备查资料包括：免税收入核算情况。

7．投资者从证券投资基金分配中取得的收入暂不征收企业所得税

对投资者从证券投资基金分配中取得的收入，暂不征收企业所得税。

> **特别提醒** 本项目执行"预缴享受，年度备案"方式。主要留存备查资料包括：①有关购买证券投资基金记账凭证；②证券投资基金分配公告。

8．中国期货保证金监控中心有限责任公司取得的银行存款利息等收入暂免征收企业所得税

对中国期货保证金监控中心有限责任公司取得的银行存款利息收入、购买国债、中央银行和中央级金融机构发行债券的利息收入，以及证监会和财政部批准的其他资金运用取得的收入，暂免征收企业所得税。

> **特别提醒** 本项目执行"预缴享受，年度备案"方式。主要留存备查资料包括：①免税收入核算情况；②省税务机关规定的其他资料。

9. 中国保险保障基金有限责任公司取得的保险保障基金等收入免征企业所得税

对中国保险保障基金有限责任公司取得的境内保险公司依法缴纳的保险保障基金，依法从撤销或破产保险公司清算财产中获得的受偿收入和向有关责任方追偿所得，以及依法从保险公司风险处置中获得的财产转让所得，捐赠所得，银行存款利息收入，购买政府债券、中央银行、中央企业和中央级金融机构发行债券的利息收入，国务院批准的其他资金运用取得的收入免征企业所得税。

> **特别提醒** 本项目执行"预缴享受，年度备案"方式。主要留存备查资料包括：①免税收入核算情况；②省税务机关规定的其他资料。

10. 综合利用资源生产产品取得的收入在计算应纳税所得额时减计收入

企业以《资源综合利用企业所得税优惠目录》规定的资源作为主要原材料，生产国家非限制和非禁止并符合国家及行业相关标准的产品取得的收入，减按90%计入企业当年收入总额。

> **特别提醒** 本项目执行"预缴享受，年度备案"方式。主要留存备查资料包括：①企业实际资源综合利用情况（包括综合利用的资源、技术标准、产品名称等）的说明；②省税务机关规定的其他资料。

11. 金融、保险等机构取得的涉农贷款利息收入、保费收入在计算应纳税所得额时减计收入

对金融机构农户小额贷款的利息收入在计算应纳税所得额时，按90%计入收入总额；对保险公司为种植业、养殖业提供保险业务的保费收入，在计算应纳税所得额时，按90%计入收入。中和农信项目管理有限公司和中国扶贫基金会举办的农户自立服务社（中心）从事农户小额贷款取得的利息收入按照对金融机构农户小额贷款的利息收入在计算应纳税所得额时按90%计入收入总额的规定执行。

> **特别提醒** 本项目执行"预缴享受，年度备案"方式。主要留存备查资料包括：①相关保费收入、利息收入的核算情况；②相关保险合同、贷款合同；③省税务机关规定的其他资料。

12. 取得企业债券利息收入减半征收企业所得税

企业持有中国铁路建设等企业债券取得的利息收入，减半征收企业所得税。

> **特别提醒** 本项目执行"预缴享受，年度备案"方式。主要留存备查资料包括：①购买铁路建设债券、其他企业债券证明。包括持有时间，票面金额，利率等相关材料；②应收利息（投资收益）科目明细账或按月汇总表；③减免税计算过程的说明。

13. 开发新技术、新产品、新工艺发生的研究开发费用加计扣除

企业为开发新技术、新产品、新工艺发生的研究开发费用，未形成无形资产计入当期损益的，在按照规定据实扣除的基础上，按照研究开发费用的50%加计扣除；形成无形资产的，按照无形资产成本150%摊销。对从事文化产业支撑技术等领域的文化企业，开发新技术、新产品、新工艺发生的研究开发费用，允许按照税收法律法规的规定，在计算应纳税所得额时加计扣除。

> ⏰ **特别提醒**　本项目执行"汇缴享受"方式。主要留存备查资料包括：①自主、委托、合作研究开发项目计划书和企业有权部门关于自主、委托、合作研究开发项目立项的决议文件；②自主、委托、合作研究开发专门机构或项目组的编制情况和研发人员名单；③经国家有关部门登记的委托、合作研究开发项目的合同；④从事研发活动的人员和用于研发活动的仪器、设备、无形资产的费用分配说明；⑤集中开发项目研发费决算表、《集中研发项目费用分摊明细情况表》和实际分享比例等资料；⑥研发项目辅助明细账和研发项目汇总表；⑦省税务机关规定的其他资料。

【**案例分析 5-1**】某企业 2016 年自行研发一项新产品专利技术，研究过程发生材料费 3 000 万元、人工费 1 000 万元、其他费用 2 500 万元，合计 6 500 万元，其中符合资本化条件的支出 3 600 万元。2016 年 12 月 1 日，该专利技术达到可供使用状态并开始摊销，摊销期 10 年。请分析企业在计算应纳税所得额时上述研究开发费用是如何扣除的。

分析：

（1）计入当期损益部分的扣除。

实际发生的计入当期损益的研发费用总计=6 500 - 3 600=2 900（万元），该费用准予在发生当期税前据实扣除，同时当期可加计扣除=2 900×50%=1 450（万元）

2016 年在计算应纳税所得额时，应在会计利润的基础上调减应纳税所得额 1 450 万元。

（2）资本化支出部分的扣除。

2016 年会计上计提的无形资产摊销额=3 600÷10÷12=30（万元）

按《税法》规定，准予在税前扣除的摊销额=3 600×150%÷10÷12=45（万元）

2016 年在计算应纳税所得额时，应在会计利润基础上调减应纳税所得额=45-30=15（万元）

2017 年，会计上计提的无形资产摊销额=3 600÷10=360（万元）

按《税法》规定可在税前扣除的摊销额=3 600×150%÷10=540（万元）

2017 年在计算应纳税所得额时，应在会计利润基础上调减应纳税所得额=540-360=180（万元）。依此类推，直至无形资产摊销完毕。

14. 安置残疾人员及国家鼓励安置的其他就业人员所支付的工资加计扣除

企业安置残疾人员的，在按照支付给残疾职工工资据实扣除的基础上，按照支付给残疾职工工资的 100%加计扣除。残疾人员的范围适用《中华人民共和国残疾人保障法》的有关规定。

> ⏰ **特别提醒**　本项目执行"汇缴享受"方式。主要留存备查资料包括：①为安置的每位残疾人按月足额缴纳了企业所在区县人民政府根据国家政策规定的基本养老保险、基本医疗保险、失业保险和工伤保险等社会保险证明资料；②通过非现金方式支付工资薪酬的证明；③安置残疾职工名单及其《残疾人证》或《残疾军人证》；④与残疾人员签订的劳动合同或服务协议。

【案例分析 5-2】某企业有残疾职工 15 人，2016 年度实际发生的工资支出 400 万元，其中支付给残疾职工工资 45 万元。请分析该企业工资薪金税前扣除额是多少？

分析：《税法》规定，企业支付残疾人工资在据实扣除的基础上，按支付给残疾职工工资的 100%加计扣除。因此，企业工资薪金税前扣除总额=400+45=445（万元）。

15．从事农、林、牧、渔业项目的所得减免征收企业所得税

企业从事蔬菜、谷物、薯类、油料、豆类、棉花、麻类、糖料、水果、坚果的种植，农作物新品种选育，中药材种植，林木培育和种植，牲畜、家禽饲养，林产品采集，灌溉、农产品初加工、兽医、农技推广、农机作业和维修等农、林、牧、渔服务业项目，远洋捕捞项目所得免征企业所得税。企业从事花卉、茶以及其他饮料作物和香料作物种植，海水养殖、内陆养殖项目所得减半征收企业所得税。"公司＋农户"经营模式从事农、林、牧、渔业项目生产企业，可以减免企业所得税。

> **特别提醒** 本项目执行"预缴享受，年度备案"方式。主要留存备查资料包括：①有效期内的远洋渔业企业资格证书（从事远洋捕捞业务的）；②从事农作物新品种选育的认定证书（从事农作物新品种选育的）；③与农户签订的委托养殖合同（"公司+农户"经营模式的企业）；④与家庭承包户签订的内部承包合同（国有农场实行内部家庭承包经营）；⑤农产品初加工项目及工艺流程说明（二个或二个以上的分项目说明）；⑥同时从事适用不同企业所得税待遇项目的，每年度单独计算减免税项目所得的计算过程及其相关账册，期间费用合理分摊的依据和标准；⑦省税务机关规定的其他资料。

16．从事国家重点扶持的公共基础设施项目投资经营的所得定期减免企业所得税

企业从事《公共基础设施项目企业所得税优惠目录》规定的港口码头、机场、铁路、公路、城市公共交通、电力、水利等项目的投资经营的所得，自项目取得第一笔生产经营收入所属纳税年度起，第一年至第三年免征企业所得税，第四年至第六年减半征收企业所得税。企业承包经营、承包建设和内部自建自用的项目，不得享受上述规定的企业所得税优惠。

> **特别提醒** 本项目执行"预缴享受，年度备案"方式。主要留存备查资料包括：①有关部门批准该项目文件；②公共基础设施项目建成并投入运行后取得的第一笔生产经营收入凭证（原始凭证及账务处理凭证）；③公共基础设施项目完工验收报告；④公共基础设施项目投资额验资报告；⑤同时从事适用不同企业所得税待遇项目的，每年度单独计算减免税项目所得的计算过程及其相关账册，合理分摊期间共同费用的核算办法；⑥项目权属变动情况及转让方已享受优惠情况的说明及证明资料（优惠期间项目权属发生变动时准备）；⑦省税务机关规定的其他资料。

17．从事符合条件的环境保护、节能节水项目的所得定期减免企业所得税

企业从事《环境保护、节能节水项目企业所得税优惠目录》所列项目的所得，自项目取得第一笔生产经营收入所属纳税年度起，第一年至第三年免征企业所得税，第四年至第六年减半征收企业所得税。（定期减免税）

本项目执行"预缴享受，年度备案"方式。主要留存备查资料包括：①该项目符合《环境保护、节能节水项目企业所得税优惠目录》的相关证明；②环境保护、节能节水项目取得的第一笔生产经营收入凭证；③环境保护、节能节水项目所得单独核算资料，以及合理分摊期间共同费用的核算资料；④项目权属变动情况及转让方已享受优惠情况的说明及证明资料（优惠期间项目权属发生变动）；⑤省税务机关规定的其他资料。

18．符合条件的技术转让所得减免征收企业所得税

一个纳税年度内，居民企业技术转让所得不超过 500 万元的部分，免征企业所得税；超过 500 万元的部分，减半征收企业所得税。

本项目执行"预缴享受，年度备案"方式。主要留存备查资料包括：①所转让的技术产权证明；②企业发生境内技术转让：技术转让合同（副本）；省级以上科技部门出具的技术合同登记证明；技术转让所得归集、分摊、计算的相关资料；实际缴纳相关税费的证明资料。③企业向境外转让技术：技术出口合同（副本）；省级以上商务部门出具的技术出口合同登记证书或技术出口许可证；技术出口合同数据表；技术转让所得归集、分摊、计算的相关资料；实际缴纳相关税费的证明资料；有关部门按照商务部、科技部发布的《中国禁止出口限制出口技术目录》出具的审查意见。④转让技术所有权的，其成本费用情况；转让使用权的，其无形资产摊销费用情况；⑤技术转让年度，转让双方股权关联情况。

19．实施清洁发展机制项目的所得定期减免企业所得税

清洁发展机制项目（以下简称 CDM 项目）实施企业将温室气体减排量转让收入的 65%上缴给国家的 HFC 和 PFC 类 CDM 项目，以及将温室气体减排量转让收入的 30%上缴给国家的 N20 类 CDM 项目，其实施该类 CDM 项目的所得，自项目取得第一笔减排量转让收入所属纳税年度起，第一年至第三年免征企业所得税，第四年至第六年减半征收企业所得税。（定期减免税）

本项目执行"预缴享受，年度备案"方式。主要留存备查资料包括：①清洁发展机制项目立项有关文件；②企业将温室气体减排量转让的 HFC 和 PFC 类 CDM 项目，及将温室气体减排量转让的 N20 类 CDM 项目的证明材料；③将温室气体减排量转让收入上缴给国家的证明资料；④清洁发展机制项目第一笔减排量转让收入凭证；⑤清洁发展机制项目所得单独核算资料，以及合理分摊期间共同费用的核算资料。

20．符合条件的节能服务公司实施合同能源管理项目的所得定期减免企业所得税

对符合条件的节能服务公司实施合同能源管理项目，符合企业所得税税法有关规定的，自项目取得第一笔生产经营收入所属纳税年度起，第一年至第三年免征企业所得税，第四年至第六年按照 25%的法定税率减半征收企业所得税。（定期减免税）

特别提醒 本项目执行"预缴享受，年度备案"方式。主要留存备查资料包括：①能源管理合同；②国家发展改革委、财政部公布的第三方机构出具的合同能源管理项目情况确认表，或者政府节能主管部门出具的合同能源管理项目确认意见；③项目转让合同、项目原享受优惠的备案文件（项目发生转让的，受让节能服务企业）；④项目第一笔收入的发票及作收入处理的会计凭证；⑤合同能源管理项目应纳税所得额计算表；⑥合同能源管理项目所得单独核算资料，以及合理分摊期间共同费用的核算资料；⑦省税务机关规定的其他资料。

21．创业投资企业按投资额的一定比例抵扣应纳税所得额

创业投资企业采取股权投资方式投资于未上市的中小高新技术企业 2 年以上的，可以按照其投资额的 70% 在股权持有满 2 年的当年抵扣该创业投资企业的应纳税所得额；当年不足抵扣的，可以在以后纳税年度结转抵扣。

特别提醒 本项目执行"汇缴享受"方式。主要留存备查资料包括：①创业投资企业经备案管理部门核实后出具的年检合格通知书；②中小高新技术企业投资合同或章程、实际所投资金验资报告等相关材料；③由省、自治区、直辖市和计划单列市高新技术企业认定管理机构出具的中小高新技术企业有效的高新技术企业证书复印件（注明"与一致"，并加盖公章）；④中小高新技术企业基本情况（包括企业职工人数、年销售（营业）额、资产总额等）说明；⑤关于创业投资企业投资运作情况的说明；⑥省税务机关规定的其他资料。

22．有限合伙制创业投资企业法人合伙人按投资额的一定比例抵扣应纳税所得额

有限合伙制创业投资企业采取股权投资方式投资于未上市的中小高新技术企业 2 年（24 个月）以上，该有限合伙制创业投资企业的法人合伙人可按照其对未上市中小高新技术企业投资额的 70% 抵扣该法人合伙人从该有限合伙制创业投资企业分得的应纳税所得额，当年不足抵扣的，可以在以后纳税年度结转抵扣。

特别提醒 本项目执行"汇缴享受"方式。主要留存备查资料包括：①创业投资企业年检合格通知书；②中小高新技术企业投资合同或章程、实际所投资金的验资报告等相关材料；③省、自治区、直辖市和计划单列市高新技术企业认定管理机构出具的中小高新技术企业有效的高新技术企业证书复印件（注明"与原件一致"，并加盖公章）；④中小高新技术企业基本情况（职工人数、年销售（营业）额、资产总额等）说明；⑤《法人合伙人应纳税所得额抵扣情况明细表》；⑥《有限合伙制创业投资企业法人合伙人应纳税所得额分配情况明细表》；⑦省税务机关规定的其他资料。

23．符合条件的小型微利企业减免企业所得税

从事国家非限制和禁止行业的企业，减按 20% 的税率征收企业所得税。对年应纳税所得额低于 30 万元（含 30 万元）的小型微利企业，其所得减按 50% 计入应纳税所得额，按 20% 的税率缴纳企业所得税。

本项目执行"预缴享受，年度备案"方式。主要留存备查资料包括：①所从事行业不属于限制性行业的说明；②优惠年度的资产负债表；③从业人数的计算过程。

24. 国家需要重点扶持的高新技术企业减按 15% 的税率征收企业所得税

国家需要重点扶持的高新技术企业，减按 15% 的税率征收企业所得税。国家需要重点扶持的高新技术企业，是指拥有核心自主知识产权，产品（服务）属于国家重点支持的高新技术领域规定的范围、研究开发费用占销售收入的比例不低于规定比例、高新技术产品（服务）收入占企业总收入的比例不低于规定比例、科技人员占企业职工总数的比例不低于规定比例，以及高新技术企业认定管理办法规定的其他条件的企业。

本项目执行"预缴享受，年度备案"方式。主要留存备查资料包括：①高新技术企业资格证书；②高新技术企业认定资料；③年度研发费专账管理资料；④年度高新技术产品（服务）及对应收入资料；⑤年度高新技术企业研究开发费用及占销售收入比例，以及研发费用辅助账；⑥研发人员花名册；⑦省税务机关规定的其他资料。

25. 民族自治地方的自治机关对本民族自治地方的企业应缴纳的企业所得税中属于地方分享的部分减征或免征

依照《中华人民共和国民族区域自治法》的规定，实行民族区域自治的自治区、自治州、自治县的自治机关对本民族自治地方的企业应缴纳的企业所得税中属于地方分享的部分，可以决定减征或者免征。自治州、自治县决定减征或者免征的，须报省、自治区、直辖市人民政府批准。

26. 经济特区和上海浦东新区新设立的高新技术企业在区内取得的所得定期减免企业所得税

经济特区和上海浦东新区内，在 2008 年 1 月 1 日（含）之后完成登记注册的国家需要重点扶持的高新技术企业，在经济特区和上海浦东新区内取得的所得，自取得第一笔生产经营收入所属纳税年度起，第一年至第二年免征企业所得税，第三年至第五年按照 25% 的法定税率减半征收企业所得税。

本项目执行"预缴享受，年度备案"方式。主要留存备查资料包括：①高新技术企业资格证书；②高新技术企业认定资料；③年度研发费专账管理资料；④年度高新技术产品（服务）及对应收入资料；⑤年度高新技术企业研究开发费用及占销售收入比例，以及研发费用辅助账；⑥研发人员花名册；⑦科技人员占企业人员的比例和研发人员占企业人员的比例；⑧新办企业取得第一笔生产经营收入凭证；⑨区内区外所得的核算资料；⑩省税务机关规定的其他资料。

27. 经营性文化事业单位转制为企业的免征企业所得税

从事新闻出版、广播影视和文化艺术的经营性文化事业单位转制为企业的，自转制注册之日起免征企业所得税。

本项目执行"预缴享受，年度备案"方式。主要留存备查资料包括：①企业转制方案文件；②有关部门对文化体制改革单位转制方案批复文件；③整体转制前已进行事业单位法人登记的，同级机构编制管理机关核销事业编制的证明，以及注销事业单位法人的证明；④企业转制的工商登记情况；⑤企业与职工签订的劳动合同；⑥企业缴纳社会保险费记录；⑦有关部门批准引入非公有资本、境外资本和变更资本结构的批准函；⑧同级文化体制改革和发展工作领导小组办公室出具的同意变更函（已认定发布的转制文化企业名称发生变更，且主营业务未发生变化的）。

28．动漫企业自主开发、生产动漫产品定期减免企业所得税

生产动漫产品，可申请享受国家现行鼓励软件产业发展的所得税优惠政策。即在2017年12月31日前自获利年度起，第一年至第二年免征企业所得税，第三年至第五年按照25%的法定税率减半征收企业所得税，并享受至期满为止。

本项目执行"预缴享受，年度备案"方式。主要留存备查资料包括：①动漫企业认定证明；②动漫企业认定资料；③动漫企业年审通过名单；④获利年度情况说明。

29．技术先进型服务企业减按15%的税率征收企业所得税

在北京、天津、上海、重庆、大连、深圳、广州、武汉、哈尔滨、成都、南京、西安、济南、杭州、合肥、南昌、长沙、大庆、苏州、无锡、厦门等21个中国服务外包示范城市，对经认定的技术先进型服务企业，减按15%的税率征收企业所得税。

本项目执行"预缴享受，年度备案"方式。主要留存备查资料包括：①技术先进型服务企业资格证书；②技术先进型服务企业认定资料；③各年度技术先进型服务业务收入总额、离岸服务外包业务收入总额占本企业当年收入总额比例情况说明。

30．新疆困难地区新办企业定期减免企业所得税

对在新疆困难地区新办的属于《新疆困难地区重点鼓励发展产业企业所得税优惠目录》范围内的企业，自取得第一笔生产经营收入所属纳税年度起，第一年至第二年免征企业所得税，第三年至第五年减半征收企业所得税。

31．新疆喀什、霍尔果斯特殊经济开发区新办企业定期免征企业所得税

对在新疆喀什、霍尔果斯两个特殊经济开发区内新办的属于《新疆困难地区重点鼓励发展产业企业所得税优惠目录》范围内的企业，自取得第一笔生产经营收入所属纳税年度起，五年内免征企业所得税。

32．支持和促进重点群体创业就业企业限额减征企业所得税

商贸等企业，在新增加的岗位中，当年新招用持《就业创业证》或《就业失业登记证》人员，与其签订一年以上期限劳动合同并依法缴纳社会保险费的，在3年内按实际招用人数予以定额依次扣减营业税、城市维护建设税、教育费附加、地方教育附加和企

业所得税。纳税年度终了，如果纳税人实际减免的营业税、城市维护建设税、教育费附加和地方教育附加小于核定的减免税总额，纳税人在企业所得税汇算清缴时，以差额部分扣减企业所得税。当年扣减不足的，不再结转以后年度扣减。

> **特别提醒** 本项目执行"汇缴享受"方式。主要留存备查资料包括：①劳动保障部门出具《企业实体吸纳失业人员认定证明》；②劳动保障部门出具的《持就业失业登记证人员在企业预定工作时间表》；③就业人员的《就业创业证》或《就业失业登记证》；④招用失业人员劳动合同或服务协议；⑤为招用失业人员缴纳社保证明材料；⑥企业工资支付凭证；⑦每年度享受货物与劳务税抵免情况说明及其相关申报表；⑧省税务机关规定的其他资料。

33．扶持自主就业退役士兵创业就业企业限额减征企业所得税

商贸等企业，在新增加的岗位中，当年新招用自主就业退役士兵，与其签订1年以上期限劳动合同并依法缴纳社会保险费的，在3年内按实际招用人数予以定额依次扣减营业税、城市维护建设税、教育费附加、地方教育附加和企业所得税。纳税年度终了，如果企业实际减免的营业税、城市维护建设税、教育费附加和地方教育附加小于核定的减免税总额，企业在企业所得税汇算清缴时扣减企业所得税。当年扣减不足的，不再结转以后年度扣减。

> **特别提醒** 本项目执行"汇缴享受"方式。主要留存备查资料包括：①新招用自主就业退役士兵的《中国人民解放军义务兵退出现役证》或《中国人民解放军士官退出现役证》；②企业与新招用自主就业退役士兵签订的劳动合同（副本）；③企业为实际雇佣自主就业退役士兵缴纳的社会保险费记录；④企业工资支付凭证；⑤每年度享受货物与劳务税抵免情况说明及其相关申报表；⑥省税务机关规定的其他资料。

34．集成电路线宽小于0.8微米（含）的集成电路生产企业定期减免企业所得税

集成电路线宽小于0.8微米（含）的集成电路生产企业，经认定后，在2017年12月31日前自获利年度起计算优惠期，第一年至第二年免征企业所得税，第三年至第五年按照25%的法定税率减半征收企业所得税，并享受至期满为止。

> **特别提醒** 本项目执行"预缴享受，年度备案"方式。主要留存备查资料包括：①集成电路线宽小于0.8微米（含）的集成电路生产企业认定证明（或其他相关证明材料）；②省税务机关规定的其他资料。

35．线宽小于0.25微米的集成电路生产企业减按15%税率征收企业所得税

线宽小于0.25微米的集成电路生产企业，经认定后，减按15%的税率征收企业所得税。

> **特别提醒** 本项目执行"预缴享受，年度备案"方式。主要留存备查资料包括：①线宽小于0.25微米的集成电路生产企业认定证明（或其他相关证明材料）；②省税务机关规定的其他资料。

36. 投资额超过 80 亿元的集成电路生产企业减按 15%税率征收企业所得税

投资额超过 80 亿元的集成电路生产企业，经认定后，减按 15%的税率征收企业所得税。

> 特别提醒　本项目执行"预缴享受，年度备案"方式。主要留存备查资料包括：①投资额超过 80 亿元的集成电路生产企业认定证明（或其他相关证明材料）；②省税务机关规定的其他资料。

37. 线宽小于 0.25 微米的集成电路生产企业定期减免企业所得税

线宽小于 0.25 微米的集成电路生产企业，经认定后，经营期在 15 年以上的，在 2017 年 12 月 31 日前自获利年度起计算优惠期，第一年至第五年免征企业所得税，第六年至第十年按照 25%的法定税率减半征收企业所得税，并享受至期满为止。

> 特别提醒　本项目执行"预缴享受，年度备案"方式。主要留存备查资料包括：①线宽小于 0.25 微米的集成电路生产企业认定证明（或其他相关证明材料）；②省税务机关规定的其他资料。

38. 投资额超过 80 亿元的集成电路生产企业定期减免企业所得税

投资额超过 80 亿元的集成电路生产企业，经认定后，经营期在 15 年以上的，在 2017 年 12 月 31 日前自获利年度起计算优惠期，第一年至第五年免征企业所得税，第六年至第十年按照 25%的法定税率减半征收企业所得税，并享受至期满为止。

> 特别提醒　本项目执行"预缴享受，年度备案"方式。主要留存备查资料包括：①投资额超过 80 亿元的集成电路生产企业认定证明（或其他相关证明材料）；②省税务机关规定的其他资料。

39. 新办集成电路设计企业定期减免企业所得税

我国境内新办的集成电路设计企业，经认定后，在 2017 年 12 月 31 日前自获利年度起，第一年至第二年免征企业所得税，第三年至第五年按照 25%的法定税率减半征收企业所得税，并享受至期满为止。

> 特别提醒　本项目执行"预缴享受，年度备案"方式。主要留存备查资料包括：①集成电路设计企业认定文件或其他相关证明资料；②省税务机关规定的其他资料。

40. 符合条件的集成电路封装、测试企业定期减免企业所得税

符合条件的集成电路封装、测试企业，在 2017 年（含 2017 年）前实现获利的，自获利年度起，第一年至第二年免征企业所得税，第三年至第五年按照 25%的法定税率减半征收企业所得税，并享受至期满为止；2017 年前未实现获利的，自 2017 年起计算优惠期，享受至期满为止。

> 特别提醒　本项目执行"预缴享受，年度备案"方式。主要留存备查资料包括：①省级相关部门根据发展改革委等部门规定办法出具的证明；②省税务机关规定的其他资料。

41. 符合条件的集成电路关键专用材料生产企业、集成电路专用设备生产企业定期减免企业所得税

符合条件的集成电路关键专用材料生产企业、集成电路专用设备生产企业，在 2017 年（含 2017 年）前实现获利的，自获利年度起，第一年至第二年免征企业所得税，第三年至第五年按照 25% 的法定税率减半征收企业所得税，并享受至期满为止；2017 年前未实现获利的，自 2017 年起计算优惠期，享受至期满为止。

> **特别提醒** 本项目执行"预缴享受，年度备案"方式。主要留存备查资料包括：①省级相关部门根据发展改革委等部门规定办法出具的证明；②省税务机关规定的其他资料。

42. 符合条件的软件企业定期减免企业所得税

我国境内符合条件的软件企业，经认定后，在 2017 年 12 月 31 日前自获利年度起，第一年至第二年免征企业所得税，第三年至第五年按照 25% 的法定税率减半征收企业所得税，并享受至期满为止。

> **特别提醒** 本项目执行"预缴享受，年度备案"方式。主要留存备查资料包括：①软件企业认定文件或其他相关证明资料；②省税务机关规定的其他资料。

43. 国家规划布局内重点软件企业可减按 10% 的税率征收企业所得税

国家规划布局内的重点软件企业，如当年未享受免税优惠的，可减按 10% 的税率征收企业所得税。

> **特别提醒** 本项目执行"预缴享受，年度备案"方式。主要留存备查资料包括：①国家规划布局内的软件企业认定文件或其他相关证明资料；②省税务机关规定的其他资料。

44. 国家规划布局内集成电路设计企业可减按 10% 的税率征收企业所得税

国家规划布局内的集成电路设计企业，如当年未享受免税优惠的，可减按 10% 的税率征收企业所得税。

> **特别提醒** 本项目执行"预缴享受，年度备案"方式。主要留存备查资料包括：①国家规划布局内的集成电路设计企业认定文件或其他相关证明资料；②省税务机关规定的其他资料。

45. 设在西部地区的鼓励类产业企业减按 15% 的税率征收企业所得税

对设在西部地区的鼓励类产业企业减按 15% 的税率征收企业所得税。对设在赣州市的鼓励类产业的内资企业和外商投资企业减按 15% 的税率征收企业所得税。

> **特别提醒** 本项目执行"预缴享受，年度备案"方式。主要留存备查资料包括：①主营业务属于《西部地区鼓励类产业目录》中的具体项目的相关证明材料；②符合目录的主营业务收入占企业收入总额 70% 以上的说明；③省税务机关规定的其他资料。

46．符合条件的生产和装配伤残人员专门用品企业免征企业所得税

特别提醒 本项目执行"预缴享受，年度备案"方式。主要留存备查资料包括：①生产和装配伤残人员专门用品，在民政部《中国伤残人员专门用品目录》范围之内的说明；②伤残人员专门用品制作师名册、《执业资格证书》（假肢、矫形器需准备）；③企业的生产和装配条件以及帮助伤残人员康复的其他辅助条件的说明材料。

47．广东横琴、福建平潭、深圳前海等地区的鼓励类产业企业减按15%税率征收企业所得税

对设在广东横琴新区、福建平潭综合实验区和深圳前海深港现代服务业合作区的鼓励类产业企业减按 15%的税率征收企业所得税。

特别提醒 本项目执行"预缴享受，年度备案"方式。主要留存备查资料包括：①主营业务属于企业所得税优惠目录中的具体项目的相关证明材料；②符合目录的主营业务收入占企业收入总额 70%以上的说明；③广东横琴新区、福建平潭综合实验区和深圳前海深港现代服务业合作区税务机关要求提供的其他资料。

48．购置用于环境保护、节能节水、安全生产等专用设备的投资额按一定比例实行税额抵免

企业购置并实际使用《环境保护专用设备企业所得税优惠目录》、《节能节水专用设备企业所得税优惠目录》和《安全生产专用设备企业所得税优惠目录》规定的环境保护、节能节水、安全生产等专用设备的，该专用设备的投资额的10%可以从企业当年的应纳税额中抵免；当年不足抵免的，可以在以后 5 个纳税年度结转抵免。享受上述规定的企业所得税优惠的企业，应当实际购置并自身实际投入使用前款规定的专用设备；企业购置上述专用设备在 5 年内转让、出租的，应当停止享受企业所得税优惠，并补缴已经抵免的企业所得税税款。

特别提醒 本项目执行"汇缴享受"方式。主要留存备查资料包括：①购买并自身投入使用的专用设备清单及发票；②以融资租赁方式取得的专用设备的合同或协议；③专用设备属于《环境保护专用设备企业所得税优惠目录》、《节能节水专用设备企业所得税优惠目录》或《安全生产专用设备企业所得税优惠目录》中的具体项目的说明；④省税务机关规定的其他资料。

【案例分析 5-3】某增值税一般纳税人生产企业，2016 年 6 月购置一套环保专用设备，取得增值税专用发票注明价款 1 000 万元、增值税 170 万元。该设备属于《环境保护专用设备企业所得税优惠目录》规定的专用设备，并符合税额抵免条件。如果 2016 年该企业应纳税所得额为 240 万元，企业所得税税率为 25%。分析计算该企业 2016 年应缴企业所得税额。

分析：根据《税法》规定，可抵免税额总额=1 000×10%=100（万元）

2016 年该企业抵免前应纳企业所得税额=240×25%=60（万元）

当年实际抵免额=60（万元）

当年抵免后实际应缴企业所得税额=60－60=0（万元）

当年尚未抵完税额40万元，可以结转以后年度抵免。

49．固定资产或购入软件等可以加速折旧或摊销

由于技术进步，产品更新换代较快的固定资产；常年处于强震动、高腐蚀状态的固定资产，企业可以采取缩短折旧年限或者采取加速折旧的方法。集成电路生产企业的生产设备，其折旧年限可以适当缩短，最短可为3年（含）。企业外购的软件，凡符合固定资产或无形资产确认条件的，可以按照固定资产或无形资产进行核算，其折旧或摊销年限可以适当缩短，最短可为2年（含）。

> **特别提醒** 本项目执行"税会处理一致的，自预缴享受；税会处理不一致的，汇缴享受"的方式。主要留存备查资料包括：①固定资产的功能、预计使用年限短于规定计算折旧的最低年限的理由、证明资料及有关情况的说明；②被替代的旧固定资产的功能、使用及处置等情况的说明；③固定资产加速折旧拟采用的方法和折旧额的说明；④集成电路生产企业认定证书（集成电路生产企业的生产设备适用本项优惠）；⑤拟缩短折旧或摊销年限情况的说明（外购软件缩短折旧或摊销年限）；⑥省税务机关规定的其他资料。

50．固定资产加速折旧或一次性扣除

对生物药品制造业，专用设备制造业，铁路、船舶、航空航天和其他运输设备制造业，计算机、通信和其他电子设备制造业，仪器仪表制造业，信息传输、软件和信息技术服务业，轻工、纺织、机械、汽车等行业企业新购进的固定资产，可缩短折旧年限或采取加速折旧的方法。对所有行业企业新购进的专门用于研发的仪器、设备，单位价值不超过100万元的，允许一次性计入当期成本费用在计算应纳税所得额时扣除，不再分年度计算折旧；单位价值超过100万元的，可缩短折旧年限或采取加速折旧的方法。对所有行业企业持有的单位价值不超过5000元的固定资产，允许一次性计入当期成本费用在计算应纳税所得额时扣除，不再分年度计算折旧。

> **特别提醒** 本项目执行"预缴享受，年度备案"方式。主要留存备查资料包括：①企业属于重点行业、领域企业的说明材料（以某重点行业业务为主营业务，固定资产投入使用当年主营业务收入占企业收入总额50%（不含）以上）；②购进固定资产的发票、记账凭证等有关凭证、凭据（购入已使用过的固定资产，应提供已使用年限的相关说明）等资料；③核算有关资产税法与会计差异的台账；④省税务机关规定的其他资料。

三、计税依据确定

企业所得税的计税依据是企业的应纳税所得额。应纳税所得额是企业每一纳税年度的收入总额，减去不征税收入、免税收入、各项扣除以及允许弥补的以前年度亏损后的余额。计算公式为

应纳税所得额=收入总额-不征税收入-免税收入-各项扣除-允许弥补的以前年度亏损

计算应纳税所得额的依据是税收法律法规。当企业财务会计制度规定与税收法律规定不一致时，计算应纳税所得额时应以税收法规为依据。企业所得税纳税申报实务中，应纳税所得额是在企业会计利润总额的基础上加减纳税调整额后计算获得。计算公式为

$$应纳税所得额 = 利润总额 + 纳税调整增加额 - 纳税调整减少额 +$$
$$境外应税所得弥补境内亏损 - 弥补以前年度亏损$$

（一）收入总额确定

收入总额是企业以货币形式或非货币形式取得的各种收入。包括销售货物收入、提供劳务收入、转让财产收入、股息红利等权益性收入、利息收入、租金收入、特许权使用费收入、接受捐赠收入和其他收入。

1．收入总额确认的一般规定

（1）销售货物收入的确认。销售货物收入是指企业销售商品、原材料、包装物、低值易耗品以及其他存货取得的收入。

《企业所得税法》规定，企业销售商品同时满足下列条件的，应确认收入：商品销售合同已经签订，企业已将与商品所有权相关的主要风险和报酬转移给购货方；企业对已售出的商品既没有保留通常与所有权相联系的继续管理权，也没有实施有效控制；收入的金额能够可靠计量；已发生或将发生的销售成本能够可靠计量。

> **特别提醒**　销售商品收入的具体确认时间：托收承付方式的，为办妥托收手续时；预收款方式的，为发出商品时；分期收款方式销售的，为合同约定的收款日期当天；销售商品需要安装和检验的，为购买方安装检验完毕时，若安装程序比较简单，也可在发出商品时确认；以支付手续费方式委托代销的，为收到代销清单时。

（2）提供劳务收入的确认。提供劳务收入是指企业从事建筑安装、金融保险、交通运输、邮电通信等各种劳务活动取得的收入。《企业所得税法》对满足收入确认条件的劳务收入实现时间具体规定如下。

① 安装费，应根据安装完工进度确认收入；若安装工作是商品销售附带条件，安装费应在确认商品销售实现时同时确认收入。

② 宣传媒介收费，应在相关广告或商业行为出现在公众面前时确认收入；广告制作费，应根据广告制作的完工进度确认收入。

③ 软件费，为特定客户开发软件的收费，应根据开发的完工进度确认收入。

④ 服务费，包含在商品售价内可区分的服务费，应在提供服务期间分期确认收入。

⑤ 艺术表演、宴会招待和其他特殊活动的收费，应在相关活动发生时确认收入。收费涉及几项活动的，其款项应合理分配给每项活动分别确认收入。

⑥ 会员费，申请入会或加入会员只取得会籍，所有其他服务或商品都要另行收费的，应在取得该会员费时确认收入。申请入会或加入会员后，会员在受益期内不再付费就可得到各种服务或商品的，或以低于非会员的价格销售商品或提供服务的，该会员费应在整个受益期内分期确认收入。

⑦ 特许权费，属于提供设备和其他有形资产的特许权费，在交付资产或转移资产所有权时确认收入；属于提供初始及后续服务的特许权费，在提供服务时确认收入。

⑧ 劳务费，长期为客户提供重复劳务而收取的劳务费，在相关劳务活动发生时确认收入。

（3）转让财产收入的确认。转让财产收入是指企业转让固定资产、生物资产、无形资产、股权、债权等财产取得的收入。企业转让股权收入，应于转让协议生效且完成股权变更手续时确认收入。

（4）股息、红利等权益性投资收益的确认。股息、红利等权益性投资收益是指企业因权益性投资从被投资方取得的收益。股息、红利等权益性投资收益，除国务院财政、税务主管部门另有规定外，应在被投资方作出利润分配决定的日期确认收入，其金额应按从被投资方分配的股息、红利和其他利润全额确定。企业如果用其他方式变相进行利润分配的，应将权益性投资的全部收益款作为股息、红利收益。

（5）利息收入的确认。利息收入是指企业将资金提供他人使用但不构成权益性投资，或因他人占用本企业资金取得的收入。利息收入应在合同约定债务人应付利息的日期确认，其金额应按照有关借款合同或协议约定的金额确定。

（6）租金收入的确认。租金收入是指企业提供固定资产、包装物或其他有形资产的使用权取得的收入。租金收入应在合同约定承租人应付租金的日期确认，其金额应按有关租赁合同或协议约定的金额全额确定。

（7）特许权使用费收入的确认。特许权使用费收入是指企业提供专利权、非专利技术、商标权、著作权以及其他特许权的使用权取得的收入。特许权使用费收入应在合同约定特许权使用人应付特许权使用费的日期确认收入，其金额应按有关合同或协议约定的金额全额确定。

（8）接受捐赠收入的确认。接受捐赠收入是指企业接受的来自其他企业、组织或个人无偿给予的货币性资产、非货币性资产。接受捐赠收入应在实际收到捐赠资产的日期确认收入，其金额应按捐赠资产的公允价值确定。

（9）其他收入的确认。其他收入是指企业取得的除上述收入外的其他收入，包括企业资产溢余收入、逾期未退还包装物押金、确实无法偿付的应付款项、债务重组收入、补贴收入、违约金收入、汇兑收益等。其他收入的金额按实际收入或相关资产的公允价值确定。

2．收入总额确定的特殊规定

（1）以售后回购方式销售商品的，销售商品应按售价确认收入，回购商品应作购进商品处理。

（2）以旧换新方式销售商品的，销售商品应按销售商品收入一般确认规则确认收入，回收商品应作购进商品处理。

（3）以商业折扣条件销售商品的，应按扣除商业折扣后的金额确定销售商品收入，但折扣额与原价必须开在同一发票上的"金额"栏分别注明，仅在发票的"备注"栏注明折扣额的，折扣额不得从销售额中减除。

（4）以现金折扣条件销售商品的，应按扣除现金折扣前的金额确定销售商品收入，现金折扣在实际发生时计入财务费用。

（5）企业已经确认销售收入的商品发生销售折让或销售退回的，应当冲减发生折让或退回当期的销售商品收入。

（6）以买一赠一等方式组合销售商品的，应将全部销售金额按各项商品的公允价值的比例分摊确认各项商品销售收入。

（7）采取产品分成方式取得收入的，应在企业分得产品时确认收入，其收入额按产品公允价值确定。

（8）企业受托加工制造大型机械设备、船舶、飞机等，以及从事建筑、安装、装配工程作业或提供劳务等，持续时间超过 12 个月的，按纳税年度内完工进度或完成的工作量确认收入。

（9）企业发生非货币性资产交换，以及将货物、财产、劳务用于捐赠、偿债、赞助、集资、广告、样品、职工福利和进行利润分配等用途的，应当视同销售货物、转让财产和提供劳务处理。

3．视同销售收入的确定

视同销售收入是指会计上不作销售核算，但税收上应作为应税收入缴纳企业所得税的收入。《企业所得税法》规定，企业发生非货币性资产交换，及将货物、财产、劳务用于捐赠、偿债、赞助、集资、广告、样品、职工福利或利润分配等用途的，应当视同销售货物、转让财产或提供劳务，但国务院财政、税务主管部门另有规定的除外。

国家税务总局国税函〔2008〕828 号对企业处置资产是否作为企业所得税视同销售处理，以"资产所有权属在形式和实质上是否改变为原则"具体明确如下：

（1）企业发生下列情形的处置资产，除将资产转移至境外以外，由于资产所有权属在形式和实质上均不发生改变，应作为内部处置资产，不视同销售确认收入，相关资产的计税基础延续计算：将资产用于生产、制造、加工另一产品；改变资产形状、结构或性能；改变资产用途；将资产在总机构及其分支机构之间转移；上述两种或两种以上情形的混合；其他不改变资产所有权属的用途。

（2）企业将资产移送他人的下列情形，因资产所有权属已发生改变，应按视同销售确认收入：用于市场推广或销售；用于交际应酬；用于职工奖励或福利；用于股息分配；用于对外捐赠；其他改变所有权属的用途。

（3）视同销售行为的计税收入额按下列规定确认：企业自制的资产，按企业同类资产同期对外销售价格确定销售收入；企业外购资产或服务不以销售为目的，用于替代职工福利费用支出，且购置后在一个纳税年度内处置的，可以按照购入价格确认视同销售收入。

【案例分析 5-4】 A 公司于 2016 年 1 月 1 日将自产商品捐赠给当地福利院，该批商品的成本 100 万元，市场不含税销售价 200 万元。A 公司按企业会计准则规定账务处理未确认销售收入。A 公司上述行为是否属于企业所得税的视同销售行为？应作怎样的纳税调整？

分析： 根据企业所得税法规定，企业以自产货物对外捐赠，资产的所有权发生了转变，属于企业所得税视同销售行为，应确认销售收入 200 万元、销售成本 100 万元，则 A 公司在计算企业所得税时，应调增应纳税所得额 100 万元。

请你比较所得税法规下的视同销售行为与增值税法规下的视同销售行为的异同。

（二）不征税收入

不征税收入是指排除在应税收入总额之外的、非经营活动或非营利活动带来的经济利益流入。包括如下内容。

（1）财政拨款，是指各级人民政府对纳税人预算管理事业单位、社会团体等组织拨付的财政资金。

（2）依法收取并纳入财政管理的行政事业性收费和政府性基金。行政事业性收费，是指依照法律法规等有关规定，按照国务院规定的程序批准，在实施社会公共管理，以及在向公民、法人或其他组织提供特定公共服务过程中，向特定对象收取并纳入财政管理的费用。政府性基金，是指企业依照法律、行政法规等有关规定，代政府收取的具有专项用途的财政资金。

（3）国务院规定的其他不征税收入，是指企业取得的，由国务院财政、税务主管部门规定专项用途并经国务院批准的财政性资金。财政性资金，是指企业取得的来源于政府及其相关部门的财政补助、补贴、贷款贴息，以及其他各类财政专项资金，包括直接减免的增值税和即征即退、先征后退、先征后返的各种税收，但不包括企业按规定取得的出口退税款。

特别提醒 企业的不征税收入用于支出所形成的费用或者财产，不得扣除或者计算对应的折旧、摊销扣除。

（三）免税收入

免税收入是指企业发生的根据税收规定免征企业所得税的收入。免税收入的具体项目在前面企业所得税优惠政策部分已述及，现举例如下。

【案例分析5-5】 某日化公司2016年取得国债利息收入100万元。分析该公司在申报企业所得税时对该笔利息收入所做的纳税调整。

分析： 根据会计制度规定，公司取得的国债利息收入作为"投资收益"计入当年的销售（营业）收入，因此，在计算的年度利润总额中包含了100万元的利息收入。但根据税法规定，100万元的利息收入属于"免税收入"，在计算"应纳税所得额"时，应在利润总额的基础上调减100万元。

【案例分析5-6】 境内甲公司（居民企业，适用企业所得税税率为25%）持有境内乙公司（居民企业，适用企业所得税税率为15%）10%的股权，2016年甲公司从乙公司分回60万元的红利，并作"投资收益"入账。甲公司在汇算清缴2016年度企业所得税时，对该红利将作怎样的纳税调整？

分析： 甲公司分得的60万元的红利为税后利润，根据税法规定，60万元的红利对于甲公司来说属于免税收入。由于会计上已将收到的红利作为当年的"投资收益"入账，增加了利润总额，因此，甲公司在计算"应纳税所得额"时，应在利润总额的基础上调减60万元的红利所得。

（四）扣除项目

1．准予扣除项目确定的基本原则

除税收法规另有规定外，准予扣除项目的确认一般应遵循以下原则：

（1）权责发生制原则，即纳税人应在费用发生时而不是实际支付时申报扣除。

（2）配比原则，即纳税人发生的费用应在费用应配比或应分配的当期申报扣除。

（3）相关性原则，即纳税人可扣除的费用从性质和根源上必须与取得应税收入相关。

（4）确定性原则，即纳税人可扣除的费用不论何时支付，其金额必须是确定的。

（5）合理性原则，即纳税人可扣除费用的计算和分配方法应符合一般的经营常规和会计惯例。

2．准予扣除项目的基本内容

在计算应纳税所得额时准予从收入总额中扣除项目的基本内容，是指纳税人每一纳税年度发生的与取得应纳税收入相关的所有必要和正常的成本、费用、税金、损失和其他支出。

（1）成本，是指企业销售商品、提供劳务、转让固定资产、无形资产的成本，包括视同销售成本。

（2）费用，是指企业每一个纳税年度为生产、经营商品和提供劳务等发生的销售费用、管理费用和财务费用。

（3）税金，是指企业发生的除企业所得税和允许抵扣的增值税以外的各项税金及其附加。

（4）损失，是指企业在生产经营活动中发生的固定资产和存货的盘亏、毁损、报废损失，转让财产损失，呆账损失，坏账损失，自然灾害等不可抗力因素造成的损失以及其他损失。

企业发生的损失，减除责任人赔偿和保险赔款后的余额，依照国务院财政、税务主管部门的规定扣除。企业已经作为损失处理的资产，在以后纳税年度又全部或部分收回的，应计入当期收入纳税。

（5）其他支出，是指除成本、费用、税金、损失外，企业在生产经营活动中发生的与生产经营活动有关的、合理的支出。

> **特别提醒** 上述准予扣除项目的基本内容，会计上通常在"主营业务成本""其他业务成本""销售费用""管理费用""财务费用""营业税金及附加""营业外支出"账户中反映，当会计准则规定与税法规定不一致时，应当进行纳税调整。

3．限额扣除的项目

（1）工资薪金支出。企业发生的合理的工资薪金支出准予扣除。

合理的工资薪金是指企业按照股东大会、董事会、薪酬委员会或相关管理机构制订的工资薪金制度规定的，实际发放给员工的工资薪金。其合理性按以下原则确定：

企业制订了较为规范的员工工资薪金制度；工资薪金制度符合行业及地区水平；企业在一定时期所发放的工资薪金相对固定，工资薪金的调整有序进行；企业对实际发放

的工资薪金，依法履行了代扣代缴个人所得税义务；有关工资薪金的安排，不以减少或逃避税款为目的。

（2）三项费用支出，即职工福利费、职工教育经费和工会经费。

企业发生的职工福利费支出，不超过工资薪金总额14%的部分，准予扣除，超过部分不得扣除。

企业发生的职工教育经费支出，除国务院财政、税务主管部门另有规定外，不超过工资薪金总额2.5%的部分，准予扣除；超过部分，准予在以后纳税年度结转扣除。

企业拨缴的工会经费，不超过工资薪金总额2%的部分，准予扣除，超过部分不得扣除。

【案例分析5-7】某居民企业2016年工资、薪金实际支出总额200万元；"三项经费"支出合计43万元，其中，福利费支出33万元，拨缴的工会经费6万元（已取得工会拨缴收据），实际发生职工教育经费4万元。请分析该企业在计算2016年应纳税所得额时，"三项经费"的税前调整扣除额分别是多少？

分析：福利费扣除限额=200×14%=28（万元），福利费超支额=33-28=5（万元）

工会经费扣除限额=200×2%=4（万元），工会经费超支额=6-4=2（万元）

职工教育经费扣除限额=200×2.5%=5（万元），职工教育经费未超支。

因此，在计算应纳税所得额时，应在会计利润基础作如下调整：

福利费支出调增5万元，工会经费支出调增2万元，职工教育经费支出不需调整，合计调增应纳税所得额=7万元。

（3）社会保障支出。企业依照国务院有关主管部门或省级人民政府规定的范围和标准为职工缴纳的基本养老保险费、基本医疗保险费、失业保险费、工伤保险费、生育保险费等基本社会保险费和住房公积金，准予扣除。

企业根据国家有关规定，为本企业任职或者受雇的员工支付的补充养老保险费、补充医疗保险费，分别在不超过职工工资总额5%标准内的部分，准予扣除；超过部分，不得扣除。

（4）借款费用。企业在生产经营活动中发生的合理的不需要资本化的借款费用，准予扣除。企业为购置建造固定资产、无形资产和经过12个月以上的建造才能达到预定可销售状态的存货发生借款的，在有关资产购置、建造期间发生的合理借款费用，应作为资本性支出计入有关资产的成本，并依照《企业所得税法》的规定间接扣除，不得直接扣除。

实际执行应注意以下问题。

① 非金融企业向金融企业借款的利息支出、金融企业的各项存款利息支出和同业拆借利息支出、企业经批准发行债券的利息支出，准予扣除。非金融企业向非金融企业借款的利息支出，不超过按照金融企业同期同类贷款利率计算的部分，准予扣除。

② 企业向股东或其他与企业有关联关系的自然人借款而实际发生的利息支出,若其接受关联方债权性投资与其权益性投资比例不超过规定比例（金融企业5:1，其他企业2:1）和税法及实施条例有关规定计算的部分，准予扣除；超过部分，不得在发生当期和以后年度扣除。但如果企业能够按照税法及实施条例的有关规定计算并提供相关资料，证明其交易活动符合独立交易原则的，或者该企业实际税负不高于境内关联方的，其实际支付给境内关联方的利息支出，在计算应纳税所得额时准予扣除。上述"税法及实施

条例有关规定计算部分"是指按照金融企业同期同类贷款利率计算的部分。

③ 企业向内部职工或其他人员借款的利息支出,其借款情况同时符合以下两个条件的,其利息支出在不超过按照金融企业同期同类贷款利率计算的部分,准予扣除:第一,企业与个人之间的借贷是真实、合法、有效的;第二,企业与个人之间签订了借款合同。

【案例分析 5-8】某居民企业 2016 年度"财务费用"账户资料显示如下两笔借款:①向银行借入生产用资金 200 万元,借款期限 6 个月,支付借款利息 7 万元;②为建造厂房,经批准自当年 5 月 1 日起向本企业职工筹集资金 60 万元,该厂房建设工程于 10 月 1 日达到预定可使用状态,10 月 31 日办理竣工决算,借款期限 8 个月,共支付利息 4.8 万元。请对上述财务费用税前扣除进行纳税分析。

分析:非金融企业向金融企业借款的利息支出准予扣除,因此向银行借入的生产用资金产生的 7 万元利息可在税前全额扣除。

企业在生产经营活动中发生的资本化的借款费用不得直接扣除。非金融企业向非金融企业借款的利息支出,不超过按照金融企业同期同类贷款利率(即 7%)计算的部分准予扣除。因此,集资建房利息支出税前扣除限额 $= 60 \times 7\% \times 2 \div 12 = 0.7$(万元)。

因此,在计算应纳税所得额时,应在会计利润基础上调增纳税所得额 $= 4.8 - 0.7 = 4.1$(万元)。

(5)业务招待费。企业发生的与生产经营活动有关的业务招待费支出,按照发生额的 60% 扣除,但最高不得超过当年销售(营业)收入的 5‰。

当年销售(营业)收入是指企业根据国家统一会计制度确认的当年主营业务收入、其他业务收入,以及根据《税法》规定确认的商品劳务的视同销售收入。

【案例分析 5-9】某企业 2016 年实际发生的与经营活动有关的业务招待费 100 万元,该企业当年营业收入总额为 5 000 万元。请计算该企业业务招待费税前扣除限额及应调整的应纳税所得额。

分析:企业实际发生的业务招待费的 $60\% = 100 \times 60\% = 60$(万元)

当年营业收入的 $0.5\% = 5\,000 \times 0.5\% = 25$(万元)

业务招待费税前扣除限额 $= 25$(万元)

因此,在计算应纳税所得额时,应在会计利润基础上调增纳税所得额 $= 100 - 25 = 75$(万元)。

(6)广告费和业务宣传费。企业发生的符合条件的广告费和业务宣传费支出,除国务院财政、税务主管部门另有规定外,不超过当年销售(营业)收入 15% 的部分准予扣除;超过部分准予在以后纳税年度结转扣除。

【案例分析 5-10】某公司 2016 年账务资料显示:销售收入 2 000 万元,转让技术使用权收入 500 万元,销售费用中广告宣传费支出 550 万元。请计算广告宣传费税前扣除额及应调整的应纳税所得额。

分析:广告业务宣传费税前扣除限额 $=$(2 000+500) $\times 15\% = 375$(万元)

广告业务宣传费超支额 $= 550 - 375 = 175$(万元)

因此,在计算应纳税所得额时,应在会计利润基础上调增纳税所得额 $= 175$(万元)。

(7)公益性捐赠支出。企业发生的公益性捐赠支出,在年度利润总额 12% 以内的部分，准予在计算应纳税所得额时扣除。年度利润总额是指企业按国家统一会计制度规定计算的年度利润总额。允许税前扣除的捐赠支出必须同时符合下列条件：

① 必须是公益性捐赠。所谓公益性捐赠是指企业通过公益性社会团体或县级以上人民政府及其部门，用于《中华人民共和国公益事业捐赠法》规定的公益事业的捐赠。

② 公益性捐赠应取得中央或省级财政部门统一印制的捐赠票据，且由法定的接受捐赠或转赠单位加盖财务专用章。

③ 可税前扣除的捐赠应是间接捐赠而非直接捐赠，即必须通过公益性社会团体或县级以上人民政府及其部门转赠。直接向受赠者的捐赠（即赞助支出）不得税前扣除。

④ 必须是当年实际发生的符合条件的公益性捐赠。对于提而未付的部分，即使未超过税前扣除标准，也应不得扣除。

【案例分析 5-11】某企业 2016 年按国家统一会计制度计算的利润总额为 300 万元。当年"营业外支出"账户列支的捐赠支出数据如下：直接捐助某失学儿童 1 万元；通过民政局对受灾地区捐赠 40 万元。请分析该企业在计算应纳税所得额时允许扣除的捐赠支出金额。

分析：捐助失学儿童支出不属于公益捐赠，不得税前扣除，在计算应纳税所得额时，应在会计利润的基础上调增应纳税所得额 1 万元。

通过民政局的捐赠属于公益性捐赠，按税法规定，其税前扣除限额=300×12%=36（万元）。

超支公益性捐赠额=40-36=4（万元），在计算应纳税所得额时，应在会计利润的基础上调增应纳税所得额 4 万元。

上述业务合计调增应纳税所得额=1+4=5（万元）。

（8）环境保护、生态恢复等专项资金。企业依法提取的环境保护、生态恢复等方面的专项资金，准予扣除。但上述专项资金提取后改变用途的，不得扣除。

（9）管理费支出。非居民企业在中国境内设立机构、场所，就其中国境外总机构发生的与该机构、场所生产经营有关的费用，能够提供总机构出具的费用汇集范围、定额、分配依据和方法等证明文件，并合理分摊的，准予扣除。

（10）手续费、佣金支出。企业发生的手续费及佣金支出，按照以下规定处理：

① 企业发生与生产经营有关的手续费及佣金支出，不超过按照下列规定计算限额的部分，准予扣除；超过部分，不得扣除。

保险企业：财产保险企业按当年全部保费收入扣除退保金等后余额的 15%计算限额；人身保险企业按当年全部保费收入扣除退保金等后余额的 10%计算限额。

其他企业：按与具有合法经营资格中介服务机构或个人所签订服务协议或合同确认的收入金额的 5%计算限额。

② 企业应与具有合法经营资格的中介服务企业或个人签订代办协议或合同，并按国家有关规定支付手续费及佣金。

③ 企业应将支付的手续费及佣金如实入账，不得直接冲减服务协议或合同金额，也不得将手续费及佣金支出计入回扣、业务提成、返利、进场费等费用。

④ 企业应如实向税务机关提供当年手续费及佣金计算分配表和其他相关资料，并依法取得合法真实凭证。

除委托个人代理外，企业以现金等非转账方式支付的手续费及佣金不得在税前扣除。企业为发行权益性证券支付给有关证券承销机构的手续费及佣金不得在税前扣除。企业已计入固定资产、无形资产等相关资产的手续费及佣金支出，应通过折旧、摊销等方式分期扣除，不得在发生当期直接扣除。

4．不得扣除项目

企业所得税法规定的在计算应纳税所得额时不得税前扣除的项目，除前面有述及外，还有以下几项。

（1）向投资者支付的股息、红利等权益性投资收益款项。

（2）企业所得税税款。

（3）税收滞纳金。

（4）罚金、罚款和被没收财物的损失。特指纳税人违反国家有关法律、法规规定，被有关部门处以的罚款，以及被司法机关处以的罚金和被没收财物，即所谓的行政性罚款。

行政性罚款与经营性罚款税前扣除有何区别？

（5）赞助支出，即企业发生的与生产经营活动无关的各种非广告性质支出。

赞助支出与公益性捐赠支出税前扣除有何区别？

（6）未经核定的准备金支出。

（7）企业之间支付的管理费、企业内部营业机构之间支付的租金和特许权使用费，以及非银行企业内部营业机构之间支付的利息。

（8）与取得收入无关的其他支出。

（五）亏损弥补

1．境外应税所得弥补境内亏损

境外应税所得弥补境内亏损是指纳税人在计算缴纳企业所得税时，其境外营业机构的盈利可以弥补境内营业机构的亏损。

即当"利润总额+纳税调整增加额-纳税调整减少额"为负数时，境外应税所得可以用于弥补境内亏损，但最多不得超过企业当年的全部境外应税所得。若为正数时，如以前年度无亏损，则不需要补亏；如以前年度有亏损，则可以弥补以前年度亏损额，最多不得超过企业当年的全部境外应税所得。

2．弥补以前年度亏损

税法所指亏损也称应税亏损，是指企业依照《企业所得税法》规定计算，将每一纳税年度的收入总额减除不征税收入、免税收入和各项扣除后小于零的数额。

税法规定，企业某一纳税年度发生的亏损，可以用下一纳税年度的税前所得弥补，下一纳税年度的税前所得不足弥补的，可以逐年延续弥补，但延续弥补期最长不得超过5年。

实务中应特别注意以下几点。

（1）5年内无论是盈利或亏损，都作为实际弥补期计算。

（2）连续发生年度亏损的，其亏损弥补期应遵守先亏先补的原则按每个年度分别计算，不得将每个亏损年度的连续弥补期相加，更不得断开计算。

（3）企业在汇总计算缴纳企业所得税时，其境外营业机构的亏损不得抵减境内营业机构的盈利；境内被投资方企业的亏损，也不得抵减投资方企业的盈利。

【案例分析 5-12】某公司 2011 年至 2016 年税收亏损（即企业所得税纳税申报表主表"纳税调整后所得额"数据）如下（单位：万元）：

年　　度	2011	2012	2013	2014	2015	2016
税收亏损	-500	-100	200	-100	100	400

请对该公司 2011 年至 2016 年亏损弥补情况进行分析。

分析：2011 年、2012 年和 2014 年为亏损年度，不存在亏损弥补。

2011 年亏损 500 万元，可在 2012 年至 2016 年 5 个年度税前弥补，其中 2013 年弥补 200 万元，2015 年弥补 100 万元，2016 年弥补 200 万元。2012 年亏损 100 万元，在 2016 年全部弥补。2014 年亏损 100 万元，在 2016 年全部弥补。上述弥补处理后 2016 年无余额，无需纳税。

四、税额计算

（一）居民企业适用查账征收方式下应纳所得税额计算

居民企业适用查账征收方式下，企业所得税实行按年计征，分期预缴，年终汇算清缴，多退少补的办法。

1．分期预缴

纳税人按月或按季预缴企业所得税时，应当按月度或季度的实际利润额预缴；按月度或季度实际利润额预缴有困难的，可以按上一纳税年度应纳税所得额的月度或季度的平均额预缴，或按经税务机认可的其他方法预缴。预缴方法一经确定，该纳税年度内不得随意变更。

（1）据实预缴。

本月（季）应纳税额 = 实际利润累计额 × 税率 - 减免税额 - 累计已预缴的所得税额

实际利润累计额是指纳税人按会计制度核算的利润总额。平时预缴时，先按会计利润计算，暂不作纳税调整，待年度终了再作纳税调整。

（2）按上一纳税年度应纳税所得额的平均额预缴。

本月（季）应纳税额 = 上一纳税年度应纳税所得额 ÷ 12（或 4）× 税率

上一纳税年度所得额中不包括纳税人的境外所得。税率统一按照 25% 计算。

除以上两种方法外，企业还可由税务机关确定其他方法进行。

2．年终汇算清缴

企业所得税汇算清缴税额计算公式如下

应纳税额 = 应纳税所得额 × 税率 - 减免税额 - 抵免税额 + 境外所得应补税额

在实际工作中，为方便计算，一般先在会计利润基础上按照税法规定调整计算应纳税所得额，然后据以计算应纳税额。应纳税额计算基本步骤：

（1）计算利润总额。利润总额是指按会计准则计算的会计利润。计算公式为

利润总额=主营业务收入-主营业务成本+其他业务收入-其他业务成本-营业税金及附加-销售费用-管理费用-财务费用-资产减值损失+公允价值变动收益+投资收益+营业外收入-营业外支出

（2）计算应纳税所得额。计算公式为

应纳税所得额=利润总额+纳税调整增加额-纳税调整减少额+境外应税所得弥补境内亏损-弥补以前年度亏损

① 计算纳税调整增加额和纳税调整减少额。纳税调整增加额是指企业未计入利润总额的应税收入项目、已冲减利润的税法规定不允许扣除的支出项目、超出税法规定扣除标准的支出金额，以及资产类应纳税调整项目。纳税调整减少额是指纳税人已计入利润总额，但税法规定可以暂不确认为应税收入的项目，以及在以前年度进行了纳税调增，根据税法规定从以前年度结转过来在本期扣除的项目金额。

在企业所得税纳税申报表中，纳税调整项目分为收入类调整项目、扣除类调整项目、资产类调整项目、特殊事项调整项目、特别纳税调整应税所得及其他。具体内容如表5-1"纳税调整项目明细表"所示。

表5-1　　　　　　　　　　　A105000
纳税调整项目明细表

行次	项　目	账载金额	税收金额	调增金额	调减金额
		1	2	3	4
1	一、收入类调整项目（2+3+4+5+6+7+8+10+11）	*	*		
2	（一）视同销售收入（填写A105010）	*			*
3	（二）未按权责发生制原则确认的收入（填写A105020）				
4	（三）投资收益（填写A105030）				
5	（四）按权益法核算长期股权投资对初始投资成本调整确认收益	*	*	*	
6	（五）交易性金融资产初始投资调整	*	*		*
7	（六）公允价值变动净损益		*		
8	（七）不征税收入	*	*		
9	其中：专项用途财政性资金（填写A105040）	*	*		
10	（八）销售折扣、折让和退回				
11	（九）其他				
12	二、扣除类调整项目（13+14+15+16+17+18+19+20+21+22+23+24+26+27+28+29）	*	*		
13	（一）视同销售成本（填写A105010）	*		*	
14	（二）职工薪酬（填写A105050）				
15	（三）业务招待费支出				*
16	（四）广告费和业务宣传费支出（填写A105060）	*	*		
17	（五）捐赠支出（填写A105070）				*

续表

行次	项　目	账载金额	税收金额	调增金额	调减金额
		1	2	3	4
18	（六）利息支出				
19	（七）罚金、罚款和被没收财物的损失		*		*
20	（八）税收滞纳金、加收利息		*		*
21	（九）赞助支出		*		*
22	（十）与未实现融资收益相关在当期确认的财务费用				
23	（十一）佣金和手续费支出				*
24	（十二）不征税收入用于支出所形成的费用	*	*		*
25	其中：专项用途财政性资金用于支出所形成的费用（填写 A105040）	*	*		*
26	（十三）跨期扣除项目				
27	（十四）与取得收入无关的支出		*		*
28	（十五）境外所得分摊的共同支出	*	*		*
29	（十六）其他				
30	三、资产类调整项目（31+32+33+34）	*	*		
31	（一）资产折旧、摊销　（填写 A105080）				
32	（二）资产减值准备金		*		
33	（三）资产损失（填写 A105090）				
34	（四）其他				
35	四、特殊事项调整项目（36+37+38+39+40）	*	*		
36	（一）企业重组（填写 A105100）				
37	（二）政策性搬迁（填写 A105110）	*	*		
38	（三）特殊行业准备金（填写 A105120）				
39	（四）房地产开发企业特定业务计算的纳税调整额（填写 A105010）	*			
40	（五）其他	*	*		
41	五、特别纳税调整应税所得	*	*		
42	六、其他	*	*		
43	合计（1+12+30+35+41+42）	*	*		

　　② 计算境外所得弥补境内亏损。以境外所得弥补亏损时，首先，将来自境外的税后所得，换算成包含境外缴纳企业所得税以及按照我国税法规定计算的所得额，然后，减去按税法规定可弥补的以前年度境外亏损额，再减去按税法规定予以免税的境外所得，以其余额弥补境内营业机构的亏损。

　　③ 计算弥补以前年度亏损。如果企业以前年度有 5 年以内未弥补的境内亏损，可用当年实现的应纳税所得额弥补，弥补顺序为：先用境外应税所得弥补，再用境内应税所得弥补。弥补金额不得超过"利润总额+纳税调整增加额−纳税调整减少额+境外应税所

得弥补境内亏损"的金额。

（3）计算减免税额。减免税额主要包括以下内容。

① 符合规定条件的小型微利企业享受优惠税率减征的所得税额。

$$小型微利企业减征税额=应纳税所得额×（25\%-20\%）$$

② 国家需要重点扶持的高新技术企业享受减征的所得税额。

$$高新技术企业的减征税额=应纳税所得额×（25\%-15\%）$$

③ 民族自治地方企业享受减征或免征的属于地方分享的所得税额。

④ 执行过渡税收优惠政策的企业免缴的所得税额。

⑤ 执行国务院制定的其他税收优惠政策企业免缴的所得税额。

（4）计算抵免税额。抵免税额是指企业购置并实际使用《环境保护专用设备企业所得税优惠目录》、《节能节水专用设备企业所得税目录》和《安全生产专用设备企业所得税优惠目录》规定的环境保护、节能节水、安全生产等专用设备，允许从当年的应纳税额中抵免的投资额10%的部分。当年不足抵免的，可结转以后5个纳税年度结转抵免。

（5）计算境外所得应补税额。居民纳税人应就其来源于境内、境外所得纳税，但对来源于境外的所得已在境外缴纳的所得税税额，可以从其当期应纳税额中抵免。

境外所得应补税额计算步骤与公式如下。

第一步，计算境外所得应纳税额。

$$境外所得应纳税额=（境外所得换算成含税收入的所得-弥补以前年度境外亏损-境外免税所得-境外所得弥补境内亏损）×税率$$

第二步，计算境外所得抵免税额。

税法规定，纳税人来源于境外的所得在境外实际缴纳的所得税税款，低于依照税法计算的扣除限额的，可以从应纳税额中如数扣除；高于扣除限额的，其超过部分不得在本年度的应纳税额中扣除，也不得列为费用支出，但可用以后年度税额扣除的余额补扣，补扣期限最长不得超过5年。

$$境外所得抵免税额=本年可抵免的境外所得税额+本年可抵免以前年度所得税额$$
$$本年可抵免的境外所得税额=中国境内、境外所得依照《企业所得税法》规定计算的应纳税总额×来源于某国的应纳税所得额÷中国境内、境外应纳税所得总额$$
$$境外所得应补税额=境外所得应纳税额-境外所得抵免税额$$

【案例分析5-13】境外所得应补税额计算。

企业2016年度境内应纳税所得额为2 000万元，所得税税率为25%。其在A、B两国设有分支机构。A国分支机构当年应纳税所得额为500万元，适用税率为40%；B国分支机构当年应纳税所得额为400万元，适用税率为20%。计算该企业当年应向中国缴纳企业所得税税额。

分析：企业境内、境外所得应纳税额=（2 000+500+400）×25%=725（万元）

A国已纳税款=500×40%=200（万元）

A国扣除限额=725×500÷（2 000+500+400）=500×25%=125（万元）

A国允许扣除限额125万元小于A国实际已纳税额200万元，所以A国境外所得实际允许扣除额为125万元。

B国已纳税款=400×20%=80（万元）

B 国扣除限额 = 725 × 400 ÷ (2 000 + 400 + 500) = 400 × 25% = 100（万元）

B 国允许扣除限额 100 万元大于 B 国实际已纳税额 80 万元，所以 B 国境外所得实际允许扣除额为 80 万元。

企业当年应缴纳的所得税税额 = 725 - 125 - 80 = 520（万元）

【案例分析 5-14】企业所得税年度汇算清缴。

某居民企业，2016 年经营业务账户资料如下：取得商品销售收入 5 000 万元；发生商品销售成本 2 800 万元；取得其他业务收入 900 万元，发生其他业务成本 784 万元；缴纳非增值税销售税金及附加 260 万元，缴纳增值税 220 元；销售费用 890 万元，其中广告费 750 万元；管理费用 380 万元，其中业务招待费 45 万元；财务费用 80 万元；取得国债利息收入 40 万元；取得直接投资其他居民企业的权益性收益 20 万元（已在投资方所在地按 15% 的税率缴纳了企业所得税）；取得营业外收入 70 万元；发生营业外支出 40 万元，其中公益性捐赠支出 20 万元，支付税收滞纳金 8 万元；计入成本、费用中的工资总额 300 万元，拨付职工工会经费 7 万元，发生职工福利费 40 万元，发生职工教育经费 17 万元。计算该企业 2016 年实际应缴纳的企业所得税税额。

分析：会计利润=5 000-2 800+900-784-260-890-380-80+40+20+70-40=796（万元）

纳税调整分析：

① 缴纳增值税既不影响会计利润，也不影响应纳税所得额，不需要调整

② 广告费调增金额 = 890-（5 000 + 900）× 15% = 5（万元）

③ 实际发生业务招待费的 60% = 45 × 60% = 27（万元）

销售收入的 0.5% =（5 000+900）× 0.5% = 29.5（万元）

业务招待费调增金额 = 45-27 = 18（万元）

④ 国债利息收入免税，调减所得额 40 万元

⑤ 取得直接投资其他居民企业的权益性收益免税，调减所得额 20 万元

⑥ 公益捐赠扣除限额 = 796 × 12% = 95.52（万元）

实际捐赠额小于扣除限额，可据实扣除，不需要调整

⑦ 税收滞纳金不得扣除，调增所得额 8 万元

⑧ 工会经费调增金额 = 7-300 × 2% = 1（万元）

职工福利费实际发生额 40 万元小于限额标准 42 万元（300×14%），不需要调整

职工教育经费调增金额 = 17-300 × 2.5% = 9.5（万元）

应纳税所得额 = 796 + 5 + 18-40-20 + 8 + 1 + 9.5 = 777.5（万元）

应纳税额 = 777.5 × 25% = 194.375（万元）

（二）居民企业适用核定征收方式下应纳所得税额的计算

1. 核定征收企业所得税的范围

根据《税收征管法》的有关规定，居民纳税人具有下列情形之一的，应核定征收企业所得税：依照法律、行政法规的规定可以不设账簿或应设账簿但未设账簿的；擅自销毁账簿或拒不提供纳税资料的；虽设置账簿，但账目混乱或成本资料、收入凭证、费用凭证残缺不全，难以查账的；发生纳税义务，未按规定期限办理纳税申报，经税务机关责令限期申报，逾期仍不申报的；申报的计税依据明显偏低，又无正当理由的。

2．核定征收的办法

核定征收的办法包括核定应税所得率和核定应纳税所得额两种。

具有下列情形之一的，采用核定应税所得率办法：能正确核算（查实）收入总额，但不能正确核算（查实）成本费用总额的；能正确核算（查实）成本费用总额，但不能正确核算（查实）收入总额的；通过合理方法，能计算和推定纳税人收入总额或成本费用总额的。纳税人不属于以上情形的，采用核定应纳税所得额办法。

实行核定应税所得率方式的，应纳所得税税额的计算公式如下

$$应纳税额 = 应纳税所得额 × 适用税率$$

其中

$$应纳税所得额 = 收入总额 × 应税所得率$$
$$= 成本费用支出额 ÷ （1-应税所得率） × 应税所得率$$

【案例分析 5-15】某居民纳税人，2016 年度财务资料显示如下：收入总额 30 万元，成本总额 28 万元。但经税务机关核实该企业未能正确核算收入，税务机关对其核定征收企业所得税，应税所得率为 20%。计算该企业 2016 年应纳企业所得税额。

分析：该企业能正确核算（查实）成本费用总额，但不能正确核算（查实）收入总额，则

应纳企业所得税额=28÷（1-20%）×20%×25%=1.75（万元）

（三）非居民企业应纳所得税额的计算

非居民企业在中国境内未设立机构、场所的，或虽设立机构、场所但取得的所得与其所设机构、场所没有实际联系的，应就其来源于中国境内的所得缴纳企业所得税。其应纳税额由扣缴义务人在每次向非居民企业支付或到期应支付所得时扣缴。计算公式为

$$应扣缴企业所得税额=应纳税所得额 × 实际征收率（10%）$$

上式中的应纳税所得额按下列方法确定：股息、红利等权益性投资收益和利息、租金、特许权使用费所得，以收入全额为应纳税所得额；转让财产所得，以收入全额减除财产净值后的余额为应纳税所得额；其他所得，参照前两项规定的方法计算应纳税所得额。

【案例分析 5-16】境外某公司在中国境内未设立机构、场所，2016 年取得境内甲公司支付的贷款利息 90 万元；取得境内乙公司支付的财产转让收入 40 万元，该项财产净值为 22 万元。计算该境外公司 2016 年在我国境内应缴纳的企业所得税税额。

分析：应纳税额 = [90+（40-22）] × 10% = 10.8（万元）

第四节 企业所得税税款缴纳

一、企业所得税征收方式的确定

企业在每年第一季度应填列"企业所得税征收方式鉴定表"（见表 5-2）一式 3 份，报主管税务机关进行审核。①～⑤项均合格的，实行纳税人自行申报、税务机关查账方式征收；若①、④、⑤项中有一项不合格或②、③项均不合格，实行定额征收；若②、③项中有一项合格、一项不合格的，实行核定应税所得率办法征收。征收方式确定后，在一个纳税年度内一般不得变更。

二、纳税期限

企业所得税按纳税年度计算，即公历 1 月 1 日起至 12 月 31 日止。企业在一个纳税年度中间开业，或终止经营活动，使该纳税年度的实际经营期不足 12 个月的，应以其实际经营期为一个纳税年度。企业依法清算时，应以清算期为一个纳税年度。

企业应当自月份或者季度终了之日起 15 日内，向税务机关报送预缴企业所得税纳税申报表，并预缴税款。自年度终了之日起 5 个月内，向税务机关报送年度企业所得税纳税申报表，并汇算清缴，结清应缴或应退税款。

企业在年度中间终止经营活动的，应自实际经营终止之日起 60 日内，向税务机关办理当期企业所得税汇算清缴。企业应当在办理注销登记前，就其清算所得向税务机关申报并依法缴纳企业所得税。

纳税人在纳税年度内无论赢利或亏损，都应当按照规定的期限，向当地主管税务机关报送所得税申报表和年度会计报表。

表 5-2 　　　　　　　　　企业所得税征收方式鉴定表

纳税人识别号														
纳税人名称														
纳税人地址														
经济类型		所属行业			开业日期									
开户银行		账　号												
邮政编码		联系电话												
上年收入总额			上年成本费用额											
上年应纳税所得额			上年所得税额											

行次	项　目	纳税人自报情况	主管税务机关审核情况
①	账簿设置情况		
②	收入总额核算情况		
③	成本费用核算情况		
④	账簿凭证保存情况		
⑤	纳税义务履行情况		

征收方式：

纳税人意见：
纳税人签章：　（公章）　　　　　　　　　　年　月　日

税务机关审批意见：

经办人签字： 年　月　日	科室负责人签字： （公章） 年　月　日	主管局长签字： （公章） 年　月　日

三、纳税地点

除税收法律、行政法规另有规定外，居民企业以企业登记注册地为纳税地点，但登记注册地在境外的，以实际管理机构所在地为纳税地点。居民企业在中国境内设立不具有法人资格的营业机构的，应当汇总计算缴纳企业所得税。

非居民企业在中国境内设立机构、场所取得的来源于中国境内的所得，以及发生在中国境外但与其所设机构、场所有实际联系的所得，应以机构、场所所在地为纳税地点。非居民企业在中国境内设立两个或两个以上机构、场所的，经税务机关审核批准，可以选择由其主要机构、场所汇总缴纳企业所得税。

非居民企业在中国境内未设立机构、场所的，或虽设立机构、场所但取得的所得与其所设机构、场所没有实际联系的，其来源于中国境内的所得缴纳企业所得税，应以扣缴义务人所在地为纳税地点。

除国务院另有规定外，企业之间不得合并缴纳企业所得税。

本章概要

内容结构：

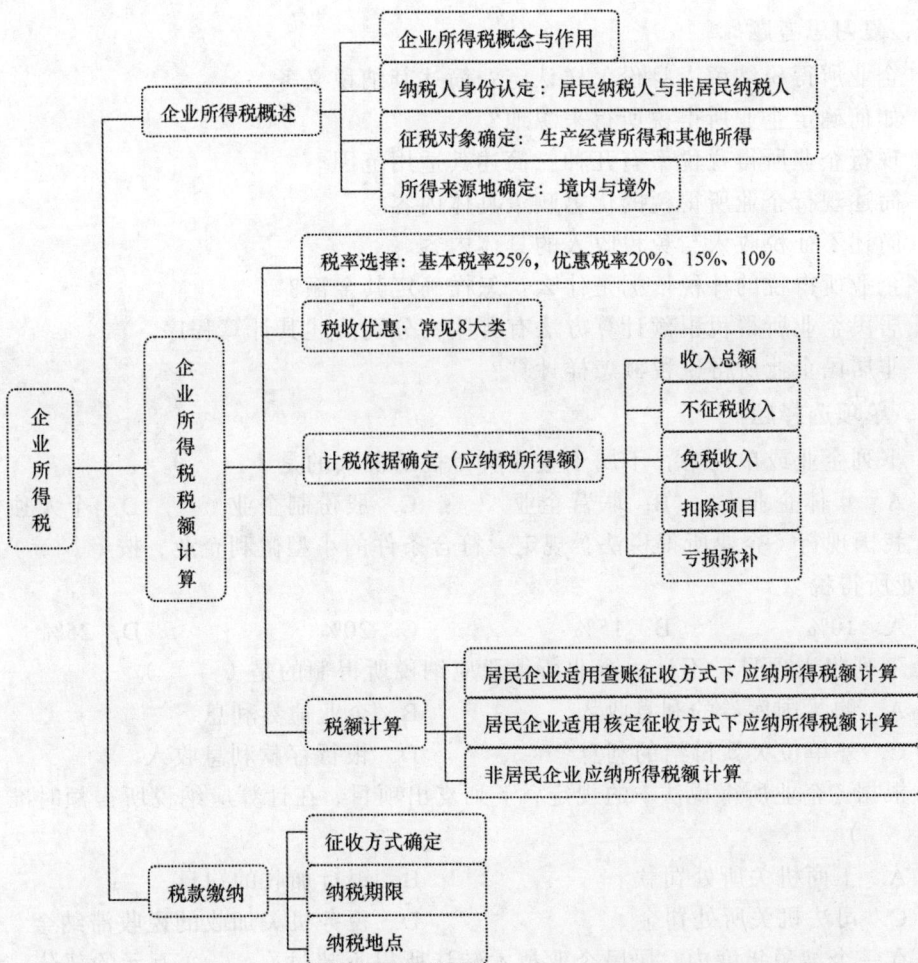

知识点：企业所得税　居民企业　非居民企业　居民企业征税范围　非居民企业征税范围　应纳税所得额　不征税收入　免税收入

能力点：居民企业与非居民企业认定　企业所得税征税对象确定　企业所得来源地判断　税率选择　税收优惠政策应用　应纳税所得额计算　利润总额计算　纳税调整金额计算　弥补以前年度亏损额计算　境外应税所得弥补境内亏损额计算　居民企业分月（季）预缴企业所得税额计算　核定征收纳税人预缴企业所得税额计算　年终汇算清缴企业所得税额计算　境外所得应补税额的计算　非居民企业所得税应纳税额计算　企业所得税征收方式确定　纳税期限确定　纳税地点确定

重点：纳税人认定　所得来源地确定　税率选择　税收优惠运用　应纳税所得额确定　税额计算　税款缴纳

难点：纳税人认定　所得来源地确定　税收优惠运用　应税收入的确定　准予扣除项目金额的计算　居民企业所得税额计算　已纳税款扣除的计算

单元训练

一、复习思考题

1. 企业所得税纳税人身份怎样认定？简述其纳税义务。
2. 如何确定企业所得税所得来源地？
3. 现行企业所得税税率有几种？简述其适用范围。
4. 简述现行企业所得税的优惠政策具体内容。
5. 简述不征税收入与免税收入的具体内容。
6. 企业所得税的计税依据是什么？怎样确定其金额？
7. 居民企业所得税税额计算方法有哪些？分别简述其计算程序。
8. 非居民企业所得税税额怎样计算？

二、单项选择题

1. 下列企业或单位中，不属于企业所得税纳税人的是（　　）。
　　A. 集体企业　　　B. 联营企业　　　C. 股份制企业　　　D. 个人独资企业
2. 我国现行《企业所得税法》规定，符合条件的小型微利企业，按（　　）的税率征收企业所得税。
　　A. 10%　　　　B. 15%　　　　C. 20%　　　　D. 25%
3. 下列收入项目，不计入企业所得税应纳税所得额的是（　　）。
　　A. 购买国库券的利息收入　　　　B. 企业债券利息
　　C. 外单位欠款付给的利息　　　　D. 银行存款利息收入
4. 根据《企业所得税法》的规定，下列支出项目，在计算应纳税所得额时准予扣除的是（　　）。
　　A. 工商机关所处罚款　　　　B. 银行加收的罚息
　　C. 司法机关所处罚金　　　　D. 税务机关加收的税收滞纳金
5. 在一个纳税年度内，居民企业技术转让所得不超过（　　）万元的部分，免征企业所得税，超过部分，减半征收企业所得税。

    A. 500   B. 20   C. 10   D. 5

6. 纳税人通过国内非营利的社会团体、国家机关的公益救济性捐赠，在年度（　　）12%以内的部分准予扣除。

    A. 收入总额   B. 应纳税所得额

    C. 纳税调整后所得额   D. 利润总额

7. 企业在计算企业所得税应纳税所得额时，自产或外购货物发生的下列行为中，不视同销售货物、转让财产或者提供劳务的是（　　）。

    A. 用于个人福利   B. 捐赠   C. 偿债   D. 用于基建

8. 企业从事国家重点扶持的公共基础设施项目的投资经营的所得，从（　　）起，第一年至第三年免征企业所得税，第四年至第六年减半征收企业所得税。

    A. 获利年度   B. 领取营业执照年度

    C. 项目取得第一笔生产经营收入所属纳税年度

    D. 开业经营之日

9. 企业应当自年度终了之日起（　　）个月内，向税务机关报送年度《企业所得税纳税申报表》，并汇算清缴，结清应缴或应退税款。

    A. 3   B. 4   C. 5   D. 6

10. 按照《企业所得税法》及其实施条例的规定，下列表述中不正确的是（　　）。

    A. 发生的与生产经营活动有关的业务招待费，不超过销售（营业）收入 0.5%的部分准予扣除

    B. 发生的职工福利费支出，不超过工资、薪金总额14%的部分准予税前扣除

    C. 为投资者或者职工支付的补充养老保险费、补充医疗保险费在规定标准内准予扣除

    D. 为投资者或者职工支付的商业保险费，不得扣除

三、多项选择题

1. 采用间接法计算应纳税所得额时，下列项目中应在会计利润基础上调整增加额的项目有（　　）。

    A. 查补的增值税   C. 利息费用超标部分

    C. 超标的公益救济性捐赠   D. 超标的职工教育经费支出

2. 下列项目中,计算应纳税所得额时应在会计利润的基础上整减少额的项目有(　　)。

    A. 查补的消费税   B. 多提的职工福利费

    C. 国库券利息收入   D. 多列的无形资产摊销费

3. 根据我国现行《企业所得税法》规定，企业从事（　　）项目的所得，减半征收企业所得税。

    A. 中药材的种植

    B. 花卉、茶以及其他饮料作物和香料作物的种植

    C. 海水养殖、内陆养殖   D. 牲畜、家禽的饲养

4. 企业下列收入项目，应计入收入总额计算缴纳所得税的有（　　）。

    A. 外单位欠款收到的利息   B. 固定资产盘盈收入

C. 在建工程发生的试运行收入　　　　D. 接受的捐赠

5. 有关《企业所得税法》规定的税收优惠政策，下面说法正确的有（　　　）。

A. 采取缩短折旧年限方法加速折旧的，最低折旧年限不得低于实施条例规定折旧年限的 60%

B. 安置残疾人员的企业，支付给残疾职工的工资在计算应纳税所得额时按 100% 加计扣除

C. 创业投资企业从事国家鼓励的创业投资，可按投资额的 70%在股权持有满 2 年的当年抵免应纳税额

D. 符合条件的非营利组织从事营利性活动取得的收入，可作为免税收入

6. 根据《企业所得税法》的规定，下列各项中准予从收入总额中扣除的项目有（　　　）。

A. 化工厂为职工向保险公司购买人寿保险支出

B. 白酒的广告费

C. 房地产企业支付的银行罚息

D. 商业企业发生的资产盘亏扣除赔偿部分后的净损失

7. 根据现行《企业所得税法》规定，纳税人取得下列支出中，可以在计算应纳税所得额时加计扣除的有（　　　）。

A. 业务招待费　　　　　　　　B. 安置残疾人员所支付的工资

C. 开发新工艺发生的研究开发费用　　D. 开发新产品发生的研究开发费用

8. 根据现行《企业所得税法》规定，下列项目可以在计算企业应纳税所得额时税前扣除的有（　　　）。

A. 对外投资而向银行借入资金的利息　B. 逾期的银行流动资金借款罚息

C. 取得银行流动资金借款的利息支出　D. 建造生产车间借款的利息支出

9. 下列关于企业所得税纳税地点的表述正确的有（　　　）。

A. 居民企业在中国境内设立不具有法人资格的营业机构的，应当汇总缴纳企业所得税

B. 居民企业应在企业登记注册地纳税

C. 居民企业登记注册地在境外的，应在实际管理机构所在地纳税

D. 非居民企业在中国境内设立机构、场所的，应向机构、场所所在地纳税

10. 在中国境内未设立机构、场所的非居民企业，其来源于中国境内的所得按下列办法（　　　）计算缴纳企业所得税。

A. 股息、红利所得等权益性投资收益，以收入全额为应纳税所得额

B. 转让财产所得，以收入全额减除财产净值后的余额为应纳税所得额

C. 利息、租金、特许权使用费所得，以收入全额为应纳税所得额

D. 境外所得按收入总额减除与取得收入有关、合理支出的余额为应纳税所得额

四、判断题

1. 纳税人在生产经营期间的借款利息支出可以在计算应纳税所得时按实际发生数扣除。（　　　）

2. 居民企业承担无限纳税义务，非居民企业承担有限纳税义务。（　　　）

3. 企业发生的年度亏损，可用以后五个盈利年度的利润弥补。（　　）

4. 享受企业所得税免税待遇的纳税人，在免税期间无须办理企业所得税纳税申报。
（　　）

5. 纳税人收取的客户违约金属于应税收入，应计入应纳税所得额计征企业所得税。
（　　）

6. 企业对外投资期间投资资产的成本，在计算应纳税所得额时准予扣除。（　　）

7. 企业已经作为损失处理的资产，在以后纳税年度又全部或部分收回的，应当计入
损失发生年度的收入。（　　）

8. 利息收入和股息收入均应全额增加企业所得税的应纳税所得额。（　　）

9. 企业年度利润表反映全年利润总额为-17万元，则当年不需缴纳企业所得税。
（　　）

10. 中国境内设立的外商投资企业应就来源于我国境内、境外的所得缴纳企业所得税。
（　　）

五、单项计算题

1. 某企业为解决生产用资金周转困难，经批准允许向本企业职工借入资金100万
元，借款期限为10个月，共支付利息6万元。该企业上述借款利息税前扣除限额为（　　）
万元。（假设银行一年期借款利率为3%）

　　A. 4　　　　　B. 3　　　　　C. 3.5　　　　　D. 2.5

2. 某企业2016年销售自产产品取得收入1 500万元，销售边角料收入500万元，
接受捐赠收入50万元。当年实际发生的业务招待费20万元。该企业在计算应纳税所得
额时可税前列支的业务招待费金额为（　　）万元。

　　A. 12　　　　　B. 10　　　　　C. 20　　　　　D. 15

3. 某企业2016年度财务资料显示，全年利润总额1 000万元；自行计算应纳税所
得额1 500万元。经事务所审查发现营业外支出列支的公益性捐赠支出200万元未作纳
税调整。若不考虑其他纳税调整事项，该企业应纳税所得额为（　　）万元。

　　A. 1 080　　　　　B. 1 280　　　　　C. 2 260　　　　　D. 1 580

4. 某企业2016年应纳税所得额为200万元，"固定资产"账户资料显示，企业当年
购置环保专用设备一台价值50万元。则该企业当年应纳所得税额为（　　）万元。

　　A. 40　　　　　B. 45　　　　　C. 60　　　　　D. 80

5. 甲公司2016年度实现利润总额300万元，无其他纳税调整事项。经税务机关核实
的2012年度亏损额为280万元。则该公司2016年度应缴纳的企业所得税为（　　）万元。

　　A. 80　　　　　B. 6.6　　　　　C. 5　　　　　. 5.4

6. 某居民企业2016年工资、薪金实际支出总额200万元，福利费支出33万元，则
该企业在计算2016年应纳税所得额时，福利费应调增（　　）万元。

　　A. 5　　　　　B. 2　　　　　C. 0　　　　　D. -1

7. 甲公司2016年研究开发支出10 000 000元，其中研究阶段支出2 000 000元，
开发阶段符合资本化条件前发生的支出2 000 000元，符合资本化条件后发生的支出
6 000 000元。假定开发的无形资产在2017年投入使用。则该公司2016年计算应纳税所
得额时，应会计利润的基础上作如下调整（　　）。

A．调增 2 000 000 元   B．调减 2 000 000 元

C．调增 5 000 000 元   D．调减 5 000 000 元

8．某企业 2016 年自行计算的应纳税所得额为 800 万元，其中技术转让所得 600 万元，全额计入了应纳税所得额，假定该企业无其他纳税调整事项。该企业 2016 年应纳企业所得税（　　　　）万元。

    A．62.5   B．50   C．75   D．200

9．某创业投资企业 2014 年 6 月 1 日采取股权投资方式对未上市的中小高新技术企业投资 200 万元，该创业投资企业 2015 年经税务机关核定的亏损 30 万元，2016 年未弥补 2015 年亏损前的应纳税所得额为 230 万元。该创业投资企业 2016 年应纳企业所得税为（　　　　）万元。

    A．57.5   B．15   C．50   D．35

10．某企业 2016 年取得营业收入总额 4 000 万元，发生成本、费用和损失总额 3 800 万元，缴纳增值税 51.3 万元、消费税 79.7 万元、城市维护建设税及教育费附加 14.3 万元。假定无其他纳税调整事项，该企业 2016 年应纳企业所得税（　　　　）万元。

    A．13.675   B．26.5   C．56   D．70

六、综合分析题

1．丽都百货商场 2016 年有关账务资料显示：营业收入 2 000 万元；营业外收入 40 万元；营业成本 1 300 万元；营业税金及附加 20 万元；增值税支出 60 万元；管理费用 240 万元，其中业务招待费 12.5 万元；销售费用 385 万元，其中广告费 325 万元；财务费用 30 万元；营业外支出 25 万元，其中通过公益性社会团体向贫困山区捐赠 4 万元、支付税收滞纳金 3 万元；在成本、费用中列支的实发工资 150 万元，拨付工会经费 2.5 万元，发生职工福利费 15.5 万元，发生职工教育经费 3.8 万元。企业适用的所得税税率为 25%。

2016 年 2 月该商场办税员在办理企业所得税汇算清缴时作如下处理：

会计利润＝2 000+40-1 300-20-240-385-30-25＝40（万元）

应纳税所得额调整如下：

增值税支出调减应纳税所得额＝60（万元）

实际业务招待费的 60%＝12.5×60%＝7.5（万元），收入的 5‰＝（2 000+40）×5‰＝10.2（万元），税前可扣除业务招待费 10.2 万元，调增应纳税所得额＝12.5-10.2＝2.3（万元）

广告费调增应纳税所得额＝325-（2 000+40）×15%＝19（万元）

捐赠调减应纳税所得额＝40×12%-4＝0.8（万元）

税收滞纳金支出调增应纳税所得额＝3（万元）

工会经费调减应纳税所得额＝150×2%-2.5＝0.5（万元）

职工福利费调减应纳税所得额＝150×14%-15.5＝5.5（万元）

职工教育经费调增应纳税所得额＝3.8-150×2.5%＝0.05（万元）

应纳税所得额＝40-60+2.3+19-0.8+3-0.5-5.5+0.05＝-2.45（万元）

应纳税所得额小于零，当年无需缴纳企业所得税。

请分析商场办税员上述所得税汇算清缴的处理是否正确？如有错误请给予更正。

2. 荣达公司为居民企业，2016 年境内生产经营应纳税所得额 3000 万元，且境内经营无减免、抵免所得税额。当年公司在甲、乙两国设立的分支机构收益情况如下：甲国分支机构应纳税所得额 600 万元，其中生产经营所得 500 万元，税率为 20%，租金所得 100 万元，税率为 30%；乙国分支机构应税所得额 400 万元，其中生产经营所得 300 万元，税率为 30%，特许权使用费所得 100 万元，税率为 20%。上述两分支机构的所得已分别按所在国规定计算并缴纳了相关税款。

要求：

（1）计算该公司境外所得应纳所得税额；

（2）计算该公司境外所得抵免所得税额；

（3）计算该公司全年实际应纳所得税额。

3. 万盛公司为居民企业，2016 年经营成果如下。

（1）营业收入 5 000 万元。

（2）营业成本 2 000 万元。

（3）销售费用 1 000 万元（其中广告费 800 万元，业务招待费 60 万元）；管理费用 400 万元（其中业务招待费 20 万元，新产品技术开发费 200 万元）；财务费用 500 万元，其中支付某商业银行贷款利息 400 万元（贷款本金为 5 000 万元），支付某企业利息 100 万元（借款本金为 1 000 万元）。

（4）销售税金 1 200 万元（其中增值税 1 000 万元）。

（5）投资收益 100 万元，该收益为持有某上市公司股票（作为交易性金融资产核算，已持有了 2 年）分得现金股利。

（6）营业外收入 500 万元（其中技术转让所得 300 万元），营业外支出 25.2 万元，其中环保部门罚款 20 万元，交通罚款 0.2 万元，固定资产清理损失 5 万元。

除上述资料外，该企业无其他纳税调整事项。

要求：根据上述资料，按顺序回答下列问题，涉及纳税调整的题目请写明调增、调减或不需要调整。

（1）计算该企业 2016 年度利润总额；

（2）广告费用应调整的应纳税所得额；

（3）业务招待费应调整的应纳税所得额；

（4）新产品技术开发费应调整的应纳税所得额；

（5）利息支出应调整的应纳税所得额；

（6）投资收益应调整的应纳税所得额；

（7）技术转让所得应调整的应纳税所得额；

（8）营业外支出应调整的应纳税所得额；

（9）计算该企业 2016 年应纳税所得额；

（10）计算该企业 2016 年应缴纳的企业所得税。

4. 某市一家居民企业为增值税一般纳税人，主要生产销售建筑机器。2016 年度有关经营情况如下。

（1）销售商品取得收入 6 200 万元，提供设计取得收入 200 万元。

（2）销售成本 3 500 万元。

（3）营业税金及附加 65.05 万元。

（4）管理费用 370 万元，其中业务招待费 80 万元，当年发生三新费用支出 150 万元。

（5）销售费用 800 万元，其中广告费 400 万元，业务宣传费 80 万元，展览费 50 万元。

（6）财务费用 80 万元，其中含向非金融企业借款 500 万元所支付的年利息 40 万元（当年金融企业贷款的年利率为 5.8%）。

（7）投资收益 50 万元，其中国债利息收入 30 万元，去年 1 月投资一家居民企业，当年取得红利收益 20 万元。

（8）营业外支出 320 万元，其中包括通过公益性社会团体向农村义务教育捐款 150 万元，发生质量赔偿 100 万元。

（9）计入成本、费用中的工资 400 万元，工会经费 8 万元、职工福利费 58 万元、职工教育经费 80 万元。

（10）当年购买安全生产专用设备投资 300 万元。

其他资料：上年有超支广告费 50 万元尚未扣除。

要求：根据上述资料，按顺序计算回答下列问题，每个问题需计算出合计数：

（1）企业 2016 年实现的利润总额；

（2）管理费用应调整的应纳税所得额；

（3）销售费用应调整的应纳税所得额；

（4）财务费用应调整的应纳税所得额；

（5）投资收益应调整的应纳税所得额；

（6）公益性捐赠应调整的应纳税所得额；

（7）工资、职工工会经费、职工福利费、职工教育经费应调整的应纳税所得额；

（8）企业 2016 年度应纳税所得额；

（9）企业 2016 年度应缴纳的企业所得税。

第六章
个人所得税

学习目标

① 了解个人所得税的概念与作用。

② 掌握个人所得税法律制度的主要内容，能确定纳税人身份，区分 11 类应税所得项目，并选择其适用税率。

③ 熟悉个人所得税的税收优惠政策，并能正确运用。

④ 掌握个人所得税计税原理，能分类确认各项收入的应税所得额，并计算个人所得税应纳税额。

⑤ 熟悉个人所得税征收管理法律规定，能确定纳税义务发生时间，选择纳税方式，并完成税款缴纳任务。

⑥ 树立正确的税收筹划思想，能向企业员工宣传个人所得税法规政策，并共同进行税收筹划。

⑦ 能与税务部门沟通，以获得他们对税收优惠的支持。

第一节 个人所得税概述

一、个人所得税概念

个人所得税是对个人取得的所得征收的一种税。个人是指区别于法人的自然人，既包括作为要素所有者的个人，如财产所有者个人、投资者个人、劳动者个人，也包括作为经营者的个人，如个体工商户、合伙企业的合伙人及独资企业的业主。所得是指个人来源于土地、资本、劳动、经营及其他各种渠道的收入。

二、个人所得税发展历程

新中国成立以来，我国长期对个人所得税实行不课征的政策。党的十一届三中全会以后，我国实行对外开放，为了维护国家的税收权益，根据国际惯例，1980 年 9 月 10 日第五届全国人大第三次会议审议通过并颁布《中华人民共和国个人所得税法》，首次对个人所得开征个人所得税。1986 年至 1987 年，国务院先后颁布了《中华人民共和国城乡个体工商业户所得税暂行条例》和《中华人民共和国个人收入调节税暂行条例》，至此形成了个人所得税、城乡个体工商业户所得税和个人收入调节税三税并存的个人所得税征收制度格局。为了统一规范个人所得税制度，第八届全国人大常务委员会第四次会议在对原有三部个人所得税法律制度修改、合并的基础上，于 1993 年 10 月 31 日修订并公布了修改后的《中华人民共和国个人所得税法》。之后的 1999 年、2005 年、2007 年和 2011 年，全国人大又分别对《个人所得税法》进行了修订。

我国现行个人所得税的主要法律依据是 2011 年 6 月 30 日第十一届全国人大常务委员会通过的《中华人民共和国个人所得税法》和 2011 年 7 月 19 日国务院修订的《中华人民共和国个人所得税法实施条例》。

第二节　个人所得税纳税人与征税对象

一、纳税人认定

个人所得税纳税人依据住所和居住时间两个标准分为居民纳税人和非居民纳税人两类。

1．居民纳税人

居民纳税人是指在中国境内有住所，或无住所而在中国境内居住满 1 年的个人。具体有以下两类。

（1）在中国境内有住所的个人。即指因户籍、家庭、经济利益关系而在中国境内习惯性居住的个人。习惯性居住地不同于实际居住地。如果个人因学习、工作、探亲等原因在中国境外居住，在其这些原因消除之后，必须回到中国居住，则中国就是该纳税人的习惯性居住地。此类居民纳税人包括在中国境内定居的中国公民和外国侨民。

（2）在中国境内无住所而在境内居住满 1 年的个人。在中国境内居住满 1 年是指一个纳税年度在中国境内居住满 365 天。

> **特别提醒**　计算居住天数时，对临时离境不扣减在华居住天数。临时离境是指在一个纳税年度内一次不超过 30 天或多次累计不超过 90 天的离境。

此类居民纳税人包括在中国境内居住满 1 年的外国人、海外侨胞和中国香港、中国澳门、中国台湾同胞。

居民纳税人承担无限纳税义务，应就其来源于全球的应税所得向中国缴纳个人所得税。

2．非居民纳税人

非居民纳税人是指在中国境内无住所又不居住或无住所而在境内居住不满 1 年的个人，包括在一个纳税年度中没有在中国境内居住或在中国境内居住不满 1 年的外籍人员、华侨或中国香港、中国澳门、中国台湾同胞。

非居民纳税人承担有限纳税义务，仅就来源于中国境内的所得，向中国缴纳个人所得税。

想一想 以下个人所得税纳税人中属于居民纳税人的有哪些？

① 在中国境内定居的中国公民和外国侨民；

② 从公历 1 月 1 日起至 12 月 31 日止，居住在中国境内的外国人、海外侨胞和中国香港、澳门、台湾同胞；

③ 在一个纳税年度中，没有在中国境内居住的到美国留学的学生；

④ 在中国境内居住不满 1 年的外籍人员、华侨或中国香港、中国澳门、中国台湾同胞。

知识链接 **扣缴义务人确定**

我国实行个人所得税代扣代缴和个人申报纳税相结合的征收管理制度。《税法》规定，凡支付应纳税所得的单位或个人都是个人所得税的扣缴义务人。扣缴义务人在向纳税人支付各项应纳税所得时，必须履行代扣代缴税款的义务。

二、征收对象确定

个人所得税征税对象是个人取得的各项应税所得。我国现行个人所得税法规定的应税所得项目有 11 项。

1．工资薪金所得

工资薪金所得是指个人因任职或受雇而取得的工资、薪金、奖金、年终加薪、劳动分红、津贴、补贴以及与任职或受雇有关的其他所得。

工资薪金所得属于非独立个人劳动所得。其中，工资、薪金、年终加薪、劳动分红不分种类和取得情况，一律按工资薪金所得征税；奖金、津贴、补贴视不同情况有例外。

下列补贴、津贴不属于工资薪金性质所得，不征个人所得税：独生子女补贴、托儿补助费、差旅费津贴、误餐补助，以及执行公务员工资制度未纳入基本工资总额的补贴、津贴和家属成员的副食品补贴。

想一想 甲公司职员李某 2016 年 3 月取得的下列收入中，应计入"工资、薪金所得"缴纳个人所得税的是（　　　　）。

A．劳动分红 2 500 元；　　　　　　　B．差旅费补贴 350 元；

C．误餐补助 60 元；　　　　　　　　D．独生子女补贴 100 元。

2．个体工商户生产、经营所得

个体工商户生产、经营所得包括：个体工商户从事工业、手工业、建筑业、交通运输业、商业、饮食业、服务业、修理业及其他行业生产、经营取得的所得；个人经政府有关部门批准取得执照，从事办学、医疗、咨询以及其他有偿服务活动取得的所得；其他个人从事个体工商户生产、经营取得的所得；上述个体工商户和个人取得的与生产、经营有关的各项应税所得。

特别提醒 个人独资企业和合伙企业的生产经营所得，比照"个体工商户生产、经营所得"项目征收个人所得税。个体工商户和从事生产经营的个人，取得与生产经营无关的其他各项应税所得，应分别按有关规定计征个人所得税。

个体工商户和个人取得与生产经营无关的各项应税所得（如转让专利权所得）是否按"个体工商户生产、经营所得"项目征收个人所得税。

3．对企业事业单位的承包经营、承租经营所得

对企事业单位承包经营、承租经营所得是指个人承包经营或承租经营以及转包、转租取得的所得，包括个人按月或按次取得的工资、薪金性质的所得。实际业务中，因承包经营、承租经营形式多样，其个人所得税征收存在差异。

（1）个人对企业事业单位承包、承租经营后工商登记变更为个体工商户的，其所得实质上属于个体工商户生产、经营所得，应按"个体工商户生产、经营所得项目"征收个人所得税，不再征收企业所得税。

（2）个人对企业事业单位承包、承租经营后工商登记仍为企业的，不论其分配方式如何，均应先按企业所得税的有关规定缴纳企业所得税，承包、承租经营者按合同规定取得的所得，再依照《个人所得税法》的有关规定缴纳个人所得税。承包、承租人对企业经营成果不拥有所有权，仅按合同规定取得一定所得的，按"工资、薪金所得项目"征收个人所得税；承包、承租按合同规定只向发包方、出租方缴纳一定费用，剩余的经营成果归承包、承租人所有的，其所得按"对企事业单位承包、承租经营所得项目"征收个人所得税。

4．劳务报酬所得

劳务报酬所得是指个人独立从事各种非雇佣的劳务活动所取得的所得，包括设计、装潢、安装、制图、化验、测试、医疗、法律、会计、咨询、讲学、新闻、广播、翻译、审稿、书画、雕刻、影视、录音、录像、演出、表演、广告、展览、技术服务、介绍服务、经纪服务、代办服务及其他劳务。

① 自 2004 年 1 月 2 日起，对商品营销活动中，企业和单位对营销成绩突出的非雇员以培训班、研讨会、工作考察等名义组织的旅游活动，通过免收差旅费、旅游费对个人实行的营销业绩奖励，应根据所发生的费用全额作为该营销人员当期的劳务收入，按"劳务报酬所得"税目征收个人所得税。

② 个人不在公司任职、受雇，仅在公司担任董事、监事而取得的董事费、监事费按"劳务报酬所得"税目征收个人所得税；个人在公司任职、受雇同时兼任董事、监事的，应将取得的董事费、监事费与个人工资收入合并，按"工资、薪金所得"税目征收个人所得税。

③ 个人兼职取得的收入应按照"劳务报酬所得"税目征收个人所得税；退休人员再任职取得的收入按"工资、薪金所得"税目征收个人所得税。

请你比较工资薪金所得与劳务报酬所得的异同。

5．稿酬所得

稿酬所得是指个人因其作品以图书、报刊形式出版、发表而取得的所得。作者去世后，财产继承人取得的稿酬，也应按"稿酬所得"税目征收个人所得税。

任职、受雇于报纸、杂志等单位的记者、编辑等专业人员，因在本单位的报纸、杂志上发表作品取得的所得，按"工资、薪金所得"税目征收个人所得税。出版社的专业作者撰写、编写或翻译的作品，由本社以图书形式出版而取得的稿费收入，应按"稿酬所得"税目征收个人所得税。

6．特许权使用费所得

特许权使用费所得是指个人提供专利权、商标权、著作权、非专利技术以及其他特许权的使用权取得的所得。

作者将自己的文字作品手稿原件或复印件公开拍卖取得的所得，应按"特许权使用费所得"计征个人所得税。剧本作者从电影、电视剧的制作单位取得的剧本使用费，不区分剧本的使用方是否为其任职单位，统一按"特许权使用费所得"计征个人所得税。

7．财产租赁所得

财产租赁所得是指个人出租建筑物、土地使用权、机器设备、车船以及其他财产取得的所得。

确认财产租赁所得的纳税人，以产权凭证为依据。无产权凭证的，由主管税务机关根据实际情况确定纳税人。产权所有人死亡，在未办理产权继承手续期间，该财产出租而获得的租金收入，以领取租金的个人为纳税人。

8．财产转让所得

财产转让所得是指个人转让有价证券、股票、建筑物、土地使用权、机器设备、车船以及其他财产取得的所得。

9．利息、股息、红利所得

利息、股息、红利所得是指个人拥有债权、股权而取得的利息、股息、红利所得。

10．偶然所得

偶然所得是指个人得奖、中奖、中彩以及其他偶然性质的所得。

自 2011 年 6 月 9 日起，企业在销售商品和提供服务过程中，向个人赠送礼品，属于下列情形之一的，不征个人所得税：①企业通过价格折扣、折让方式向个人销售商品和提供服务。②企业在向个人销售商品和提供服务的同时给予赠品，如通信企业对个人购买手机赠话费等。③企业对累积消费达到一定额度的个人按消费积分反馈礼品。但企业对累积消费达到一定额度的顾客，给予额外抽奖机会，个人的获奖所得，按"偶然所得"项目征收个人所得税。

11．经国务院财政部门确定征税的其他所得

除上述列举的各项个人应税所得外，其他确有必要征税的个人所得，由国务院财政部门确定。

特别提醒

自 2011 年 6 月 9 日起,企业向个人赠送礼品,属于下列情形之一的,对个人取得的该项所得,按"其他所得"项目征收个人所得税:①企业在业务宣传、广告等活动中,随机向本单位以外的个人赠送礼品。②企业在年会、座谈会、庆典以及其他活动中向本单位以外的个人赠送礼品。企业赠送礼品为自产产品的,按该产品的市场销售价格确定个人应税所得;赠送礼品为外购的,按该商品的实际购置价格确定个人应税所得。

三、所得来源地确定

所得来源地的判断应反映经济活动的实质,遵循方便税务机关有效征管的原则。我国《个人所得税法》规定的各类所得的来源地如下。

(1)工资、薪金所得,以纳税人任职、受雇的公司、企事业单位、国家机关、社会团体、部队、学校等单位或经济组织所在地为所得来源地。

(2)劳务报酬所得,以纳税人实际提供劳务地为所得来源地。

(3)生产经营所得,以生产、经营活动实现地为所得来源地。

(4)财产租赁所得,以被租赁财产的使用地为所得来源地。

(5)不动产转让所得,以不动产坐落地为所得来源地;动产转让所得,以实现转让的地点为所得来源地。

(6)特许权使用费所得,以特许权的使用地为所得来源地。

(7)利息、股息、红利所得,以支付利息、股息、红利的企业、机构、组织的所在地为所得来源地。

(8)稿酬所得,以特许出版、发表作品机构所在地为所得来源地。

想一想

杭州居民王先生于 2014 年 1 月在中国境内取得下列所得,请你分析是否属于个人所得税征税对象?如果是,确定其适用税目。

① 取得年终加薪 6 000 元;

② 转让商品房一套,取得转让所得 80 万元;

③ 外出讲课取得报酬 3 000 元。

第三节 个人所得税税额计算

一、税率选择

我国现行个人所得税实行分类征收制,不同应税项目适用不同税率。

1.工资、薪金所得

自 2011 年 9 月 1 日起,工资、薪金所得适用 7 级超额累进税率,如表 6-1 所示。

2.个体工商户生产经营所得和对企事业单位承包经营、承租经营所得

自 2011 年 9 月 1 日起,个体工商户生产经营所得和对企事业单位承包经营、承租经营所得适用修正后的 5 级超额累进税率,如表 6-2 所示。

表6-1 工资、薪金所得适用税率表

级数	全月应纳税所得额		税率（%）	速算扣除数（元）
	含税级距	不含税级距		
1	不超过1 500元的部分	不超过1 455元的部分	3	0
2	超过1 500~4 500元的部分	超过1 455元至4 155元的部分	10	105
3	超过4 500~9 000元的部分	超过4 155元至7 755元的部分	20	555
4	超过9 000~35 000元的部分	超过7 755元至27 255元的部分	25	1 005
5	超过35 000~55 000元的部分	超过27 255元至41 255元的部分	30	2 755
6	超过55 000~80 000元的部分	超过41 255元至57 505元的部分	35	5 505
7	超过80 000元的部分	超过57 505元的部分	45	13 505

注：①本表所列含税级距与不含税级距，均为按照《税法》规定减除有关费用后的所得额。②含税级距适用于由纳税人负担税款的工资、薪金所得；不含税级距适用于由他人（单位）代付税款的工资、薪金所得。

表6-2 个体工商户生产经营所得和对企事业单位承包经营、承租经营所得适用税率表

级数	全年应纳税所得额		税率（%）	速算扣除数（元）
	含税级距	不含税级距		
1	不超过15 000元的部分	不超过14 250元的部分	5	0
2	超过15 000~30 000元的部分	超过14 250~27 750元的部分	10	250
3	超过30 000~60 000元的部分	超过27 750~51 750元的部分	20	1 250
4	超过60 000~100 000元的部分	超过51 750~79 750元的部分	30	4 250
5	超过100 000元的部分	超过79 750元的部分	35	6 750

注：①本表所列含税级距与不含税级距，均为按照《税法》规定以每一纳税年度的收入总额减除成本、费用以及损失后的所得额。②含税级距适用于个体工商户的生产经营所得和由纳税人负担税款的对企事业单位承包承租经营所得；不含税级距适用于由他人（单位）代付税款的对企事业单位承包承租经营所得。

> 特别提醒 个人独资企业和合伙企业生产经营所得，比照个体工商户生产经营所得适用上述5级超额累进税率。

3. 劳务报酬所得

劳务报酬所得适用税率为20%。对劳务报酬所得一次收入畸高的，实行加成征收。劳务报酬所得一次收入畸高是指个人一次取得劳务报酬的应纳税所得额超过20 000元。对应纳税所得额为超过20 000~50 000元的，加五成；超过50 000元的，加十成。综合上述结果，劳务报酬所得税适用税率如表6-3所示。

表6-3 劳务报酬所得适用税率表

级数	每次应纳税所得额（元）（含税）	每次应纳税所得额（元）（不含税）	税率（%）	速算扣除数（元）
1	不超过20 000元的部分	不超过21 000元的部分	20	0
2	超过20 000~50 000元的部分	超过21 000~49 500元的部分	30	2 000
3	超过50 000元的部分	超过49 500元的部分	40	7 000

4．稿酬所得

稿酬所得适用税率为20%，现行税法规定稿酬所得可按应纳税额减征30%。

5．特许权使用费所得，财产租赁所得，财产转让所得，利息、股息、红利所得，偶然所得和其他所得

上述6项所得适用比例税率为20%。

> **特别提醒** 对个人按市场价格出租住房取得的所得，减按10%的税率征收个人所得税。

二、税收优惠

1．免税项目

（1）省级人民政府、国务院部委和中国人民解放军军以上单位，以及外国组织、国际组织颁发的科学、教育、技术、文化、卫生、体育和环境保护等的奖金。

（2）国债和国家发行的金融债券利息。

（3）按照国家统一规定发给的补贴、津贴。

（4）福利费、抚恤金和救济金。

（5）保险赔偿。

（6）军人的转业费、复员费。

（7）按照国家统一规定发给干部、职工的安家费、退职费、退（离）休工资、离休生活补助费。

> **特别提醒** 对离（退）休干部和职工，再就业取得的工资、薪金所得，依法应征个人所得税。实行内部退养的个人，在其办理内部退养手续后至法定离退休年龄之间从原任职单位取得的工资、薪金，不属于离退休工资，应缴纳个人所得税。

（8）依照我国有关法律规定应予免税的各国驻华使领馆、领事馆的外交代表、领事官员和其他人员的所得。

（9）中国政府参加的国际公约、签订的协议中规定的免税所得。

（10）单位和个人按省级以上人民政府规定的比例提取并缴付的住房公积金、医疗保险金、养老保险金、失业保险金，免征收个人所得税；超过规定比例的部分应并入当期工资、薪金计征个人所得税。个人领取原提存的住房公积金、医疗保险金、养老保险金，免征个人所得税。按国家或省级地方政府规定的比例缴付的住房公积金、医疗保险金、养老保险金、失业保险金存入银行个人账户所取得的利息收入，免征个人所得税。

（11）对个人取得的教育储蓄存款利息以及国务院财政部门确定的其他专项储蓄存款利息或储蓄性专项基金存款的利息，免征个人所得税。

（12）生育妇女按县级以上人民政府根据国家有关规定制定的生育保险办法，取得的生育津贴，生育医疗费或其他属于生育保险性质的津贴、补贴，免征个人所得税。

2．减税项目

（1）残疾、孤老人员和烈属的所得。

（2）因严重自然灾害造成重大损失的。

（3）其他经国务院主管部门批准减税的。

上述减免项目的减征幅度和期限，由省、自治区、直辖市人民政府规定。

3．暂免征税项目

（1）外籍个人以非现金形式或实报实销形式取得的住房补贴、伙食补贴、搬迁费、洗衣费。

（2）外籍个人按合理的标准取得的内地、境外出差补贴。

（3）外籍个人取得的探亲费、语言训练费、子女教育费等，经当地税务机关审核批准为合理的部分。

（4）外籍个人从外商投资企业取得的股息、红利所得。

（5）符合下列条件之一的外籍专家取得的工资、薪金所得：根据世界银行专项贷款协议由世界银行直接派往我国工作的外国专家；联合国组织直接派往我国工作的专家；为联合国援助项目来华工作的专家；援助国派往我国专为该国援助项目工作的专家；根据两国政府签订的文化交流项目来华工作2年以内的文教专家，其工资、薪金所得由该国负担的；根据我国大专院校国际交流项目来华工作2年以内的文教专家，其工资、薪金所得由该国负担的；通过民间科研协定来华工作的专家，其工资、薪金由该国负担的。

（6）个人举报、协查各种违法、犯罪行为而取得的奖金。

（7）个人办理代扣代缴税款手续，按规定收取的扣缴手续费。

（8）个人转让自用达5年以上并且是唯一的家庭居住用房取得的所得。

（9）对个人购买福利彩票、赈灾彩票、体育彩票，一次中奖收入在1万元（含）以下的，及个人取得单张有奖发票奖金所得不超过800元（含）的，暂免征收个人所得税。

（10）保险业务员佣金中的展业成本，免征个人所得税。但佣金中的劳务报酬，扣除实际缴纳的营业税及附加后的余额，应征收个人所得税。

4．对居民纳税人的暂免优惠

在中国境内无住所，但居住1年以上5年以下的个人，其来源于中国境外的所得，经主管税务机关批准，可以只就由中国境内公司、企业以及其他经济组织或个人支付的部分缴纳个人所得税；居住超过5年的个人，从第6年起，应当就其来源于中国境内外的全部所得缴纳个人所得税。

上述所谓"个人在中国境内居住满5年"是指个人在中国境内连续居住满5年，即在连续5年中的每一纳税年度内均居住满1年。

5．对非居民纳税人的暂免优惠

在中国境内无住所，但在一个纳税年度中在中国境内连续或累计居住不超过90日的个人，其来源于中国境内的所得，由境外雇主支付并且不由该雇主在中国境内的机构、场所负担的部分，免缴个人所得税，仅就其实际在中国境内工作期间由中国境内企业或个人雇主支付或由中国境内机构负担的工资、薪金所得纳税。

三、税额计算

（一）税额计算基本公式

个人所得税税额计算基本公式为

$$应纳税额＝应纳税所得额×适用税率$$

为方便计算，对实行累进税率的应税所得项目的应纳税额计算，可以采用以最高适用税率和速算扣除数为依据的速算方法。计算公式为

$$应纳税额＝应纳税所得额×适用税率－速算扣除数$$

（二）一般项目个人所得税税额计算

1．工资、薪金所得

（1）计税依据确定。工资、薪金所得按月计征，以月工资性收入额减去费用扣除标准后的余额为应纳税所得额。自 2011 年 9 月 1 日起，费用减除标准为每人每月 3 500 元。

在中国境内无住所而在中国境内取得工资、薪金所得的纳税人和在中国境内有住所而在中国境外取得工资、薪金所得的纳税人，在以每月收入减去费用减除标准的基础上，再减去附加减除费用后的余额为应纳税所得额。自 2011 年 9 月 1 日起，附加减除费用标准为每月 1 300 元。下列人员可享受附加减除费用政策：

① 在中国境内的外商投资企业和外国企业工作的外籍人员。

② 应聘在中国境内企事业单位、社会团体、国家机关工作的外籍专家。

③ 在中国境内有住所而在中国境外任职或受雇取得工资、薪金的个人。

④ 华侨和香港、澳门、台湾同胞。

⑤ 国务院财政、税务主管部门规定的其他人员。

（2）一般情况下应纳税额计算。

【案例分析 6-1】2016 年 1 月在某外商投资企业工作的中国公民王某取得工资收入 8 800 元；美籍专家取得工资收入 15 000 元。请分别计算上述两人 1 月应缴纳的个人所得税税额。

分析：王某应纳个人所得税＝（8 800－3 500）×20%－555＝505（元）

美籍专家应纳个人所得税＝（15 000－3 500－1 300）×25%－1 005＝1 545（元）

（3）特殊情形应纳税额计算。

① 个人取得全年一次性奖金的应纳税额计算。全年一次性奖金是指企事业单位根据其全年经济效益和对雇员全年工作业绩的综合考核情况向雇员发放的一次性奖金。一次性奖金包括年终加薪、实行年薪制和绩效工资办法的单位根据考核情况兑现的年薪和绩效工资。

个人取得的全年一次性奖金应单独作为 1 个月工资、薪金所得计算个人所得税。具体分两步进行：

第一步，找税率。如果雇员当月工资薪金所得高于（或等于）税法规定的费用扣除额，应将雇员当月内取得的全年一次性奖金除以 12，按其商数确定全年一次性奖金适用税率和速算扣除数。如果雇员当月工资薪金所得低于税法规定的费用扣除额，应将雇员当月内取得的全年一次性奖金减除"雇员当月工资薪金所得与费用扣除额的差额"后的余额除以 12，按其商数确定全年一次性奖金适用税率和速算扣除数。

第二步，算税额。雇员当月工资薪金所得高于（或等于）税法规定的费用扣除额的，计算公式为

应纳税额 = 雇员当月取得全年一次性奖金 × 适用税率 - 速算扣除数

雇员当月工资薪金所得低于税法规定的费用扣除额的，计算公式为

应纳税额 =（雇员当月取得全年一次性奖金 - 雇员当月工资薪金所得与费用扣除额的差额）× 适用税率 - 速算扣除数

【案例分析 6-2】中国公民赵某 2016 年 12 月在中国境内取得工资收入 4 100 元，同时取得年终一次性奖金 12 000 元。计算赵某 12 月份应缴纳的个人所得税税额。

分析：赵某的月工资薪金所得与年终奖应分别计税。

月工资薪金个人所得税应纳税额 =（4 100-3 500）× 3% = 18（元）

年终奖应纳个人所得税：

找税率：12 000 ÷ 12 = 1 000（元），适用税率为 3%、速算扣除数 0

算税额：应纳税额 = 12 000 × 3% = 360（元）

接上述资料，如果赵某月工资为 1 700 元，其他资料不变，计算赵某 12 月应缴纳个人所得税税额。

计算月工资薪金个人所得税：月工资不足 3 500 元，不需纳税。

年终奖应纳个人所得税：

找税率：[12 000-（3 500-1 700）] ÷ 12 = 850（元），适用税率为 3%、速算扣除数 0

算税额：应纳税额 =（12 000-1 800）× 3% = 306（元）

> **特别提醒** 　在一个纳税年度内，对每一个纳税人全年一次性奖金的计税办法只允许采用一次，雇员取得除全年一次性奖金以外的其他各种奖金，如半年奖、季度奖、加班奖、先进奖、考勤奖等，一律与当月工资、薪金收入合并按税法规定缴纳个人所得税。

② 外商投资企业、外国企业和外国驻华机构工作的中方人员取得的工资、薪金所得应纳税额计算。在外商投资企业、外国企业和外国驻华机构工作的中方人员取得的工资、薪金所得，凡是由雇佣单位和派遣单位分别支付的，支付单位应代扣、代缴个人所得税。为方便征管，税法规定只由雇佣单位在支付工资、薪金时，按税法规定减除费用计算扣缴个人所得税；派遣单位支付的工资、薪金不再减除费用，以支付金额全额确定适用税率计算扣缴个人所得税。同时，纳税人还应持两处支付单位提供的原始明细工资、薪金单和完税凭证原件，选择并固定到一地税务机关申报每月工资、薪金收入，汇算清缴工资、薪金的个人所得税，多退少补。

> **特别提醒** 　对可以提供有效合同或有关凭证，能够证明其工资、薪金所得的一部分按有关规定上缴派遣（介绍）单位的，可扣除其实际上缴的部分，按其余额计征个人所得税。

【案例分析 6-3】李某由中方 A 企业派往 B 外商投资企业工作，派遣单位和雇佣单位每月分别支付工资 2 000 元和 7 000 元。A、B 企业每月应分别代扣代缴多少个人所得税？李某自行申报时应补缴多少个人所得税？

分析：A、B 企业代扣、代缴个人所得税：

A 企业每月代扣代缴的个人所得税 = 2 000 × 3% = 60（元）

B 企业每月代扣代缴的个人所得税 =（7 000-3 500）× 10%-105 = 245（元）

李某自行申报个人所得税应补缴税额：

应补缴的个人所得税 =（7 000+2 000-3 500）× 20%-555-（60+245）= 240（元）

2．个体工商户生产经营所得

（1）计税依据确定。个体工商户生产经营所得，以每一纳税年度的收入总额减除成本、费用以及损失后的余额为应纳税所得额。成本、费用是指纳税人从事生产经营所发生的各项直接支出和分配计入成本的间接费用，以及销售费用、管理费用和财务费用；损失是指纳税人在生产经营过程中发生的各项营业外支出。成本、费用及损失的扣除遵循国家税务总局制定的《个体工商户所得计税办法（试行）》。

（2）查账征收方式下应纳税额计算。

【案例分析 6-4】吉祥快餐店为一个体工商户，其税款实行查账征收。2016 年 7 月全月营业额为 34 000 元，当月购进大米、菜、肉、蛋等原料支出为 19 500 元，全月共缴纳水电费、房租、煤气费等 4 000 元，缴纳其他税费合计 340 元，当月支付雇佣员工工资 3 000 元。假定上述费用均在规定的扣除标准之内。1～6 月累计应纳税所得额为 67 800 元，1～6 月累计已预缴的个人所得税额为 18 460 元。计算吉祥快餐店 7 月应预缴的个人所得税税额。

分析：7 月应纳税所得额 = 34 000-19 500-4 000-340-3 000 = 7 160（元）

7 月累计应纳税所得额 = 7 160+67 800 = 74 960（元）

全年应纳税所得额 = 74 960 × 12/7 = 128 502（元）

全年应纳税额 = 128 502 × 35%-6 750 = 38 226（元）

7 月应纳税额 = 38 226 × 7/12-18 460 = 3 838.5（元）

（3）核定征收方式下应纳税额计算。对于会计核算不健全，或没有建账的个体工商户，可采用核定征收的办法。核定征收包括定额征收和定率征收。定额征收是指税务机关对经营规模小，经营情况比较稳定的个体工商户，可根据业主的实际经营情况，核定应纳税额，按月纳税，年终不清算。定率征收是指税务机关经调查，定期制定行业所得税负担率，在缴纳增值税或营业税的同时，一并按销售收入计算缴纳所得税，年终不清算。

实行核定征收方式的，应纳税额的计算公式为

$$应纳税所得额 = 收入总额 × 应税所得率$$

或

$$应纳税所得额 = 成本费用支出总额 ÷（1-应税所得率）× 应税所得率$$

$$应纳税额 = 应纳税所得额 × 税率-速算扣除数$$

3．对企事业单位承包经营、承租经营所得

（1）计税依据确定。对企事业单位承包经营、承租经营所得，以每一纳税年度的收入总额减除必要费用后的余额为应纳税所得额。计算公式为

$$应纳税所得额=年度收入总额-必要费用$$

年度收入总额是指纳税人按承包经营、承租经营合同分得的经营利润和工资、薪金性质所得。自 2011 年 9 月 1 日起，必要费用调整为每月 3 500 元。

在一个纳税年度内，承包经营、承租经营不足 12 个月的，以其实际承包、承租经营的月份数为一个纳税年度计算应纳税所得额。计算公式为

$$应纳税所得额=该年度承包、承租经营收入额-每月必要费用×$$
$$该年度实际承包承租经营月份数$$

（2）税额的计算。

$$应纳税额=应纳税所得额×适用税率-速算扣除数$$

【案例分析 6-5】刘某承包一餐馆，承包期 3 年，每年从税后利润中上缴承包费 5 万元。2016 年餐馆税后利润为 176 000 元，刘某全年领取工资收入 45 000 元。请问刘某2016 年应缴纳多少个人所得税？

分析：年应纳税所得额 = 176 000-50 000+45 000-3 500 × 12 = 255 000（元）

应纳个人所得税 = 255 000 × 35%-14 750 = 74 500（元）

4．劳务报酬所得。

（1）计税依据确定。劳务报酬所得，每次收入不超过 4 000 元的，减除费用 800 元，每次收入在 4000 元以上的，减除收入额 20%的费用，其余额为应纳税所得额。计算公式为

$$应纳税所得额=每次收入-800$$
或
$$应纳税所得额=每次收入×（1-20\%）$$

劳务报酬所得的收入次数确定原则为：只有一次性收入的，以取得该项收入为一次；属于同一事项连续取得收入的，以 1 个月内取得的收入为一次。

同一事项是指"劳务报酬所得"列举具体劳务项目中的某一单项，个人兼有不同的劳务报酬所得，应分别减除费用，计算缴纳个人所得税。对同一事项连续性收入的，以县（含县级市、区）为一地，其管辖范围内的一个月内劳务服务为一次，当月跨县地域的，应分别计算。

（2）税额计算。

$$应纳税额=应纳税所得额×税率-速算扣除数$$

【案例分析 6-6】某大学教授王某，2016 年 1 月应邀为某企业进行 3 天的员工培训，取得收入 15 000 元。请问王教授讲学所得应缴纳多少个人所得税？

分析：王教授讲学报酬应按"劳务报酬所得"税目计征个人所得税，并以 1 个月收入为 1 次。

$$应纳税额=15 000 ×（1-20\%）× 20\%=2 400（元）$$

5．稿酬所得

（1）计税依据确定。稿酬所得，每次收入不超过 4 000 元的，减除费用 800 元，每次收入在 4 000 元以上的，减除收入额 20%的费用，其余额为应纳税所得额。计算公式为

$$应纳税所得额=每次收入-800$$
或
$$应纳税所得额=每次收入×（1-20\%）$$

稿酬所得以每次出版、发表取得的收入为一次，其"次"的确定原则如下。

① 同一作品再版取得的所得，视为另一次稿酬所得计税。

② 同一作品先在报刊上连载，然后再出版，或先出版，再在报刊上连载的，视为两次稿酬所得计税。

③ 同一作品在报刊上连载，以连载完后取得的所有收入合并为一次计税。

④ 同一作品出版、发表时以预付稿酬或分次支付稿酬形式取得收入的应合并一次计税。

⑤ 同一作品出版、发表后，因添加印数而追加稿酬的，应与以前出版、发表时取得的稿酬合并为一次计税。

（2）税额计算。

$$应纳税额＝应纳税所得额×适用税率（20\%）×（1-30\%）$$

【案例分析 6-7】作者王某 2016 年 1 月出版一小说，取得稿酬 40 000 元。请计算出版社应代扣代缴多少个人所得税？

分析：应扣个人所得税税额=40 000×（1-20%）×20%×（1-30%）=4 480（元）

6．特许权使用费所得

（1）计税依据确定。特许权使用费所得，每次收入不超过 4 000 元的，减除费用 800 元；每次收入在 4 000 元以上的，减除收入额 20%的费用，其余额为应纳税所得额。计算公式为

$$应纳税所得额＝每次收入-800$$
或
$$=每次收入×（1-20\%）$$

特许权使用费所得，以某项使用权的一次转让所取得的收入为 1 次，如果该次转让取得的收入是分笔支付的，则应将各笔收入合并为 1 次。

对个人从事技术转让过程中所支付的中介费，如能提供有效、合法凭证的，允许从其所得中扣除。

（2）税额计算。

$$应纳税额＝应纳税所得额×适用税率（20\%）$$

【案例分析 6-8】某企业购入王某的一项非专利技术的使用权。合同约定使用费 30 000 元，个人所得税由王某个人承担。请计算王某应纳个人所得税税额。

分析：应纳税额=30 000×（1-20%）×20%=4 800（元）

7．财产租赁所得

（1）计税依据确定。财产租赁所得，以一个月取得的收入为一次，以每次取得的收入减除规定费用后的余额为应纳税所得额。允许扣除的规定费用包括：

① 财产租赁过程中缴纳的税费，包括营业税、城市维护建设税、教育费附加、房产税；

② 向出租方支付的租金（适用于转租业务）；

③ 由纳税人负担的为该出租财产实际开支的修缮费用，以每次 800 元为限分次扣除；

④ 税法规定的费用扣除标准。即每次收入不超过 4 000 元的，减除费用为 800 元，每次收入在 4 000 元以上的，减除费用为收入额的 20%。

上述费用应按顺序依次扣除。即应纳税所得额的计算公式为

每次（月）收入不超过 4 000 元的：

应纳税所得额＝每次（月）收入额-准予扣除项目-修缮费用（800 元为限）-800

每次（月）收入超过 4 000 元的：

应纳税所得额＝[每次（月）收入额-准予扣除项目-修缮费用（800 元为限）]×（1-20%）

（2）税额计算。

$$应纳税额=应纳税所得额×适用税率$$

【案例分析6-9】2016年2月李某将一店面出租给王某使用，双方协议月租金为2 000元，但交付使用前李某应将房屋进行装修。出租前李某共花去装修费用1 500元，租金自2016年3月开始计算，半年收取一次租金，2016年3月1日李某收到12 000元租金。暂不考虑其他税金及附加。请计算李某收取的上述租金应缴纳多少个人所得税？

分析：根据税法规定，财产租赁所得应按次计税，以1个月收入为1次。

2016年3月应纳个人所得税：

应纳税额 = （2 000-800-800）×20% = 80（元）

2016年4月应纳个人所得税：

应纳税额 = （2 000-700-800）×20% = 100（元）

2016年5月至8月应纳个人所得税：

应纳税额 = （2 000-800）×20% = 240（元）

合计应纳个人所得税=80+100+240×4=1 140（元）

8．财产转让所得

（1）计税依据确定。财产转让所得以转让财产的收入额减除财产原值和合理费用后的余额为应纳税所得额。计算公式为

$$应纳税所得额=每次收入额-财产原值-合理税费$$

其中"财产原值"按下列原则确定：对有价证券为买入价以及买入时按照规定缴纳的有关费用；对建筑物为建造费用或购进价格以及其他有关费用；对土地使用权为取得土地使用权所支付的金额、开发土地的费用以及其他有关费用；对机器设备、车船为购进价格、运输费、安装费以及其他有关费用；其他财产参照上述方法确定。纳税人未提供完整、准确的财产原值凭证，不能正确计算财产原值的，由主管税务机关核定其财产原值。

合理税费是指卖出财产时支付的经税务机关认可的有关税费，包括营业税、城市维护建税及教育费附加、土地增值税、印花税、手续费等。

（2）税额计算。

$$应纳税额=应纳税所得额×适用税率$$

【案例分析6-10】某个人建造房屋一栋，造价为40 000元，支付有关费用3 000元。该个人2014年1月将此房屋转让，房屋转让价为120 000元，在卖房过程中按规定支付各项费用合计5 000元。计算该个人应缴纳的个人所得税税额。

分析：应纳税所得额 = 120 000-（40 000 + 3 000）-5 000 = 72 000（元）

应纳税额 = 72 000×20% = 14 400（元）

9．利息、股息、红利所得和偶然所得、其他所得

（1）计税依据确定。上述三项所得不减除费用，以每次收入额为应纳税所得额。利息、股息、红利所得，以支付利息、股息、红利时取得的收入为一次；偶然所得，以每次取得该项收入为1次。

（2）税额计算。

$$应纳税额 = 每次收入额×20%$$

【案例分析 6-11】2016 年王先生购买福利彩票中奖 3 000 元；参加某商场举办的有奖销售活动中奖 15 000 元现金。王先生的上述所得是否应缴纳个人所得税？

分析：王先生购买福利彩票中奖所得不超过 1 万元，暂免征收个人所得税；参加商场有奖销售活动所得应按"偶然所得"税目计征个人所得税。应纳税额=15 000×20%=3 000（元）

（三）特殊项目个人所得税税额计算

1．公益、救济性捐赠扣除的计算

根据《个人所得税法》规定，个人将其所得通过中国境内的社会团体、国家机关向教育和其他社会公益事业以及遭受严重自然灾害地区、贫困地区捐赠，捐赠额未超过纳税人申报的应纳税所得额 30%的部分，可以从其应纳税所得额中扣除。计算公式为：

捐赠扣除限额＝扣除捐赠额前纳税人申报的应纳税所得额×30%

当实际捐赠额＜捐赠扣除限额时，

允许扣除的捐赠额＝实际捐赠额

当实际捐赠额＞捐赠扣除限额时，

允许扣除的捐赠额＝捐赠扣除限额

应纳税所得额＝扣除捐赠额前的应纳税所得额－允许扣除的捐赠额

应纳税额＝应纳税所得额×适用税率－速算扣除数

【案例分析 6-12】中国公民王某 2016 年 5 月 1 日购买福利彩票，中奖 200 000 元。王某领奖时拿出 20 000 元捐赠给希望工程。请计算王某应纳的个人所得税税额。

分析：捐赠扣除限额＝200 000×30%＝60 000（元）

纳税人实际捐赠额 20 000 元＜捐赠扣除限额 60 000 元，则允许扣除的捐赠额为 20 000 元。

应纳税所得额＝200 000-20 000＝180 000（元）

应纳税额＝180 000×20%＝36 000（元）

2．境外所得税抵免额计算

《个人所得税法》规定，居民纳税人负无限纳税义务，应就其来源于中国境内、境外的所得征税。但纳税人从中国境外取得的所得，已在境外缴纳的个人所得税，准予在应纳税额中扣除，扣除额不得超过该纳税人境外所得依照我国个人所得税法计算的应纳税额。

境外所得应纳税额可按下列步骤计算：

第一步，计算来自某国或地区的抵免额

来自某国或地区的抵免额＝Σ（来自某国或地区的某一应税项目的所得－

费用减除标准）×适用税率－速算扣除数

第二步，判断允许抵免额

当在境外实际缴纳税额＜抵免限额时，

允许抵免额＝境外实际缴纳税额

当在境外实际缴纳税额＞抵免限额时，

允许抵免额＝抵免限额

第三步，计算应纳税额

应纳税额＝Σ（来自某国或地区的某一应税项目的所得－费用减除标准）×

适用税率－速算扣除数－允许抵免额

【**案例分析 6-13**】中国公民王某在境外工作，2016 年在 A 国取得工薪收入 240 000 元，转让一项专利取得特许权使用费收入 80 000 元，两项所得在 A 国已缴纳个人所得税 10 000 元。计算 2016 年王某应向我国税务机关缴纳的个人所得税税额。

分析：① 计算来自 A 国的抵免额。

工薪收入应纳税额 = [(240 000 ÷ 12-4800) × 20%-555] × 12 = 29 820（元）

特许权使用费收入应纳税额 = 80 000 × (1-20%) × 20% = 12 800（元）

A 国抵免限额 = 29 820+12 800 = 42 620（元）

② 判断允许抵免额。王某已在 A 国缴纳税款 10 000 元＜抵免限额 42 620 元，则允许抵免额为 10 000 元。

③ 王某应向我国税务机关缴纳的个人所得税。

应纳税额 = 42 620-10 000 = 32 620（元）

第四节 个人所得税税款缴纳

个人所得税的申报缴纳方式有两种：全员全额扣缴申报和自行纳税申报。

一、全员全额扣缴申报

《个人所得税法》规定，凡是支付个人应税所得的企业（公司）、事业单位、机关单位、社团组织、军队、驻华机构、个体工商户等单位或个人，都是个人所得税的扣缴义务人。

从 2006 年 1 月 1 日起，扣缴义务人必须依法履行个人所得税全员全额扣缴申报义务。即扣缴义务人向个人支付应税所得时，不论其是否属于本单位人员、支付的应税所得是否达到纳税标准，扣缴义务人应当在代扣税款的次月内，向主管税务机关报送其支付应税所得个人的基本信息、支付所得项目和数额、扣缴税款数额以及其他相关涉税信息。

扣缴义务人应代扣代缴个人所得税的应税项目有：工资、薪金所得；对企事业单位承包、承租经营所得；劳务报酬所得；稿酬所得；特许权使用费所得；财产租赁所得；财产转让所得；利息、股息、红利所得；偶然所得；经国务院财政部门确定征税的其他所得。

税务机关应根据扣缴义务人所扣缴的税款，付给2%的手续费。扣缴义务人每月所扣税款，应当于次月 15 日缴入国库。

二、自行纳税申报

自行纳税申报是指由纳税人自行在税法规定的纳税期限内，向税务机关申报取得的应税所得项目和数额，如实填写个人所得税纳税申报表，并按《税法》规定计算应纳税额，并据此缴纳个人所得税的一种方法。

1．自行纳税申报范围

依据《个人所得税法》规定，纳税人有下列情形之一的，应按规定办理自行纳税申报：

（1）年所得 12 万元以上的，但不包括在中国境内无住所，且在一个纳税年度中在中国境内居住不满一年的个人。

（2）从中国境内两处或两处以上取得工资、薪金所得的。

（3）从中国境外取得所得的。仅指在中国境内有住所，或无住所而在一个纳税年度中在中国境内居住满一年的个人。

（4）取得应纳税所得，没有扣缴义务人的。

（5）国务院规定的其他情形。

2．纳税期限

（1）年所得 12 万元以上的纳税人，在纳税年度终了后 3 个月内向主管税务机关办理纳税申报。

（2）个体工商户和个人独资、合伙企业投资者取得的生产、经营所得应纳税款，分月（季）预缴的，纳税人在每月（季）终了后 15 日内办理纳税申报；纳税年度终了后 3 个月内进行汇算清缴。

（3）纳税人年终一次取得对企事业单位承包经营、承租经营所得的，自取得所得之日起 30 日内办理纳税申报；在一个纳税年度内分次取得承包经营、承租经营所得的，在每次取得所得后的次月 15 日内申报预缴；年度终了后的 3 个月内汇算清缴。

（4）从中国境外取得所得的纳税人，在纳税年度终了后 30 日内向中国境内主管税务机关办理纳税申报。

（5）纳税人取得其他各项所得须申报纳税的，在取得所得的次月 15 日内向主管税务机关办理纳税申报。

3．纳税地点

（1）年所得 12 万元以上的纳税人，纳税申报地点分别如下。

① 在中国境内有任职、受雇单位的，向任职、受雇单位所在地主管税务机关申报。

② 在中国境内有两处或两处以上任职、受雇单位的，选择并固定向其中一处单位所在地主管税务机关申报。

③ 在中国境内无任职、受雇单位，年所得项目中有个体工商户生产、经营所得或对企事业单位的承包经营、承租经营所得（以下统称生产、经营所得）的，向其中一处实际经营所在地主管税务机关申报。

④ 在中国境内无任职、受雇单位，年所得项目中无生产、经营所得的，向户籍所在地主管税务机关申报。在中国境内有户籍，但户籍所在地与中国境内经常居住地不一致的，选择并固定向其中一地主管税务机关申报。在中国境内没有户籍的，向中国境内经常居住地主管税务机关申报。

（2）从两处或两处以上取得工资、薪金所得的，选择并固定向其中一处单位所在地主管税务机关申报。

（3）从中国境外取得所得的，向中国境内户籍所在地主管税务机关申报。在中国境内有户籍，但户籍所在地与中国境内经常居住地不一致的，选择并固定向其中一地主管税务机关申报。在中国境内没有户籍的，向中国境内经常居住地主管税务机关申报。

（4）个体工商户向实际经营所在地主管税务机关申报。

（5）个人独资、合伙企业投资者兴办两个或两个以上企业的，区分不同情形确定纳税申报地点。

① 兴办的企业全部是个人独资性质的，分别向各企业的实际经营管理所在地主管税务机关申报。

② 兴办的企业中含有合伙性质的，向经常居住地主管税务机关申报。

③ 兴办的企业中含有合伙性质，个人投资者经常居住地与其兴办企业的经营管理所在地不一致的，选择并固定向其参与兴办的某一合伙企业的经营管理所在地主管税务机关申报。

（6）除以上情形外，纳税人应当向取得所得所在地主管税务机关申报。

纳税人不得随意变更纳税申报地点，因特殊情况变更纳税申报地点的，须报原主管税务机关备案。

本章概要

内容结构：

```
                    ┌─ 个人所得税概述：概念与作用
                    │
                    ├─ 纳税人与征税对象：纳税人认定、征税对象确定、所得来源地确定
                    │
                    │  个人所得税税额计算 ─┬─ 税率选择：超额累进税率和比例税率
                    │                      │
                    │                      ├─ 税收优惠
                    │                      │
 个人所得税 ────────┤                      │              ┌─ 工资薪金所得
                    │                      │              ├─ 个体工商户生产经营所得
                    │                      │              ├─ 对企事业单位承包承租经营所得
                    │                      │              ├─ 劳务报酬所得
                    │                      └─ 税额计算 ────┼─ 稿酬所得
                    │                                     ├─ 特许权使用费所得
                    │                                     ├─ 财产租赁所得
                    │                                     ├─ 财得转让所得
                    │                                     ├─ 股息、红利、偶然所得
                    │                                     ├─ 公益性捐赠扣除
                    │                                     └─ 境外所得税抵免
                    │
                    └─ 个人所得税税款缴纳：纳税义务发生时间；纳税地点；纳税期限
```

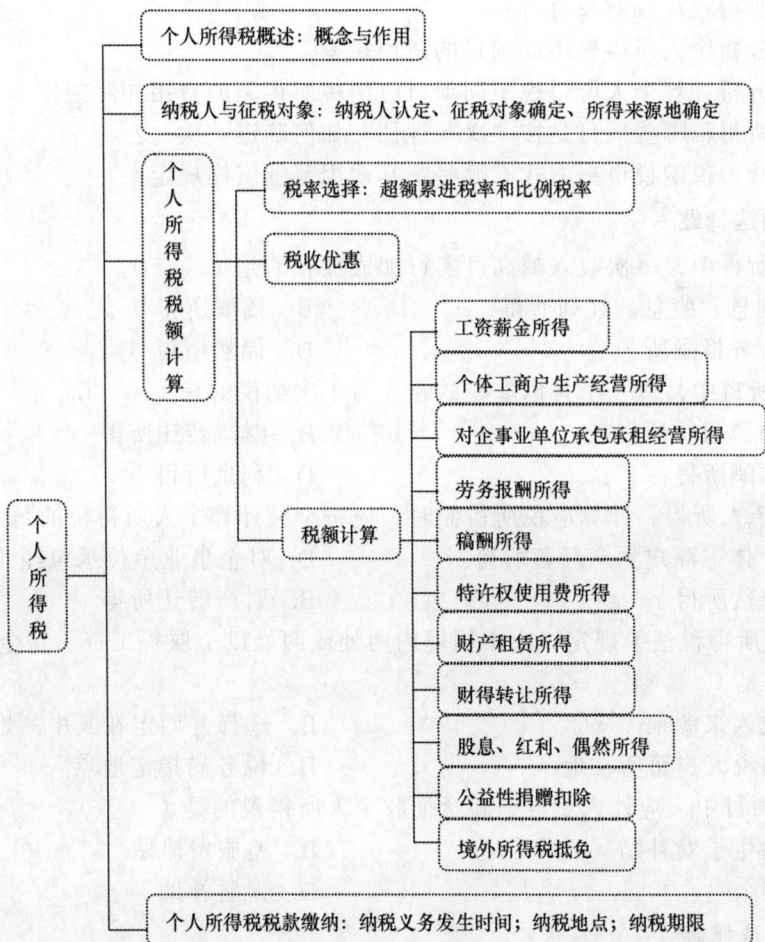

知识点： 个人所得税　居民纳税人　非居民纳税人　习惯性居住地　临时离境　个人所得税征税对象　工资、薪金所得　劳务报酬所得　稿酬所得　特许权使用费所得　财产租赁所得　财产转让所得　利息、股息、红利所得　偶然所得　个体工商户生产、经营所得　对企事业单位承包（承租）经营所得　全员全额扣缴申报　自行纳税申报

能力点： 纳税人认定　征税对象确定　税率选择　应纳税所得额计算　应纳税额计

算　自行纳税申报

重点：纳税人认定　征税对象确定　税率选择　不同税目应纳税额计算　税收优惠运用　境外所得已纳税款扣除　税款缴纳

难点：费用扣除中有关"次"的规定　应纳税所得额的确定　公益救济捐赠扣除　境外所得税抵免扣除

单元训练

一、复习思考题

1. 如何区分居民纳税人和非居民纳税人？
2. 个人所得税征税对象有哪些？
3. 比较分析个人所得税不同项目的适用税率。
4. 比较分析计算个人所得税不同项目应纳税所得额的费用扣除规定。
5. 个人所得税哪些项目是按"次"计征？如何确定"次"？
6. 个人所得税纳税申报方式有哪些？其适用范围怎样规定？

二、单项选择题

1. 下列所得中，一次收入畸高可实行加成征收的是（　　　）。
   - A. 利息、股息、红利所得
   - B. 稿酬所得
   - C. 劳务报酬所
   - D. 偶然所得

2. 下列所得中，以 1 个月内取得的收入为 1 次纳税的是（　　　）。
   - A. 财产租赁所得
   - B. 财产转让所得
   - C. 稿酬所得
   - D. 利息所得

3. 下列个人所得，计算应税所得额时，应按全额计算个人所得税的是（　　　）。
   - A. 个体工商户生产经营所得
   - D. 对企事业单位承包经营、承租经营
   - C. 偶然所得
   - B. 财产转让所得

4. 《个人所得税法》规定，在中国境内两处或两处以上取得工资、薪金所得的，其纳税地点选择是（　　　）。
   - A. 收入来源地
   - B. 选择并固定在其中一地申报纳税
   - C. 纳税人户籍所在地
   - D. 税务局指定地点

5. 下列项目中，应计入工资、薪金征收个人所得税的是（　　　）。
   - A. 独生子女补贴
   - B. 差旅费津贴
   - C. 奖金
   - D. 误餐补助

三、多项选择题

1. 下列情况中，属于居民纳税义务人的有（　　　）。
   - A. 在中国境内有住所
   - B. 2013 年 1 月 1 日—12 月 31 日在我国境内居住
   - C. 2012 年 2 月 1 日—2013 年 1 月 31 日在我国境内居住
   - D. 2012 年 1 月 1 日—2013 年 12 月 30 日在我国境内居住

2. 下列项目中，应计入"工资、薪金所得"计征个人所得税的有（　　）。

    A. 年终奖金　　　　B. 年终加薪　　　　C. 职务工资　　　　D. 交通费补贴

3. 享受工资、薪金个人所得税附加减除费用的个人包括（　　）。

    A. 在我国的外国企业中工作中方人员

    B. 华侨和中国港、澳、台同胞

    C. 在我国工作的外籍专家

    D. 在中国境内有住所但在境外工作的中国居民

4. 个人取得下列各项所得，必须自行申报纳税的有（　　）。

    A. 从两处或两处以上取得工资所得　　　　B. 取得股票转让所得的

    C. 从境外取得所得的　　　　D. 取得应税所得，没有扣缴义务人的

5. 下列各项中，适用 5%～35% 的五级超额累进税率的有（　　）。

    A. 个体工商户的生产经营所得　　　　B. 个人独资企业生产经营所得

    C. 对企事业单位承包经营所得　　　　D. 合伙企业生产经营所得

四、判断题

1. 居民纳税义务人是指在中国境内有住所的个人。　　　　（　　）

2. 某人年薪 20 万元，单位已经足额代扣代缴个人所得税，所以其不用自行申报个人所得税。　　　　（　　）

3. 大学教师王某在本校授课取得的讲课费收入，应该按劳务报酬所得计算缴纳个人所得税。　　　　（　　）

4. 我国现行居民纳税人工资薪金所得税个人所得税起征点是 3 500 元。　　（　　）

5. 居民纳税人应就其来源于中国境内的全部所得依法缴纳个人所得税。　（　　）

五、单项计算题

1. 中国公民王某，2016 年 7 月在中国境内取得工资 2 100 元奖（或月度奖/季度奖）6 200 元。王某 7 月应纳个人所得税为（　　）元。

    A. 405　　　　B. 820　　　　C. 530　　　　D. 510

2. 中国公民王某，2016 年 12 月在中国境内取得工资 1 900 元、年终一次性奖金 12 200 元王某 12 月应纳个人所得税为（　　）元。

    A. 1 125　　　　B. 1 195　　　　C. 318　　　　D. 1 385

3. 张工程师退休后，月退休工资 1 800 元，为发挥余热又受聘任职于另一单位取得月工资 2 500 元。张工程师每月应纳个人所得税为（　　）元。

    A. 30　　　　B. 190　　　　C. 0　　　　D. 220

4. 某演员参加营业性演出，一次取得劳务报酬 100 000 元，其应缴纳的个人所得税为（　　）元。

    A. 16 000　　　　B. 25 000　　　　C. 20 000　　　　D. 22 000

5. 李教授 2015 年 8 月在清华大学出版社出版教材一本，获稿酬 8 000 元。因市场需要，2016 年 1 月加印该教材又获稿酬 3 000 元。李教授两次稿酬收入实际应缴纳的个人所得税为（　　）元。

    A. 1 460　　　　B. 1 540　　　　C. 1 204　　　　D. 1 232

6. 李某 2016 年 1 月分别将其拥有的两项专利转让给他人，A 专利转让所得 3 000 元，B 专利转让所得 4 700 元（支付中介费 200 元，有合法凭证）。李某应缴纳的个人所得税为（　　）元。

  A. 940   B. 1 540   C. 1 160   D. 1 200

7. 中国公民李小姐 2016 年将位于市区的自有居住用房出租用于居住，租期半年，共计取得租金收入 24 000 元（暂不考虑其他税费）。李小姐取得的租金收入应缴纳的个人所得税税为（　　）元。

  A. 1 460   B. 1 920   C. 1 890   D. 2 100

六、综合分析题

1. 海滨市居民张先生因工作需要，由其人事关系所在单位（甲）委派到本省一外商投资企业（乙），工作时间为 2016 年 1 月 1 日至 2016 年 12 月 31 日。甲每月支付基本工资 2 000 元，乙每月支付工资 6 000 元。有关张先生的工资、薪金所得个人所得税处理如下：

甲每月支付给张先生的工资低于 3 500 元，根据税法规定，无须缴纳个人所得税，甲作零申报。

乙每月代扣个人所得税=（6 000-3 500）×10%-105=145（元）

张先生认为雇佣单位和派遣单位已分别代扣代缴其个人所得税税款，本人无须办理申报纳税。

请问：

（1）雇佣单位和派遣单位每月代扣税额是否正确？为什么？

（2）张先生的想法正确吗？为什么？

2. 滨海市大洋路万家超市，2016 年 1 月该超市工资计算表（简表），如表 6-4 所示。

表 6-4   超市工资计算表   单位：元（列至角分）

姓名	身份证号码	基本工资	绩效工资	补贴	应发工资	代扣公积金	代扣医疗保险	代扣失业保险	代扣养老保险	税前工资
曾海良	3258011958111120004	3 500	1 500	1 000	6 000	600	120	30	480	4 770
季月荣	3258011977080800041	3 350	1 500	1 000	6 030	603	120.6	30.15	482.4	4 793.85
徐雪容	3258711976040600001	2 302		1 500	3 802	380.2	76.04	19.01	304.16	3 022.59
李长芬	3258711981092300021	2 280		1 500	3 780	378	75.6	18.9	302.4	3 005.1
陈光波	3258011983110500222	2 295		1 500	3 795	379.5	75.9	18.98	303.6	3 017.02
杨建峰	3258711976101100024	2 102		1 500	3 601	360.1	52.02	18.01	288.08	2 882.79
合 计		16 009	3 000	8 000	27 009	2 700.8	520.16	135.05	2 160.64	21 491.35

计算企业应代扣代缴各员工的个人所得税税额。

3. 李平为自由职业者，2016 年 2 月 1 日起与某农科院签订期限为 2 年的餐厅经营业务，合同规定李平向农科院缴纳风险抵押金 10 000 元，当年向出包单位上缴承包利润 40 000 元，并逐年提高一个百分点，剩余利润归承包人所有。2016 年李某承包的餐厅实现税后利润 120 000 元。李平每月领取工资 4 000 元。计算李平 2016 年承包所得应缴纳的个人所得税税额。

4. 王宏 2016 年收入资料如下。

（1）每月取得工资和年终奖及扣缴税款情况如表 6-5 所示。

表 6-5　　　　　　　　王宏 2016 年工资及奖金收入汇总表　　　　　　　单位：元

项目	基本及岗位工资 ①	伙食补助 ②	月奖 ③	住房补贴 ④	过节费 ⑤	应发工资 ⑥	住房公积金 ⑦	基本养老保险费 ⑧	基本医疗保险费 ⑨	失业保险费 ⑩	三费一金合计 ⑪	个人所得税 ⑫	实发工资 ⑬
1 月	7 000	1 000	1 200	3 000	1 000	13 200	1 200	960	240	120	2 520	881	9 799
2 月	7 000	1 000	1 200	3 000	2 000	14 200	1 200	960	240	120	2 520	1 081	10 599
3 月	7 000	1 000	1 200	3 000	0	12 200	1 200	960	240	120	2 520	681	8 999
4 月	7 000	1 000	1 200	3 000	0	12 200	1 200	960	240	120	2 520	681	8 999
5 月	7 000	1 000	1 200	3 000	1 000	13 200	1 200	960	240	120	2 520	881	9 700
6 月	7 000	1 000	1 200	3 000	0	12 200	1 200	960	240	120	2 520	681	8 999
7 月	7 000	1 000	1 200	3 000	0	12 200	1 200	960	240	120	2 520	681	8 999
8 月	7 000	1 000	1 200	3 000	0	12 200	1 200	960	240	120	2 520	681	8 999
9 月	7 000	1 000	1 200	3 000	1 000	13 200	1 200	960	240	120	2 520	881	9 799
10 月	7 000	1 000	1 200	3 000	1 000	13 200	1 200	960	240	120	2 520	881	9 799
11 月	7 000	1 000	1 200	3 000	0	12 200	1 200	960	240	120	2 520	681	8 999
12 月	7 000	1 000	1 200	3 000	0	12 200	1 200	960	240	120	2 520	681	8 999
年终奖金	—	—	—	—	—	36 000						3 495	32 505
合计						188 400					30 240	12 867	145 293

（2）2016 年 3 月 1 日将其拥有的一项发明专利让渡给甲公司，双方约定的转让款为 60 000 元。

（3）2016 年 3 月 1 日出租自有商铺给乙公司，合同约定租期 1 年，月租金 3 500 元，按国家规定缴纳除个人所得税外的其他税费 200 元。

（4）2016 年 5 月 10 日完成某单位委托的工程项目可行性方案取得设计费 5 000 元。

（5）2016 年 2 月转让设备一台，取得转让收入 6 000 元。该设备原价 4 000 元，转让时支付的有关费用 200 元。

（6）取得本公司股利分红 20 000 元。

（7）在国内专业杂志上发表文章取得稿酬 900 元。

假设各相关扣缴义务人均按税法规定完成代扣代缴个人所得税义务，请代为计算其金额。

5. 中国公民张先生 2016 年 2 月 12 日，在参加商场的有奖销售活动中，中奖 30 000 元，他将其中的 10 000 元通过市慈善总会用于公益性捐赠。对张先生应缴纳的个人所得税商场作如下处理：应扣缴个人所得税=（30 000-10 000）×20%=4 000（元）

请问商场对张先生的个人所得税处理正确吗？

4

模块四

其他税

第七章
资源税

学习目标

① 了解资源税的概念与发展历史。

② 掌握资源税法律制度的主要内容，能确定纳税人、征税范围，选择适用税率。

③ 熟悉资源税的税收优惠政策。

④ 熟悉资源税计税原理，能计算资源税应纳税额。

⑤ 熟悉资源税征收管理法律规定，能确定纳税义务发生时间，选择纳税期限与地点，并完成税款缴纳任务。

⑥ 能向企业员工宣传资源税法规政策，并共同进行税收筹划。

⑦ 能与税务部门沟通，以获得他们对税收优惠的支持。

第一节 | 资源税概述

    资源税是对自然资源，向从事资源开发与利用的单位与个人，按资源产品的销售额或销售数量与规定的比例税率或单位税额征收的一种税。资源税的设置与开征，有利于实现国家作为自然资源所有者的经济利益，有利于平衡不同等级自然资源开发与利用者的税收负担，有利于合理开发与利用自然资源，实现经济的可持续发展。

    我国对资源课税的历史至少可以追溯到周代，当时的"山泽之赋"就是对伐木、采矿、狩猎、捕鱼、煮盐等开发、利用自然资源的生产活动课征赋税。之后历代政府一直延续了对矿产资源、盐业资源等自然资源开发利用课税的制度。新中国成立后，中央人民政府政务院于1950年1月颁布的《全国税政实施要则》规定对盐的生产、运销征收盐税。1984年9月，国务院发布了《中华人民共和国资源税条例（草案）》，标志着新中国的资源税正式设立，其征税对象为原油、天然气、煤炭三种矿产品及盐。1993年12月，国务院发布了《中华人民共和国资源税暂行条例》，扩大了资源税征税范围，对所有的矿产品及盐征收资源税。2011 年以来，为进一步理顺资源产品的价税关系，促进资源的合理开发利用，国务院对资源税的计征方法、税目税率等进行了调整，先后出台了（财税【2014】72 号）《财政部 国家税务总局关于实施煤炭资源税改革的通知》及（国家税务总局公告 2015 年第 51 号）《煤炭资源税征收管理办法（试行）等政策。

我国现行资源税法律依据主要是 2011 年国务院修订的《中华人民共和国资源税暂行条例》（以下简称《资源税条例》），财政部、国家税务总局《关于全面推进资源税改革通知》（财税【2016】53 号）及《关于资源税改革具体政策问题的通知》（财税【2016】54 号）。

第二节　资源税纳税人与征税对象

一、纳税人认定

资源税的纳税人是指在中华人民共和国领域及管辖海域《资源税条例》规定的开采矿产品或生产盐的单位和个人。"单位"是指企业、行政单位、事业单位、军事单位、社会团体及其他单位；"个人"是指个体工商户和其他个人。

收购未税矿产品的单位为资源税扣缴义务人，包括独立矿山、联合企业及其他收购未税矿产品的单位。"独立矿山"是指只有采矿或只有采矿和选矿并实行独立核算、自负盈亏的企业，其生产的原矿和精矿主要用于对外销售。"联合企业"是指采矿、选矿、冶炼连续生产的企业或采矿、冶炼连续生产的企业。"其他收购未税矿产品的单位"包括收购未税矿产品的个体工商户。

> **特别提醒**　　自 2011 年 11 月 1 日起，中外合作开采石油资源的企业依法缴纳资源税，不再缴纳矿区使用费。

二、征收对象确定

我国现行资源税只选择了部分被普遍开发、级差收入大、税源大的资源产品作为征收对象，具体包括以下几项。

（1）原油，即开采的天然原油。

（2）天然气，即专门开采的天然气和与原油同时开采的天然气。

（3）煤炭，即原煤和以未税原煤加工的洗选煤。

> **特别提醒**　　①人造石油不征资源税。②煤矿生产的天然气暂不征资源税。③以已税原煤生产的洗煤、选煤及其他煤炭制品不征资源税。

（4）非金属矿原矿，包括石墨、硅藻土、高岭土、萤石、石灰石、硫铁矿、磷矿、氯化钾、硫酸钾、井矿盐、湖盐、提取地下卤水晒制的盐、煤层（成）气、粘土、砂石及其他未列举名称的非金属矿产品。

（5）金属矿，包括铁矿、金矿、铜矿、铝土矿（包括耐火级矾土、研磨级矾土等高铝粘土）、铅锌矿、镍矿、锡矿及未列举名称的其他金属矿产品。

（6）海盐，指海水晒制的盐，不包括提取地下卤水晒制的盐。

> 想
> 一
> 想
>
> 下列资源产品是否应征收资源税?
> (1)人造石油;(2)矿泉水;(3)煤矿生产的天然气;(4)进口的矿产品。

第三节 | 资源税税额计算

一、税率选择

我国现行资源税税率形式有比例税率和定额税率两种,具体税率见表 7-1。

表 7-1 资源税税目税率表

税 目		税 率
1. 原油		5%~10%
2. 天然气		5%~10%
3. 煤炭		2%~10%
4. 金属矿	铁矿　　精矿	1%~6%
	金矿　　金锭	1%~4%
	铜矿　　精矿	2%~8%
	铝土矿　原矿	3%~9%
	铅锌矿　精矿	2%~6%
	镍矿　　精矿	2%~6%
	锡矿　　精矿	2%~6%
	未列举名称的其他金属矿产品　原矿或精矿	税率不超过 20%
5. 非金属矿	石墨　　精矿	3%~10%
	硅藻土　精矿	1%~6%
	高岭土　原矿	1%~6%
	萤石　　精矿	1%~6%
	石灰石　原矿	1%~6%
	硫铁矿　精矿	1%~6%
	磷矿　　原矿	3%~8%
	氯化钾　精矿	3%~8%
	硫酸钾　精矿	6%~12%
	井矿盐　氯化钠初级产品	1%~6%
	湖盐　　氯化钠初级产品	1%~6%
	提取地下卤水晒制的盐　氯化钠初级产品	3%~15%
	煤层(成)气　原矿	1%~2%
	粘土、砂石　原矿	每吨或立方米 0.1 元~5 元
	未列举名称的其他非金属矿产品　原矿或精矿	从量税率每吨或立方米不超过 30 元;从价税率不超过 20%
6. 海盐	氯化钠初级产品	1%~5%

备注:1. 铝土矿包括耐火级矾土、研磨级矾土等高铝粘土。2. 氯化钠初级产品是指井矿盐、湖盐原盐、提取地下卤水晒制的盐和海盐原盐,包括固体和液体形态的初级产品。3. 海盐是指海水晒制的盐,不包括提取地下卤水晒制的盐。

纳税人具体适用税率，可在条例规定的税率幅度内，根据所开采或生产应税产品的资源品位、开采条件等情况，由财政部商国务院有关部门确定。财政部未列举名称且未确定具体适用税率的其他非金属矿原矿和有色金属矿原矿，由省、自治区、直辖市人民政府根据实际情况确定，并报财政部和国家税务总局备案。

纳税人在开采主矿产品过程中伴采的其他应税矿产品，凡未单独规定适用税率的，一律按主矿产品或视同主矿产品税目征收资源税。开采或生产不同税目应税产品的，应分别核算不同税目应税产品的销售额或销售量；未分别核算或不能准确提供不同税目应税产品销售额或销售量的，从高适用税率。

扣缴义务人代扣代缴资源税适用税率按如下规定执行：独立矿山、联合企业收购未税矿产品，按本单位应税产品税率代扣代缴；其他收购单位收购的未税矿产品，按税务机关核定的应税产品税率代扣代缴。

二、税收优惠

资源税按应税产品的资源品位、开采条件以及资源等级分别规定了不同的税率，资源赋存条件差、等级低的应税产品已经适用了较低的税率，因此，资源税税收优惠项目相对较少，现行优惠政策主要有以下几种。

1．原油、天然气资源税税收优惠

（1）开采原油过程中用于加热、修井的原油，免税。

（2）对油田范围内运输稠油过程中用于加热的原油、天然气免税。

（3）对稠油、高凝油和高含硫天然气减征40%。稠油，是指地层原油粘度大于或等于50毫帕/秒或原油密度大于或等于0.92克/立方厘米的原油。高凝油，是指凝固点大于40℃的原油。高含硫天然气，是指硫化氢含量大于或等于30克/立方米的天然气。

（4）对三次采油减征30%。三次采油，是指二次采油后继续以聚合物驱、复合驱、泡沫驱、气水交替驱、二氧化碳驱、微生物驱等方式进行采油。

（5）对低丰度油气田减征20%。陆上低丰度油田，是指每平方公里原油可采储量丰度在25万立方米（不含）以下的油田；陆上低丰度气田，是指每平方公里天然气可采储量丰度在2.5亿立方米（不含）以下的气田。海上低丰度油田，是指每平方公里原油可采储量丰度在60万立方米（不含）以下的油田；海上低丰度气田，是指每平方公里天然气可采储量丰度在6亿立方米（不含）以下的气田。

（6）对深水油气田减征30%。深水油气田，是指水深超过300米（不含）的油气田。

2．煤炭资源税税收优惠

（1）对衰竭期煤矿开采的煤炭减征30%。衰竭期煤矿，是指剩余可采储量下降到原设计可采储量的20%（含）以下，或者剩余服务年限不超过5年的煤矿。

（2）对充填开采置换出来的煤炭减征50%。

3．其他规定

（1）纳税人开采或生产应税产品过程中，因意外事故或自然灾害等原因遭受重大损失的，由省、自治区、直辖市人民政府酌情决定减税或免税。

（2）纳税人开采或生产应税产品，自用于连续生产应税产品的，不缴纳资源税；自用于其他方面的，视同销售缴纳资源税。

（3）进口的应税产品不征资源税，出口应税产品不免或不退已缴纳的资源税。

（4）对依法在建筑物下、铁路下、水体下通过充填开采方式采出的矿产资源，资源税减征 50%。

（5）对实际开采年限在 15 年以上的衰竭期矿山开采的矿产资源，资源税减征 30%。

（6）对鼓励利用的低品位矿、废石、尾矿、废渣、废水、废气等提取的矿产品，由省级人民政府根据实际情况确定是否给予减税或免税。

同时符合上述减税情形的，只能选择其中一项执行，不能叠加适用。

【案例分析 7-1】某油田在会计上未将修井、加热用原油与其他用途原油分开核算，期末申报缴纳资源税时，向主管税务机关申请核定修井、加热用原油数量。请分析油田的这种做法是否正确。

分析：不正确。根据资源税法律制度规定，纳税人的减免税项目，应当单独核算计税数量或计税销售额；未单独核算或不能准确提供计税数量和计税销售额的，不予减免税，主管税务机关无权核定。

三、税额计算

1．计税依据确定

（1）从价计征的应税产品以销售额为计税依据。

① 销售额确定的一般规定。销售额为纳税人销售应税产品向购买方收取的全部价款和价外费用，但不包括收取的增值税销项税额。价外费用，包括价外向购买方收取的手续费、补贴、基金、集资费、返还利润、奖励费、违约金、滞纳金、延期付款利息、赔偿金、代收款项、代垫款项、包装费、包装物租金、储备费、优质费、运输装卸费以及其他各种性质的价外收费。

同时符合以下条件代为收取的政府性基金或者行政事业性收费：由国务院或者财政部批准设立的政府性基金，由国务院或者省级人民政府及其财政、价格主管部门批准设立的行政事业性收费；收取时开具省级以上财政部门印制的财政票据；所收款项全额上缴财政。

② 组成计税价格。纳税人申报的应税产品销售额明显偏低并且无正当理由的、有视同销售应税产品行为而无销售额的，除财政部、国家税务总局另有规定外，按下列顺序确定销售额：按纳税人最近时期同类产品的平均销售价格确定；按其他纳税人最近时期同类产品的平均销售价格确定；按组成计税价格确定。组成计税价格为：

组成计税价格＝成本×（1＋成本利润率）÷（1－税率）

公式中的成本是指应税产品的实际生产成本。

③ 应税煤炭销售额确定。纳税人开采原煤直接对外销售的，以原煤销售额作为销售额，不含从坑口到车站、码头等的运输费用。

纳税人将自采原煤自用于连续生产洗选煤的，原煤移送使用环节不征资源税；用于其他方面的，视同销售原煤，依照一般规定确定销售额计征资源税。

纳税人将自采的原煤加工为洗选煤销售的，以洗选煤销售额乘以折算率作为销售额计征资源税。洗选煤销售额包括洗选副产品的销售额，不包括洗选煤从洗选煤厂到车站、码头等的运输费用。折算率可通过洗选煤销售额扣除洗选环节成本、利润计算，也可通过洗选煤市场价格与其所用同类原煤市场价格的差额及综合回收率计算。折算率由省、自治区、直辖市财税部门或其授权地市级财税部门确定。

纳税人将自采的原煤加工为洗选煤自用的，视同销售洗选煤，依照一般规定确定销售额，计征资源税。

④ 稀土、钨、钼资源税计算。自 2015 年 5 月 1 日起，稀土、钨、钼资源税适用从价定率计征。稀土、钨、钼应税产品包括原矿和以自采原矿加工的精矿。

纳税人将其开采的原矿加工为精矿销售的，按精矿销售额和适用税率计算缴纳资源税。纳税人开采并销售原矿的，将原矿销售额换算为精矿销售额计算缴纳资源税。精矿销售额不包括从洗选厂到车站、码头或用户指定运达地点的运输费用。纳税人销售（或者视同销售）其自采原矿的，可采用成本法或市场法将原矿销售额换算为精矿销售额计算缴纳资源税。其中：

成本法：精矿销售额＝原矿销售额＋原矿加工为精矿的成本×（1＋成本利润率）

市场法：精矿销售额＝原矿销售额×换算比

换算比＝同类精矿单位价格÷（原矿单位价格×选矿比）

选矿比＝加工精矿耗用的原矿数量÷精矿数量

上述销售额均不包括从矿区到车站、码头或用户指定运达地点的运输费用。

与稀土共生、伴生的铁矿石，在计征铁矿石资源税时，准予扣减其中共生、伴生的稀土矿石数量。

（2）从量计征的应税产品以销售量为计税依据。纳税人开采或生产应税产品直接对外销售的，以销售数量为计税依据；纳税人开采或生产应税产品自用的，以移送使用数量为计税依据。

（3）计税依据确定的其他规定。

① 纳税人不能准确提供应税产品销售数量或移送使用数量的，以应税产品的产量或主管税务机关确定的折算比换算后确定计税依据。

耗用原矿数量＝精矿数量÷选矿比

② 原油中的稠油、高凝油与稀油划分不清或不易划分的，一律按原油的数量计税。

③ 纳税人以自产的液体盐加工固体盐，以加工的固体盐数量为计税数量，按固体盐税额征税。

> **特别提醒** 纳税人以外购的液体盐加工成固体盐，其加工固体盐所耗用液体盐的已纳税额准予抵扣。

④ 纳税人开采应税产品由其关联单位对外销售的，按其关联单位的销售额征收资源税。

⑤ 纳税人将其开采的应税产品直接出口的，以离岸价格（不含增值税）为计算销售额。

2. 税额计算

（1）资源税应纳税额的计算公式。

从价计征：应纳税额＝销售额×比例税率

从量计征：应纳税额＝销售数量×定额税率

（2）资源税税额计算举例。

【案例分析 7-2】某油田 2016 年 6 月生产原油 10 万吨，其中销售 7 万吨，实现销售收入 1 120 万元，加热、修井用 1 万吨，库存 2 万吨。当月在采油过程中回收并销售伴生天然气 2 000 万立方米，实现销售收入 320 万元。已知该油田原油适用资源税税率为 5%，天然气适用资源税税率为 5%。计算该油田 6 月应纳资源税税额。

分析：根据税法规定，开采原油过程中用于加热、修井的原油免税。采油过程中伴生的天然气应征资源税。

原油应纳资源税税额=1 120×5%=56（万元）

天然气应纳资源税税额=320×5%=16（万元）

该油田 6 月应纳资源税税额=56+16=72（万元）

第四节 资源税税款缴纳

一、纳税义务发生时间

资源税纳税义务发生时间依据应税产品用于销售或自产自用分别确定。

（1）纳税人销售应税产品的纳税义务发生时间，一般为收讫销售款或取得销售款凭据当天。但下列情况特殊：采取分期收款结算方式的，为销售合同规定的收款日期当天；采取预收货款结算方式的，为发出应税产品当天。

（2）纳税人自产自用应税产品的纳税义务发生时间，为移送使用应税产品当天。

（3）扣缴义务人代扣代缴税款的纳税义务发生时间，为支付首笔货款或首次开具支付货款凭据的当天。

二、纳税期限

资源税纳税期限为 1 日、3 日、5 日、10 日、15 日或 1 个月，具体由主管税务机关根据实际情况核定。不能按固定期限纳税的，可以按次纳税。

纳税人以 1 个月为一期纳税的，自期满之日起 10 日内申报缴纳；以 1 日、3 日、5 日、10 日或 15 日为一期纳税的，自期满之日起 5 日内预缴税款，于次月 1 日起 10 日内申报并结清上月税款。

扣缴义务人解缴税款期限，比照上述规定执行。

三、纳税地点

纳税人应当向应税产品的开采地或生产地主管税务机关缴纳资源税。

纳税人跨省开采，并且其下属生产单位与核算单位不在同一省、自治区、直辖市的，对其开采的矿产品一律在开采地纳税，其应纳税款由独立核算、自负盈亏的企业，按开采地的实际销量（或自用量）及适用的单位税额计算划拨。

纳税人在本省、自治区、直辖市范围内开采或生产应税产品，其纳税地点需要调整的，由所在地省、自治区、直辖市税务机关决定。

扣缴义务人代扣代缴的资源税，应当向收购地主管税务机关缴纳。

本章概要

内容结构：

```
        ┌─ 资源税概念与发展
        │
        ├─ 资源税纳税人与征税对象
资源税 ──┤
        ├─ 资源税税额计算：税率、税收优惠、税额计算
        │
        └─ 资源税税款缴纳：纳税义务发生时间、纳税期限、纳税地点
```

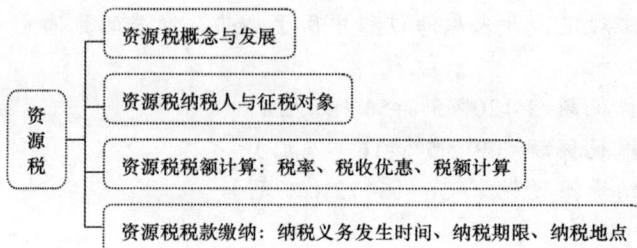

知识点： 资源税　　资源税征税对象

能力点： 纳税人认定　征税对象确定　税率选择　税额计算　税款缴纳

重点： 纳税人认定　征税对象确定　税率选择　应纳税额计算　纳税义务发生时间确定　纳税期限确定　纳税地点确定

难点： 税收优惠政策运用　计税依据确定

单元训练

一、复习思考题

1. 怎样认定资源税的纳税人？

2. 怎样确定资源税的征税对象？

3. 如何确定资源税的计税依据？怎样计算资源税税应纳税额？

4. 资源税有哪些税收优惠政策？

5. 我国现行税法对资源税的纳税义务发生时间、纳税期限和纳税地点是怎样规定的？

二、单项选择题

1. 下列各项中，不属于资源税纳税人的是（　　　）。

   A. 开采天然原油的中外合资企业　　　　B. 开采石灰石的个体经营者

   C. 开采原煤的国有企业　　　　　　　　D. 进口铁矿石的私营企业

2. 纳税人开采铁矿石销售的，其资源税的计税依据为（　　　）。

   A. 开采数量　　　B. 实际产量　　　C. 计划产量　　　D. 销售数量

3. 纳税人开采原油销售，征收资源税应以（　　　）为计税依据。

   A. 销售数量　　　　　　　　　　　　　B. 含增值税的销售额

   C. 不含增值税的销售额　　　　　　　　D. 开采数量

三、多项选择题

1. 下列各项中，属于资源税纳税义务人的有（　　　）。

   A. 进口盐的外贸企业　　　　　　　　　B. 生产盐的外商投资企业

   C. 开采原煤的私营企业　　　　　　　　D. 中外合作开采石油的企业

2. 下列各项中，应征收资源税的有（　　　）。

A. 进口的天然气　　　　　　　　B. 专门开采的天然气

C. 煤矿生产的天然气　　　　　　D. 与原油同时开采的天然气

3. 下列各项中，不征资源税的有（　　　　）。

A. 卤水　　　　　　　　　　　　B. 人造原油

C. 已税原煤生产的洗煤　　　　　D. 已税原煤生产的选煤

四、判断题

1. 纳税人将其开采的应税产品直接出口的，按其离岸价格（不含增值税）计算销售额征收资源税。（　　　）

2. 纳税人开采应税产品由其关联单位对外销售的，按其关联单位的销售额征收资源税。（　　　）

3. 独立矿山、联合企业收购未税资源税应税产品的，按照本单位应税产品税额（率）标准，依据收购的数量（金额）代扣代缴资源税。（　　　）

五、单项计算题

1. 某煤矿为增值税一般纳税人，2016 年 1 月生产原煤 150 万吨，当月对外销售 120 吨；开具增值税专用发票注明金额 76 000 元；另外，该煤矿当月还生产销售天然气 3 000 万立方米，开具增值税专用发票注明金额 7 500 万元。已知该煤矿原煤适用税率为 2%，煤矿邻近的石油管理局天然气适用税率为 6%。则该煤矿当月应纳资源税税额为（　　　）万元。

A. 1 440　　　　B. 420　　　　C. 180　　　　D. 300

2. 某油田 2016 年 2 月销售原油 60 000 吨，实现销售收入 9 880 万元；销售与原油同时开采的天然气 1 700 万立方米，实现销售收入 3 450 万元；开采过程中修井用原油 4 吨。假定该油田原油适用税率为 6%，天然气适用税率为 6%。该油田 2 月份应纳资源税（　　　）万元。

A. 592.8　　　　B. 207　　　　C. 683.59　　　　D. 799.8

六、综合分析题

某煤矿生产企业从事原煤开采、洗煤生产业务，2016 年 12 月发生下列业务。

（1）采用分期收款方式销售自行开采的原煤 6 000 吨，每吨不含税售价 400 元，合同约定货款分 3 个月平均收取，当月实际收取不含税销售款 60 万元。

（2）为职工宿舍供暖，使用本月开采的原煤 150 吨。另将本月开采的原煤 500 吨无偿赠送给有长期往来的客户。

（3）以开采的未税原煤加工选煤 1 000 吨，并于当月全部销售，取得不含税销售款 5 万元。

（4）销售开采原煤过程中产生的天然气 13 万立方米，取得不含税销售款 25 万元。

已知该煤矿所在地原煤的资源税税率为 2%，天然气资源税税率为 5%，煤炭折算率为 40%。计算该企业 12 月应缴纳的资源税税额。

第八章
土地增值税

学习目标

① 了解土地增值税的概念与作用。

② 掌握土地增值税法律制度的主要内容，能确定纳税人、征税范围，选择适用税率。

③ 熟悉土地增值税计税原理，能计算土地增值税应纳税额。

④ 熟悉土地增值税征收管理法律规定，能确定纳税义务发生时间，选择纳税地点，完成税款缴纳任务。

⑤ 能向企业员工宣传土地增值税法规政策，并共同进行税收筹划。

⑥ 能与税务部门沟通，以获得他们对税收优惠的支持。

第一节 土地增值税概述

土地作为一种特殊商品，随着社会经济的发展，生产和生活建设用地的扩大以及土地资源的相对紧缺，会自然增值。开征土地增值税，有利于正确处理政府与土地所有者或者使用者的利益关系，实现地利共享，有利于土地资源的合理开发与利用，遏制投机行为，有利于控制地价，保持经济稳定。

我国现行土地增值税基本法规是 1993 年 12 月 13 日国务院公布的《中华人民共和国土地增值税暂行条例》（以下简称《土地增值税暂行条例》）和 1995 年 1 月 27 日财政部发布的《中华人民共和国土地增值税条例实施细则》。根据上述条例规定，土地增值税是对转让国有土地使用权、地上的建筑物及其附着物（以下简称转让房地产）并取得收入的单位和个人，就其转让房地产所取得的增值额征收的一种税。

第二节 | 土地增值税纳税人和征税对象

一、纳税人认定

土地增值税的纳税人是指转让国有土地使用权、地上建筑物及其附着物并取得收入的单位和个人。单位是指企业、行政单位、事业单位、国家机关和社会团体及其他组织；个人是指个体经营者和其他个人。

二、征税对象确定

土地增值税的征税对象为有偿转让国有土地使用权、地上建筑物及其附着物产权的行为。"地上建筑物"是指建于土地上的一切建筑物，包括地上地下的各种附属设施。"附着物"是指附着于土地上的不能移动，一经移动即遭损坏的物品。具体来说，只有同时满足下列标准的行为所得才能征收土地增值税。

1．国有标准

国有标准是指转让的土地使用权必须为国家所有。根据法律规定，城市土地属国家所有，农村和城市郊区土地除法律另有规定外属集体所有。集体所有的土地，应先在有关部门办理土地征用或出让手续，使之转为国家所有后才能转让，并纳入土地增值税征税范围。

2．产权转让标准

产权转让标准是指土地使用权、地上建筑物及其附着物的产权必须发生转让。

> **特别提醒** 土地使用权转让行为不同于土地使用权出让行为。前者是指土地使用者在政府垄断的土地一级市场，通过支付土地出让金而获得一定年限的土地使用权行为；后者是指土地使用者通过出让等形式取得土地使用权后，在土地二级市场上将土地再转让的行为。国有土地使用权转让行为应征土地增值税，国有土地使用权出让行为不征土地增值税。

3．取得收入标准

取得收入标准是指征收土地增值税的行为必须取得转让收入。权属已转让但未取得收入的房地产转让行为不征土地增值税。

【案例分析8-1】请分析下列行为是否应征土地增值税：（1）政府出让国有土地使用权；（2）房地产赠与和继承；（3）房地产出租；（4）房地产用于抵押；（5）房地产评估增值。

分析：

（1）政府出让国有土地使用权，是政府以土地所有者的身份将土地使用权在一定年限内让与土地使用者，并由土地使用者向国家支付土地使用权出让金行为。由于土地使用权的出让方是国家，出让收入在性质上属于政府凭借所有权在土地一级市场上收取租金，因此不属于有偿转让国有土地使用权行为，不征土地增值税。

（2）纳税人将房地产赠与他人和继承，该行为虽然发生了房地产的权属变更，但作为房地产产权和土地使用权的原所有人并没有因为权属的转让而取得任何收入，不是一种有偿转让，该赠与和继承行为不征土地增值税。

（3）纳税人出租房地产，出租行为中出租人虽然取得了收入，但是没有发生房地产产权、土地使用权属转让，该出租行为不征土地增值税。

（4）纳税人将房地产用于抵押，应区别不同情况处理。房地产在抵押期间，产权没有发生权属变更的，房地产的产权所有人、土地使用权所有人仍能对房地产行使占有、使用、收益等权利，房地产的产权所有人、土地使用权人在抵押期间取得了一定的抵押贷款，但实际上这些贷款在抵押期满后需要连本带利偿还给债权人，因此该行为不属于有偿转让行为，无需缴纳土地增值税。房地产抵押期满后，如果以房地产抵债发生房地产权属转让，既发生了房地产权属的变更，房地产的产权所有人、土地使用权人也取得了一定的抵押贷款，此行为属于有偿转让国有土地使用权和地上建筑物及其附着物产权行为，应计征土地增值税。

（5）房地产评估增值，主要是指国有企业在清产核资时对房地产进行重新评估增值的情况。这种行为虽然有增值，但它既没有发生房地产权属的转移，房地产产权和土地使用权人也未取得收入，该行为不征土地增值税。

第三节 土地增值税税额计算

一、税率选择

土地增值税实行四级超率累进税率，具体如表 8-1 所示。

表 8-1 土地增值税税率表

级 次	增值额占扣除项目金额的比例	税率（%）	速算扣除系数（%）
1	50%（含）以下	30	0
2	50%～100%（含）	40	5
3	100%～200%（含）	50	15
4	200%以上	60	35

二、税收优惠

（1）纳税人建造普通标准住宅出售，增值额未超过扣除项目金额 20%的，免征土地增值税；增值额超过扣除项目金额 20%的，应就其全部增值额按规定计税。普通标准住宅，是指按所在地一般民用住宅标准建造的居住用住宅。普通标准住宅的具体认定，由各省、自治区、直辖市人民政府根据国家相关规定确定。

> 特别提醒　纳税人既建普通标准住宅又从事其他房地产开发，应分别核算增值额；不分别核算或不能准确核算增值额的，其建造的普通标准住宅不适用此项免税规定。

（2）因国家建设需要依法征用、收回的房地产，免征土地增值税。

（3）个人因工作调动或改善居住条件而转让原自用住房，经向税务机关申报核准，凡居住满5年或5年以上的，免征土地增值税；居住满3年未满5年的，减半征收土地增值税；居住未满3年的，按规定征收土地增值税。

（4）个人之间互换自有居住用房的，经当地税务机关核实，免征土地增值税。

（5）以房地产进行投资、联营的，投资、联营的一方以土地（房地产）作价入股进行投资或作为联营条件，将房地产转让到被投资、联营企业的，暂免征土地增值税；投资、联营企业将上述房地产再转让的，应计征土地增值税。

（6）对于一方出地，一方出资金，双方合作建房，建成后按比例分房自用的，暂免征收土地增值税；建成后转让的，应计征土地增值税。

三、税额计算

（一）计税依据确定

土地增值税以纳税人转让房地产所取得的增值额为计税依据。增值额是指纳税人转让房地产所取得的收入减去取得土地使用权时所支付的地价款、土地开发成本、地上建筑物成本及有关费用、销售税金等规定的扣除项目后的余额。计算公式为

$$增值额 = 转让房地产取得的收入 - 扣除项目金额$$

1．应税收入的确定

纳税人转让房地产取得的收入是土地使用权所有人、地上建筑物及其附着物的产权所有人将土地使用权、产权转移给他人所取得的全部价款，包括货币收入、实物收入和其他收入以及与之相关的经济利益。

2．扣除项目金额的确定

（1）销售新建房地产扣除项目金额的确定。纳税人销售新建房地产，扣除项目金额主要包括以下几项。

① 取得土地使用权所支付的金额。包括纳税人为取得土地使用权所支付的地价款和按国家有关规定缴纳的相关费用。其中地价款按下列规定确定：以协议、招标、拍卖等方式取得的，为纳税人实际支付的土地出让金；以行政划拨方式取得的，为按国家规定补缴的土地出让金；以有偿转让方式取得的，为向原土地使用权人实际支付的地价款金额。

② 房地产开发成本，即纳税人开发土地和新建房屋及配套设施实际发生的成本，包括土地征用及拆迁补偿费、前期工程费、建筑安装工程费、基础设施费、公共配套设施费和开发间接费等。这些成本允许凭合法有效凭证予以扣除。

土地征用及拆迁补偿费，包括土地征用费、耕地占用税、劳动力安置费及有关地上地下附属物拆迁补偿的净支出、安置动迁用房支出等。前期工程费，包括规划、设计、项目可行性研究和水文、地质、勘察、测绘、"三通一平"等支出。建筑工程安装费，包括以出包方式支付给承包单位的建筑安装工程费、以自营方式发生的建筑安装工程费。基础设施费，包括小区内道路、供水、供电、供气、排污、通讯、照明、环卫、绿化等工程发生的支出。公共配套设施费用，包括不能有偿转让的开发小区内公共配套设施发生的支出。开发间接费用，是指直接组织、管理开发项目发生的费用，包括工资、职工

福利费、折旧费、修理费、办公费、水电费、劳动保护费、周转房摊销等。

③ 开发费用，即与房地产开发项目有关的销售费用、管理费用和财务费用。根据土地增值法规规定，房地产开发费用，不按纳税人房地产开发项目实际发生的费用进行扣除，而应按《土地增值税实施细则》规定的方法计算后扣除。具体计算方法如下。

第一，纳税人发生的利息支出，凡能够按转让房地产项目计算分摊并提供金融机构证明的，允许据实扣除，但最高不能超过按商业银行同类、同期贷款利率计算的金额；其他房地产开发费用（管理费用和销售费用），按取得土地使用权所支付的金额和房地产开发成本金额之和的5%以内计算扣除，计算公式为

$$允许扣除的开发费用=分摊的利息+（取得土地使用权所支付的金额+$$
$$房地产开发成本）×5\%以内$$

第二，纳税人发生的利息支出，凡不能按转让房地产项目计算分摊利息支出或不能提供金融机构证明的，房地产开发费用（财务费用、管理费用和销售费用）按取得土地使用权支付金额和房地产开发成本之和的10%以内计算扣除，计算公式为

$$允许扣除的开发费用=（取得土地使用权所支付的金额+房地产开发成本）×10\%以内$$

上述计算扣除的具体比例，由各省、自治区、直辖市人民政府确定。

④ 与转让房地产有关的税金及附加。即转让房地产时缴纳的营业税、城市维护建设税、印花税以及教育费附加。

> **特别提醒** 允许扣除的印花税是指在转让房地产时缴纳的印花税。因为房地产开发企业缴纳的印花税已列入管理费用，印花税不再单独计算扣除。房地产开发企业以外的其他纳税人在计算土地增值税时，允许扣除在转让房地产环节缴纳的印花税。

⑤ 财政部确定的其他扣除项目。根据财政部规定，对从事房地产开发的纳税人，可按取得土地使用权支付的金额与房地产开发成本之和加计扣除20%。但对取得土地使用权后，未进行开发即转让的，在计算应纳增值税时，不得加计扣除，计算公式为

$$其他扣除项目金额=（取得土地使用权所支付的金额+房地产开发成本）×20\%$$

【案例分析8-2】某房地产开发公司出售一栋新建的写字楼，收入总额为15 000万元。开发该写字楼有关支出资料如下：取得土地使用权支付的地价款及各项费用1 000万元；房地产开发成本3 000万元；财务费用中的利息支出为500万元（可按转让项目计算分摊并提供金融机构证明）；转让环节缴纳的有关税费共计650万元。该单位所在地政府规定的其他房地产开发费用计算扣除比例为5%。计算该写字楼项目缴纳土地增值税计税依据的金额。

分析：

（1）转让房地产取得收入金额=15 000（万元）

（2）取得土地使用权所支付的金额=1 000（万元）

房地产开发成本=3 000（万元）

房地产开发费用=500+（1 000+3 000）×5%=700（万元）

与转让房地产有关的税金及附加=650（万元）

其他扣除项目金额=（1 000+3 000）×20%=800（万元）

法定允许扣除项目金额合计=1 000+3 000+700+650+800=6 150（万元）

（3）缴纳土地增值税的计税依据为增值额=1 5000-6 150=8 850（万元）

（2）转让旧房及建筑物扣除项目金额的确定。旧房是指已建成并办理房屋产权证或取得购房发票的房产以及虽未办理房屋产权证但已建成并交付使用的房产。转让旧房及建筑物扣除项目包括如下内容。

① 取得土地使用权支付的地价款和按国家统一规定缴纳的有关费用。但对取得土地使用权时未支付地价款或不能提供已支付的地价款凭据的，不允许扣除取得土地使用权支付的金额。

② 旧房及建筑物的评估价格。旧房及建筑物的评估价格是在转让已使用的旧房及建筑物时，由政府批准设立的房地产评估机构评定的重置成本乘以成新度折扣率后的价格。

③ 与转让旧房及建筑物有关的税金。它包括营业税、城市维护建设税、印花税和教育费附加。

④ 旧房及建筑物的评估费用。

【案例分析8-3】某生产企业转让一栋旧厂房，取得转让收入500万元，缴纳了与转让房地产有关的营业税、城市维护建设税、印花税、教育费附加合计27.75万元；该厂房原值200万元，经房地产评估机构评定的重置成本为400万元，成新度折扣率为7成；支付的地价款和相关费用合计40万元，能提供单独支付地价款的凭据；支付评估费用2万元。计算该企业转让厂房的土地增值税计税依据金额。

分析：转让房地产取得收入金额=500（万元）

允许扣除项目金额=40+400×70%+27.75+2=349.75（万元）

缴纳土地增值税的计税依据为增值额=500－349.75=150.25（万元）

新建房地产和存量（旧）房地产计算土地增值税扣除项目比较

扣除项目	新建房地产		存量房地产	
	非房地产企业	房地产企业	旧房及建筑物	土地使用权
取得土地使用权所支付的金额	√	√	√	√
房地产开发成本	√	√	—	—
房地产开发费用	√	√	—	—
与转让房地产有关的税金	√	√	√	—
其他扣除项目（即加计扣除）	—	√	—	√
旧房及建筑物的评估价格	—	—	√	—

（二）税额计算

土地增值税应纳税额的计算步骤及公式如下。

1．计算增值额

土地增值税纳税人转让房地产所取得的收入减除规定的扣除项目金额后的余额为增值额。计算公式为

$$增值额=转让房地产的收入总额-扣除项目金额$$

2. 计算增值率

土地增值税采用超率累进税率，只有在计算增值率后，才能确定具体适用税率。增值率计算公式为

$$增值率=增值额÷扣除项目金额×100\%$$

3. 计算应纳税额

土地增值税应纳税额计算方法有两种，即分级计算法和速算扣除法，计算公式为

$$应纳税额=\Sigma（每级距的土地增值额×适用税率）$$

或

$$应纳税额=土地增值额×适用税率-扣除项目金额×速算扣除系数$$

【案例分析8-4】某房地产开发公司销售居民住宅，取得转让收入 2 000 万元；按规定缴纳营业税 100 万元，城市维护建设税 7 万元，教育费附加 3 万元；为取得该片住宅地的土地使用权支付地价款和有关费用 200 万元；投入开发成本为 750 万元；支付银行存款利息费用为 10.6 万元（不能按转让房地产项目计算分摊），其他房地产开发费用为 50 万元。该公司所在地人民政府规定房地产开发费用的计算扣除比例为 10%。计算该公司上述项目应纳土地增值税税额。

分析：开发费用 60.6 万元，未超过前两项成本之和的 10%（即 95 万元），可据实扣除。

扣除项目金额 = 200 + 750 + 60.6 +（100 + 7 + 3）+ (200 + 750)×20%

= 1 310.6（万元）

增值额 = 2 000 - 1310.6 = 689.4（万元）

增值率 = 689.4 ÷ 1 310.6 × 100% = 52.6%，适用税率为 40%，速算扣除率为 5%

应纳税额 = 689.4 × 40% - 1 310.6 × 5% = 210.23（万元）

第四节 土地增值税税款缴纳

一、纳税义务发生时间

（1）转让国有土地使用权、地上的建筑物及附着物的，为取得收入当天。

（2）以赊销或分期收款方式转让房地产的，为本期收到价款的当天或合同约定本期应收价款日期的当天。

（3）采用预收价款方式转让房地产的，为收到预收价款的当天。

二、纳税期限

土地增值税的纳税人应在转让房地产合同签订后的 7 日内，到房地产所在地主管税务机关办理纳税申报。纳税人因经常发生房地产转让而难以在每次转让后申报的，经税务机关审核同意后，可以定期进行纳税申报，具体期限由税务机关根据情况确定。纳税人预售房地产取得的收入，凡当地税务机关规定预征土地增值税的，纳税人应当到主管税务机关办理纳税申报，并按规定比例预交，待办理决算后，多退少补；凡当地税务机

关规定不预征土地增值税的，也应在取得收入时先到税务机关登记或备案。

三、纳税地点

土地增值税的纳税地点原则上为房地产所在地。在实际工作中，纳税地点的确定有以下两种情况。

（1）对法人纳税人，当转让的房地产坐落地与其机构所在地一致时，办理税务登记的原管辖税务机关为纳税地点；当转让的房地产坐落地与其机构所在地或经营所在地不一致时，房地产坐落地所管辖的税务机关为纳税地点。

（2）对自然人纳税人，当转让的房地产坐落地与其居住所在地一致时，则住所所在地税务机关为纳税地点；当转让的房地产坐落地与其居住所在地或经营所在地不一致时，则办理过户手续所在地税务机关为纳税地点。

本章概要

内容结构：

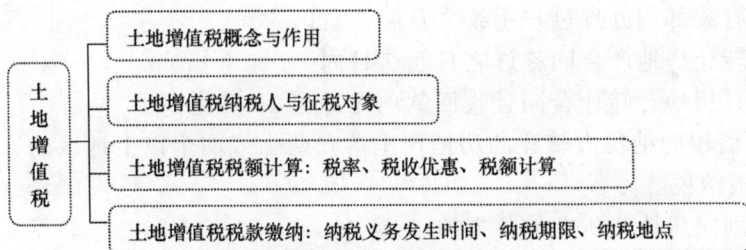

知识点：土地增值税　土地增值税征税对象

能力点：纳税人认定　征税对象确定　税率选择　税额计算　税款缴纳

重点：纳税人认定　征税对象确定　税率选择　应纳税额计算　纳税义务发生时间确定　纳税期限确定　纳税地点确定

难点：征税对象确定　计税依据确定　应纳税额计算

单元训练

一、复习思考题

1. 怎样认定土地增值税的纳税人？
2. 确定土地增值税的征税对象应具备哪些条件。
3. 如何确定土地增值税的计税依据？怎样计算土地增值税应纳税额？
4. 土地增值税有哪些税收优惠政策？
5. 我国现行税法对土地增值税的纳税义务发生时间、纳税期限和纳税地点是怎样规定的？

二、单项选择题

1. 下列各项目中，不属于土地增值税纳税人的是（　　）。

   A. 出租厂房的某工业企业

   B. 转让办公楼的某国家机关

   C. 转让国有土地使用权的某高等学校

   D. 销售自建商品房的某外资房地产开发公司

2. 根据土地增值税法律制度规定，下列各项中，应征土地增值税的是（　　）。

   A. 土地使用权人将土地使用权出租给某养老院

   B. 土地使用权人通过希望工程基金会将土地使用权赠与学校

   C. 房产所有人将房屋产权有偿转让给他人

   D. 房产所有人将房屋产权无偿赠送给女儿

3. 我国现行土地增值税的税率采用的是（　　）。

   A. 四级超额累进税率　　　　　　　　B. 五级超额累进税率

   C. 五级超率累进税率　　　　　　　　D. 四级超率累进税率

4. 依据土地增值税法律制度规定，纳税人申报办理土地增值税纳税的时间是（　　）。

   A. 签订房地产建筑合同之日起 30 日内

   B. 向有关部门办理过户手续之日起 7 日内

   C. 自转让房地产合同签订之日起 7 日内

   D. 签订房地产转让合同且收回款项之日起 10 日内

5. 土地增值税的纳税人转让的房地产坐落在两个或两个以上地区的，应（　　）主管税务机关申报纳税。

   A. 分别向房地产所在地各方的

   B. 向房地产坐落地的上一级

   C. 向事先选择房地产坐落地某一方的

   D. 先向机构所在地人民政府缴纳，再向房地产坐落地上一级

三、多项选择题

1. 转让国土地使用权、地上的建筑物及其附着物并取得收入的（　　），都是土地增值税的纳税义务人。

   A. 学校　　　　　B. 外籍个人　　　　　C. 国有企业　　　　　D. 税务机关

2. 下列项目中，不征或免征土地增值税的有（　　）。

   A. 抵押期满以国有土地使用权清偿到期债务

   B. 以收取出让金方式出让国有土地使用权

   C. 个人之间交换自有居住用房地产　　　D. 房地产的重新评估增值

3. 下列项目中，构成计算企业转让旧房时土地增值税扣除项目的有（　　）。

   A. 房屋及建筑物的原值

   B. 能提供已支付的凭据的，取得土地使用权支付的地价款和按国家统一规定缴纳的有关费用

   C. 房屋及建筑物的评估价格　　　　　D. 转让环节缴纳的税金

4. 房地产开发企业在计算土地增值税时，允许从收入中扣减的与转让房地产有关的税金有（　　　）。

  A. 增值税   B. 城市维护建设税

  C. 教育费附加   D. 印花税

5. 下列表述符合土地增值税纳税地点规定的有（　　　）。

  A. 我国公民转让境外的房产，在其居住地申报纳税人

  B. 外籍人员转让其在我国境内的房产，在房产所在地申报纳税

  C. 企业转让其位于乙地的厂房，应在乙地申报纳税

  D. 居住地在我国甲地的公民转让坐落在乙地的房产，在乙地办理过户手续，应在乙地申报纳税

四、判断题

1. 土地增值税以转让房地产的增值额为计税依据。（　　）

2. 建造高档公寓出售，增值额未超过扣除项目金额 20%的，予以免征土地增值税。（　　）

3. 计算土地增值税扣除项目金额时，不得扣除超过贷款期限的利息部分和加罚的利息。（　　）

4. 因城市实施规划的需要搬迁由纳税人自行转让原房地产的，免征土地增值税。（　　）

5. 法人转让的房地产坐落地与其机构所在地或经营地不一致的，在机构所在地或经营所在地的税务机关申报纳税。（　　）

五、单项计算题

1. 某公司销售一栋已经使用过的办公楼，取得收入 300 万元。该办公楼原值 480 万元，已提折旧 300 万元。经房地产评估机构评估，该办公楼的重置成本价为 800 万元，成新率为五成，销售时缴纳相关税费 30 万元。则该公司销售该办公楼应缴纳的土地增值税为（　　　）万元。

  A. 51   B. 21   C. 30   D. 60

2. 某房地产开发公司销售其新建的商品房一栋，支付与商品房相关的土地使用权费及开发成本合计为 3 000 万元，销售商品房缴纳的有关税金 539 万元（不含印花税），该公司不能按房地产项目计算分摊银行借款利息。则该公司计算土地增值税扣除项目金额合计为（　　　）万元。

  A. 3 000   B. 3 300   C. 3 889   D. 4 439

3. 某企业开发房地产取得土地使用权支付 1 000 万元；房地产开发成本 6 000 万元；向金融机构借入资金利息支出 400 万元（能提供贷款证明），其中超过国家规定上浮幅度的金额为 100 万元。该省规定能提供贷款证明的其他房地产开发费用扣除比例为 5%。则该企业允许扣除的房地产开发费用为（　　　）万元。

  A. 650   B. 750   C. 400   D. 350

六、综合分析题

1. 某国有企业 2013 年 5 月在市区购置一栋办公楼，支付 8 000 万元价款。2016 年

11 月，该企业将办公楼转让，取得收入 10 000 万元，签订产权转移书据。办公楼经税务机关认定的重置成本价为 12 000 万元，成新率为 70%。计算该企业在缴纳土地增值税时的增值额为多少万元。

2. 万盛房地产开发公司 2016 年 1 月与某单位正式签署一写字楼转让合同，取得转让收入 3 亿元，公司按税法规定缴纳了有关税金（营业税税率为 5%，城建税税率为 7%，教育费附加征收率为 3%，印花税税率为 0.5‰）。该公司为取得土地使用权支付地价款和相关费用合计 4 160 万元；开发该房产发生成本 6 000 万元；房地产开发费用中的利息支出为 1 500 万元。另外，该公司不能按转让房地产项目计算分摊利息支出，也不能提供金融机构证明；公司所在地省政府规定计征土地增值税时房地产开发费用的扣除比例为 10%。计算房产公司转让该写字楼应缴纳的土地增值税税额。

第九章
城镇土地使用税

学习目标

① 了解城镇土地使用税的概念与作用。

② 掌握城镇土地使用税法律制度的主要内容，能确定纳税人、征税范围，选择适用税率。

③ 熟悉城镇土地使用税计税原理，能计算城镇土地使用税应纳税额。

④ 熟悉城镇土地使用税征收管理法律规定，能完成税款缴纳任务。

⑤ 能向企业员工宣传城镇土地使用税法规政策，并共同进行税收筹划。

⑥ 能与税务部门沟通，以获得他们对税收优惠的支持。

第一节 | 城镇土地使用税概述

城镇土地使用税是对城镇土地向其使用者征收的一种税。城镇土地使用税的征收，有利于实现国家作为土地所有权者，加强对土地的管理，提高土地使用效益，有利于平衡不同等级城镇土地使用者之间的税收负担。

我国现行的城镇土地使用税是在城市房地产税的基础上通过对房产与地产分别征税而独立出来的一个税种。1950年1月政务院颁布的《全国税政实施要则》规定全国统一征收地产税，同年6月调整税收政策，将地产税和房产税合并为城市房地产税。1951年8月政务院公布了《城市房地产税暂行条例》，并在全国范围内执行。1973年简化税制，将对内资企业征收的城市房地产税并入工商税，仅对房地产管理部门和个人及外商投资企业，继续保留征收房产税。1984年10月全面改革工商税制时，对企业恢复征收城市房地产税。鉴于我国城市的土地属于国家所有，将城市房地产税分为土地使用税和房产税，并于1988年9月由国务院公布了《中华人民共和国城镇土地使用税暂行条例》，城镇土地使用税正式设立。2006年12月国务院对上述条例作了修订。

我国现行城镇土地使用税的主要法律依据是 2006 年国务院颁布的《中华人民共和国城镇土地使用税暂行条例》。根据该条例规定，城镇土地使用税是对城市、县城、建制镇和工矿区范围内使用土地的单位和个人，按实际占用土地面积所征收的一种税。

第二节 城镇土地使用税纳税人与征税对象

一、纳税人认定

城镇土地使用税纳税人是指在城市、县城、建制镇、工矿区范围内使用土地的单位和个人。实际税收征管中，城镇土地使用税的纳税人按下列原则确定。

（1）拥有土地使用权的单位和个人，以拥有人为纳税人。

（2）拥有土地使用权的单位和个人不在土地所在地的，以土地的实际使用人和代管人为纳税人。

（3）土地使用权未确定或权属纠纷未解决的，以实际使用人为纳税人。

（4）土地使用权共有的，共有各方均为纳税人。

二、征税对象确定

城镇土地使用税的征税对象是在城市、县城、建制镇、工矿区范围内使用的国家所有和集体所有的土地，不包括农村土地。城市是指经国务院批准设立市的市区和郊区；县城的征税范围为县人民政府所在的城镇；建制镇是指经省、自治区、直辖市人民政府批准设立的建制镇人民政府所在地；工矿区是指工商业比较发达，人口比较集中，符合国务院规定的建制镇标准，但尚未设立镇建制的大中型工矿企业所在地。

> **特别提醒** 自 2009 年 1 月 1 日起，公园、名胜古迹内的索道公司经营用地，自 2009 年 12 月 1 日起，单独建造的地下建筑用地，应按规定缴纳城市土地使用税。

第三节 城镇土地使用税税额计算

一、税率选择

为了平衡不同城镇及同一城镇不同地段土地的税收负担，城镇土地使用税实行有幅度的差别定额税率，具体如表 9-1 所示。

表 9-1　　　　　　　　　城镇土地使用税税率表

级　　别	非农业人口（人）	每平方米年税额（元）
大城市	50 万以上	1.5～30
中等城市	20 万～50 万	1.2～24
小城市	20 万以下	0.9～18
县城、建制镇、工矿区	—	0.6～12

经省、自治区、直辖市人民政府批准，经济落后地区城镇土地使用税的适用税额标准可以适当降低，但降低额不得超过上述规定最低税额的30%；经济发达地区城镇土地使用税的适用税额标准可以适当提高，但须报经财政部批准。

二、税收优惠

下列土地免征城镇土地使用税。

（1）国家机关、人民团体、军队自用土地。自用土地是指办公用地和公务用地。

（2）国家财政部门拨付事业经费的单位自用土地。自用土地是指单位本身的业务用地。

（3）宗教寺庙、公园、名胜古迹自用土地。宗教寺庙自用土地是指举行宗教仪式等的用地和寺庙内的宗教人员生活用地；公园、名胜古迹自用土地是指供公共参观游览的用地及其管理单位办公用地。

（4）市政街道、广场、绿化地带等公共用地。

（5）直接用于农、林、牧、渔业的生产用地。生产用地是指直接用于种植、养殖、饲养的专业用地，不包括农副产品加工场地和生活、办公用地。

（6）经批准开山填海整治的土地和改造的废弃土地，从使用之月起免交城镇土地使用税5年至10年。

（7）非营利性医疗机构、疾病控制机构和妇幼保健机构自用的土地免税。营利性医疗机构自用土地，免征城镇土地使用税3年。

（8）企业办的学校、医院、托儿所和幼儿园，其用地能与企业其他用地明确区分的免税。

（9）经营采摘、观光农业的单位和个人，直接用于采摘、观光的种植、养殖、饲养的土地免税。

（10）部分特殊行业用地暂免征收城镇土地使用税：①高校后勤实体用地；②企业的铁路专用线及公路等用地；③企业厂区以外的公共绿化用地和向社会开放的公园用地；④港口的码头用地、盐场的盐滩和盐矿的矿井用地；⑤水利设施管护用地；⑥中国人民银行总行（含国家外汇管理局）所属分支机构自用的土地；⑦机场飞行区用地等。

（11）下列项目由省、自治区、直辖市地方税务局确定免征城镇土地使用税：个人所有的居住房屋及院落用地；免税单位职工家属的宿舍用地；集体或个人办的学校、医院、托儿所及幼儿园用地；向居民供热并向居民收取采暖费的供热企业用地；基建项目在建期间使用的土地等。

三、税额计算

1．计税依据确定

城镇土地使用税以纳税人实际占用土地面积为计税依据实行从量计征。实际占用土地面积按下列方法确定。

（1）凡有省、自治区、直辖市人民政府确定的单位组织测定面积的，以测定面积为依据。

（2）尚未组织测量，但纳税人持有政府部门核发的土地使用证书的，以证书确认的土地面积为依据。

（3）尚未核发土地使用证书的，以纳税人申报土地面积为依据，待核发土地使用证后再作调整。

> **特别提醒** 免税单位无偿使用纳税单位土地的，免征城镇土地使用税，但纳税单位无偿使用免税单位土地的，应依法缴纳城镇土地使用税。纳税单位与免税单位共同使用同一土地上的多层建筑，对纳税单位应按其占用的建筑面积占建筑总面积的比例计征城镇土地使用税。

2．税额计算

（1）城镇土地使用税税额计算公式为

（年）应纳税额＝实际占用土地面积（平方米）×定额税率

（2）城镇土地使用税税额计算举例

【案例分析9-1】甲企业实际占地面积共计30 000平方米，其中4 000平方米为职工家属宿舍用地，600平方米为厂区以外绿化区，800平方米为厂内医院和幼儿园用地。该企业所处地段适用城镇土地使用税年税率为2元/平方米。计算甲企业应缴纳的城镇土地使用税税额。

分析：根据《税法》规定，厂区以外的公共绿地、企业办的幼儿园用地，免征城镇土地使用税；纳税单位的职工家属宿舍用地，应缴纳城镇土地使用税。

应纳税额＝（30 000－600－800）×2＝57 200（元）

第四节 城镇土地使用税税款缴纳

一、纳税义务发生时间

城镇土地使用税纳税义务发生时间按下列原则确定。

（1）纳税人新征用的土地，属于耕地的，自批准征用之日起满1年时纳税；属于非耕地，自批准征用次月起纳税。

（2）以出让或转让方式有偿取得土地使用权，由受让方从合同约定交付土地时间的次月起纳税；合同未约定交付土地时间的，由受让方从合同签订的次月起纳税。

（3）购置新建商品房，为房屋交付使用之次月。

（4）购置存量房，为办理房屋权属转移、变更登记手续，房地产权属登记机关签发房屋权属证书之次月。

（5）出租、出借房产，为交付出租、出借房产之次月。

（6）房地产开发企业自用、出租和出借本企业建造的商品房，为房屋使用或交付之次月。

> **小窍门** 除新征用耕地应自批准征用之日起1年时纳税外，其余全部是从"次月"起纳税。

二、纳税期限

城镇土地使用税实行按年计算、分期缴纳的征收方法，具体纳税期限由省、自治区、直辖市人民政府确定。

三、纳税地点

城镇土地使用税的纳税地点为土地所在地。纳税人使用的土地不属于同一省、自治区、直辖市管辖的，由纳税人分别向土地所在地的税务机关申报缴纳；在同一省、自治区、直辖市管辖范围内，纳税人跨地区使用土地的，其纳税地点由各省、自治区、直辖市税务机关确定。

本章概要

内容结构：

城镇土地使用税
- 城镇土地使用税概念与发展
- 城镇土地使用税纳税人与征税对象
- 城镇土地使用税税额计算：税率、税收优惠、税额计算
- 城镇土地使用税税款缴纳：纳税义务发生时间、纳税期限、纳税地点

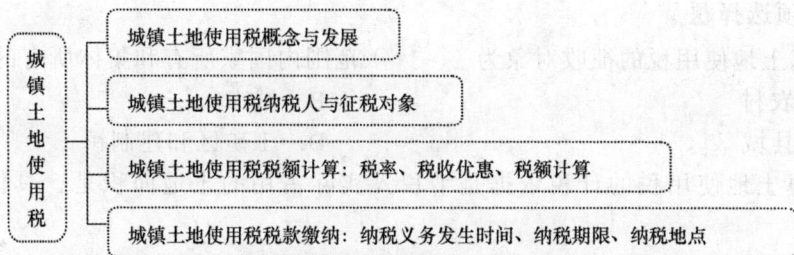

知识点：城镇土地使用税　镇土地使用税征税对象

能力点：纳税人认定　征税对象确定　税率选择　税收优惠　应纳税额计算　纳税义务发生时间确定　纳税期限确定　纳税地点确定

重点：纳税人认定　征税对象确定　税率选择　税收优惠　应纳税额计算

难点：征税对象确定　计税依据确定

单元训练

一、复习思考题

1. 怎样认定城镇土地使用税的纳税人？

2. 我国现行城镇土地使用税的征税对象是什么？

3. 如何确定城镇土地使用税的计税依据？怎样计算城镇土地使用税应纳税额？

4. 城镇土地使用税有哪些税收优惠政策？

5. 我国现行税法对城镇土地使用税的纳税义务发生时间、纳税期限和纳税地点是怎样规定的？

二、单项选择题

1. 土地使用权未确定或权属纠纷未解决的，以（　　）为城镇土地使用税的纳税人。
　　A. 原拥有人　　　　B. 实际使用人　　　C. 代管人　　　　　D. 产权所有人
2. 下列土地，可以依法免缴城镇土地使用税的是（　　）。
　　A. 纳税单位无偿使用免税单位的土地　　B. 农副产品加工厂和生活办公用地
　　C. 寺庙自用土地　　　　　　　　　　　D. 公园中附设照相馆使用的土地
3. 下列企业中，不缴纳城镇土地使用税的是（　　）。
　　A. 设在工矿区的军队三产企业　　　　　B. 设在工矿区占用的集体土地的企业
　　C. 设在农村的乡办企业　　　　　　　　D. 设在工矿区占用的国有土地的企业
4. 城镇土地使用税的计税依据是（　　）。
　　A. 税务机关认定的土地面积　　　　　　B. 纳税人实际使用的土地面积
　　C. 纳税人实际占用的土地面积　　　　　D. 纳税人实际拥有的土地面积
5. 新征用耕地应缴纳的城镇土地使用税，其纳税义务发生时间是（　　）。
　　A. 自批准征用之日起满 2 年时　　　　　B. 自批准征用之日起满 6 个月时
　　C. 自批准征用之日起满 1 年时　　　　　D. 自批准征用之日起满 3 个月时

三、多项选择题

1. 城镇土地使用税的征收对象为（　　）范围内国家所有和集体所有的土地。
　　A. 农村　　　　　　　　　　　　　　　B. 城市
　　C. 县城　　　　　　　　　　　　　　　D. 工矿区和建制镇
2. 城镇土地使用税的计税依据是纳税人实际占用的土地面积是，具体内容是指（　　）。
　　A. 税务机关确认的面积　　　　　　　　B. 纳税人申报的面积
　　C. 省、自治区、直辖市人民政府确定的单位组织测定的面积
　　D. 政府部门核发的土地使用证书确认的面积
3. 下列各项中，应缴纳城镇土地使用税的有（　　）。
　　A. 用于水产养殖业的生产用地　　　　　B. 名胜古迹园区内附设的照相馆用地
　　C. 财政拨付事业经费单位的食堂用地　　D. 学校食堂对外营业的餐馆用地
4. 下列关于城镇土地使用税的纳税义务发生时间说法正确的有（　　）。
　　A. 出租、出借房产，自交付出租、出借房产之月起
　　B. 购置新建商品房，自房屋交付使用之次月起
　　C. 对于新征用的耕地，自批准之日起满一年时
　　D. 对于新征用的非耕地，自批准征用当月起
5. 以下关于城镇土地使用税的表述中正确的有（　　）。
　　A. 纳税人使用的土地不属于同一市（县）管辖范围内的，应分别向土地所在地的税务机关申报缴纳
　　B. 纳税人使用的土地在同一省（自治区、直辖市）管辖范围内跨地区使用的土地，应分别向土地所在地的税务机关申报缴纳
　　C. 纳税人出租房产，自交付出租房产之次月起计征城镇土地使用税
　　D. 城镇土地使用税按年计算，分期缴纳

四、判断题

1. 城镇土地使用税是以城镇国有土地为征税对象，对拥有土地经营权的单位和个人征收的一种税。 （　　）

2. 城镇土地使用税的征收范围是城市、县城、建制镇、工矿区范围的国家所有的土地。 （　　）

3. 纳税单位无偿使用免税单位的土地免征城镇土地使用税；免税单位无偿使用纳税单位的土地照章征收城镇土地使用税。 （　　）

4. 纳税人在全国范围内跨省、自治区、直辖市使用的土地，其城镇土地使用税的纳税地点由国家税务局确定。 （　　）

5. 几个人或者几个单位共同拥有同一块土地的使用权，则由其轮流缴纳这块土地的城镇土地使用税。 （　　）

五、单项计算题

1. 某企业实际占地面积共为 30 000 平方米，其中企业子弟学校面积 2 000 平方米，医院 1 000 平方米。该企业每年应缴纳的城镇土地使用税为（　　）元（该企业所处低端适用税率为 3 元/平方米）。

A. 81 000 　　　　B. 87 000 　　　　C. 84 000 　　　　D. 90 000

2. 某市房地产企业 2016 年 1～10 月在 6 000 平方米的土地上开发建成一栋建筑面积为 6 万平方米的商品房，年内未销售；当年 3 月购置占地 2 万平方米的新建商品房当月交付使用。当地城镇土地使用税适用年税额为每平方米 3 元。该企业 2016 年应缴纳的城镇土地使用税税额为（　　）元。

A. 18 000 　　　　B. 60 000 　　　　C. 45 000 　　　　D. 63 000

3. 某人民团体有甲、乙两栋办公楼，甲栋楼占地 3 000 平方米，乙栋楼占地 1 000 平方米。2016 年 3 月 30 日至 12 月 31 日该团体将乙栋楼出租。当地城镇土地使用税适用税率为每平方米 15 元。该人民团体 2016 年应纳城镇土地使用税税额为（　　）元。

A. 15 000 　　　　B. 60 000 　　　　C. 45 000 　　　　D. 11 250

六、综合分析题

1. 甲企业生产经营用地分布于某市的三个地域，第一块土地的土地使用权属于某免税单位，面积 6 000 平方米；第二块土地的土地使用权属于甲企业，面积 30 000 平方米，其中企业办学校 5 000 平方米，医院 3 000 平方米；第三块土地的土地使用权属于甲企业与乙企业共同拥有，面积 10 000 平方米，实际使用面积各 50%。假定甲企业所在地城镇土地使用税单位税额每平方米 8 元。计算甲企业全年应纳城镇土地使用税税额。

2. 甲企业生产经营用地分布于 A、B 两个地域，A 的土地使用权属于甲企业，面积 10 000 平方米，其中幼儿园占地 1 000 平方米，厂区绿化占地 2 000 平方米；B 的面积 3 000 平方米，甲企业一直使用但土地使用权未确定。假设 A、B 的城镇土地使用税单位税额每平方米 5 元。计算甲企业全年应纳城镇土地使用税额。

3. 某盐场 2016 年占地 200 000 平方米，其中办公楼占地 20 000 平方米，盐场内部绿化占地 50 000 平方米，盐场附属幼儿园占地 10 000 平方米，盐滩占地 120 000 平方米。盐场所在地城镇土地使用税单位税额每平方米 0.7 元。计算该盐场 2016 年应纳城镇土地使用税税额。

第十章
房产税

学习目标

① 了解房产税的概念与发展历史。

② 掌握房产税法律制度的主要内容，能确定纳税人、征税范围，选择适用税率。

③ 熟悉房产税的税收优惠，并能加以运用。

④ 熟悉房产税计税原理，能计算房产税应纳税额。

⑤ 熟悉房产税征收管理法律规定，能确定房产税纳税义务发生时间和纳税地点，并完成税款缴纳任务。

⑥ 能向企业员工宣传房产税法规政策，并共同进行税收筹划。

⑦ 能与税务部门沟通，以获得他们对税收优惠的支持。

第一节 | 房产税概述

房产税是对房产征收的一种税。由于房产有确定的坐落地，税源可靠，纳税面广，因此房产税是地方政府取得财政收入的重要来源。

我国现行的房产税是在城市房地产税的基础上通过对房产与地产分别征税而独立出来的一个税种。1950年1月，中央人民政府政务院颁布《全国税政实施要则》，规定全国统一征收地产税，同年6月调整各税收政策，将房产税和地产税合并为城市房地产税。1951年8月政务院公布了《城市房地产税暂行条例》，并在全国范围内执行。1973年简化税制，将对内资企业征收的城市房地产税并入工商税，对房地产管理部门和个人以外外商投资企业，继续保留征收房产税。1984年10月全面改革工商税制时，确定对企业恢复征收城市房地产税。同时，鉴于我国城市的土地属于国家所有，将城市房地产税分为土地使用税和房产税，并于1986年9月由国务院发布了《中华人民共和国房产税暂行条例》。

我国现行房产税的主要法律依据是1986年9月国务院颁布的《中华人民共和国房产税暂行条例》。

第二节 | 房产税纳税人与征税对象

一、纳税人认定

房产税纳税人为应税房产的产权所有人。具体规定如下。

产权属于国家所有的，以经营管理单位为纳税人；产权属于集体和个人所有的，以集体和个人为纳税人；产权出典的，以承典人为纳税人；产权所有人、承典人不在房产所在地或产权未确定及租典纠纷未解决的，以房产代管人或使用人为纳税人；无租使用其他单位房产的，以使用人为纳税人。

> **特别提醒** 自 2009 年 1 月 1 日起，外商投资企业、外国企业和组织以及外籍个人，依照《中华人民共和国房产税暂行条例》缴纳房产税。

二、征税对象确定

房产税的征税对象为城市、县城、建制镇和工矿区范围内的房产。

房产是以房屋形态存在的财产，房屋是有屋面和围护结构（有墙或两边有柱），能遮风避雨，可供人们在其中生产、工作、学习、娱乐、居住或储藏物资的场所。与房屋不可分割的各种附属设施或不单独计价的配套设施也属于房屋，应一并征收房产税；独立于房屋之外的建筑物不属于房屋，不征房产税。

【案例分析 10-1】试分析下列房产是否应当缴纳房产税：①室外游泳池；②房地产开发企业建造的尚未出售的商品房；③农村房屋；④加油站罩棚。

分析：①室外游泳池是独立于房屋之外的建筑物，不属于房产，不征房产税。

② 房地产开发企业建造的尚未出售的商品房，对房地产开发企业而言是一种产品，在售出前，不征收房产税。但对出售前房地产开发企业已使用或出租、出借的商品房，应按规定征收房产税。

③ 农村房屋，不属于城市、县城、建制镇和工矿区范围内的房产，不征收房产税。

④ 加油站罩棚，不属于房产，不征收房产税。

第三节 | 房产税税额计算

一、税率选择

房产税实行比例税率。其中，从价计征的税率为 1.2%；从租计征的税率为 12%。

> **特别提醒** 对个人出租住房，不区分用途，按 4%税率征收房产税；对企事业单位、社会团体以及其他组织，按市场价格出租用于居住的住房，减按 4%的税率征收房产税。

二、税收优惠

（1）国家机关、人民团体、军队自用的房产免纳房产税。但上述免税单位的出租房屋以及非自身业务使用的生产、经营用房，不属于免税范围。

（2）由国家财政部门拨付事业经费的单位，自身业务范围内使用的房产免征房产税。

特别提醒 根据财税〔2015〕130号规定，自2016年1月1日起，①国家机关、军队、人民团体、财政补助事业单位、居民委员会、村民委员会拥有的体育场馆，用于体育活动的房产、土地，免征房产税和城镇土地使用税。②经费自理事业单位、体育社会团体、体育基金会、体育类民办非企业单位拥有并运营管理的体育场馆，符合条件的，其用于体育活动的房产、土地，免征房产税和城镇土地使用税。③企业拥有并运营管理的大型体育场馆，其用于体育活动的房产、土地，减半征收房产税和城镇土地使用税。

（3）宗教寺庙、公园、名胜古迹自用的房产免征房产税。

（4）个人所有非营业用的房产免征房产税。

（5）经财政部批准免税的其他房产。主要有以下几种。

① 企业办的各类学校、医院、托儿所、幼儿园自用房产。

② 为高校学生提供住宿服务按国家规定的收费标准收取住宿费的学生公寓。

③ 非营利医疗机构、疾病控制机构和妇幼保健机构等卫生机构自用房产。

④ 政府部门和企事业单位、社会团体以及个人等社会力量投资兴办的福利性、非营利性老年服务机构自用的房产。

⑤ 向居民供热并向居民收取采暖费的供热企业暂免征收房产税。供热企业包括专业供热企业、兼营供热企业、单位自供热及小区为居民供热的物业公司等，不包括从事热力生产但不直接向居民供热的企业。

⑥ 在基建工地为基建工地服务的工棚、材料棚、休息棚和办公室、食堂、茶炉房、汽车房等临时性房屋，施工期间一律免征房产税。但是，在基建工程结束后，施工企业将这种临时房屋交还给或者估价转让给基建单位的，应当从基建单位接受的次月起，依照规定征收房产税。

⑦ 毁损不堪居住的房屋和危险房屋，经有关部门鉴定，在停止使用后，免征房产税。

⑧ 纳税人因房屋大修理导致连续停用不足半年的，照章征收房产税，连续停用半年以上的，在房屋大修理期间免征房产税。房屋大修理停用半年以上需要免征房产税的，应在房屋大修理前向主管税务机关报送相关证明材料。

知识链接 自2011年1月28日起，上海、重庆等省市开始对某些个人住房试征房产税。

三、税额计算

1．计税依据确定

房产税的计征方式有两种从价计征和从租计征。

（1）从价计征。从价计征是指纳税人以房产原值一次减除 10%～30%后的余值为计税依据计征房产税的方式。所谓房产原值是指纳税人按照国家统一的会计制度规定在"固定资产"账户中记载的房屋的原值。实际应用还应注意以下几点。

① 凡以房屋为载体，不可随意移动的附属设备和配套设施，无论在会计核算中是否单独记账与核算，都应计入房产原值。

② 纳税人对原有房屋进行改建、扩建的应增加房屋原值。对更换房屋附属设备和配套设施的，在确定计入房产原值的价值时，可扣减原设备和设施的价值；对附属设备和配套设施中易损坏、需要经常更换的零配件，更新后不再计入房产原值。

③ 融资租赁房屋，以房屋余值为计税依据。

（2）从租计征。从租计征是指纳税人以房产租金收入为计税依据计征房产税的方式。房产的租金收入是房屋产权所有人出租房产使用权所得的报酬，包括货币收入和实物收入。如果以劳务或其他形式为报酬抵付房租收入的，应根据当地同类房产的租金水平确定计税依据。

> **特别提醒** 投资联营房产的税务处理：对以房产投资联营、投资者参与投资利润分红、共担风险的从价计征；对以房产投资收取固定收入、不承担经营风险的，实质上是以联营的名义取得房屋租金，以出租方取得的固定收入为计税依据从租计征。

2．税额计算

从价计征：

$$年应纳税额 = 应税房产原值 \times （1-扣除比例） \times 适用税率$$

从租计征：

$$应纳税额 = 租金收入 \times 适用税率$$

【案例分析 10-2】某公司"固定资产"明细账中，房屋原始价值为 600 万元。2016 年 2 月公司将其中的 80 万元房产出租给外单位使用，每年收取租金 15 万元。当地政府规定，企业自用房屋，按房产原值扣除 20%后的余值计征房产税。房产税按年计算、分季缴纳。计算该公司 2016 年第一季度应缴纳的房产税税额。

分析：1 月：该公司的房产全部自用，房产税应从价计征，则：

1 月应纳税额 = 6 000 000 × (1-20%) × 1.2% ÷ 12 = 4 800（元）

2 月：该公司的房产既有自用又有出租，其房产税应分别不同情况计征。其中：

自用房产从价计征：应纳税额 = (6 000 000-800 000) × (1-20%) × 1.2% ÷ 12 = 4 160（元）

出租房产从租计征：应纳税额 = 150 000 × 12% ÷ 12 = 1 500（元）

2 月应纳税总额 = 4 160+1 500 = 5 660（元）

3 月：与 2 月份相同。

第一季度应纳房产税 = 4 800+5 660+5 660 = 16 120（元）

第四节 | 房产税税款缴纳

一、纳税义务发生时间

（1）纳税人将原有房产用于生产经营的，为生产经营之月。

（2）纳税人自行新建房屋用于生产经营的，为建成之次月。

（3）纳税人委托施工企业建造的房屋，为办理验收手续之次月。

（4）纳税人购置新建商品房的，为房屋交付使用之次月。

（5）纳税人购置存量房的，为办理房屋权属转移、变更登记手续，房地产权属登记机关签发房屋权属证书之次月。

（6）出租、出借房产的，为交付出租、出借房产之次月。

（7）房地产开发企业自用、出租和出借本企业建造商品房的，为房屋使用或交付之次月。

> 小窍门　除将原有房产用于生产经营是从"之月"起缴纳房产税外，其余全部是从"之次月"起纳税。

二、纳税期限

房产税实行按年计算、分期缴纳的征收方法，具体纳税期限由省、自治区、直辖市人民政府确定。

三、纳税地点

房产税在房产所在地缴纳。房产不在同一地方的纳税人，应按房产的坐落地点分别向房产所在地的地方税务机关纳税。

本章概要

内容结构：

房产税
- 房产税概念与发展
- 房产税纳税人与征税对象
- 房产税税额计算：税率、税收优惠、税额计算
- 房产税税款缴纳：纳税义务发生时间、纳税期限、纳税地点

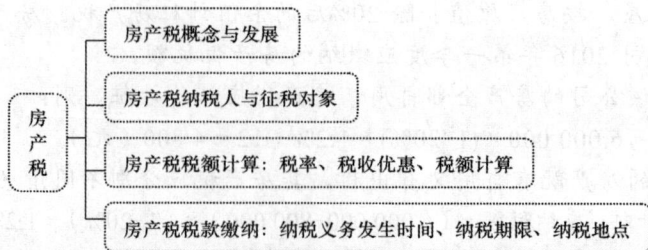

知识点： 房产税　房产税征税对象

能力点： 纳税人认定　征税对象确定　税率选择　税额计算　税款缴纳

重点： 纳税人认定　征税对象确定　税率选择　应纳税额计算　纳税义务发生时间

确定　纳税期限确定　纳税地点确定

难点：税收优惠政策运用　计税依据确定

单元训练

一、复习思考题

1. 怎样认定房产税的纳税人？

2. 怎样确定房产税的征税对象？

3. 房产税的计税方法有哪些？如何确定房产税的计税依据？怎样计算房产税应纳税额？

4. 房产税有哪些税收优惠政策？

5. 我国现行税法对房产税的纳税义务发生时间、纳税期限和纳税地点是怎样规定的？

二、单项选择题

1. 下列各项中，符合房产税纳税义务人规定的是（　　）。

　　A. 产权属于集体的由承典人缴纳

　　B. 房屋产权出典的由出典人缴纳

　　C. 产权纠纷未解决的由代管人或使用人缴纳

　　D. 产权属于国家所有的不缴纳

2. 下列情况中不交纳房产税的是（　　）。

　　A. 个人开办的商店用房　　　　　　B. 学校出租的房屋

　　C. 工厂用房　　　　　　　　　　　D. 居民自住房

3. 纳税人出租的房屋，如承租人以劳务或者其他形式为报酬抵付房租收入的，应（　　）计征房产税。

　　A. 根据出租房屋的原值减去10%～30%后的余值，实行从价计征

　　B. 根据税务机关的审核，实行从租计征

　　C. 根据当地同类房产的租金水平确定一个标准租金额，实行从租计征

　　D. 根据纳税人的申报，实行从租计征

4. 下列房产属于免征房产税的是（　　）。

　　A. 国家机关使用的房产　　　　　　B. 个人所有的房产

　　C. 由国家财政部门拨付事业经费的单位使用的房产

　　D. 公园、名胜古迹自用的房产

5. 下列各项中，符合房产税纳税义务发生时间规定的是（　　）。

　　A. 将原有房产用于生产经营，从生产经营之月起

　　B. 委托施工企业建设的房产，从办理验收手续之月起

　　C. 自行新建房产用于生产经营，从生产经营之月起

　　D. 自行新建房产用于生产经营，从建成之月起

三、多项选择题

1. 房产税的计税依据有（　　）。

　　A. 房产净值　　　B. 房产市价　　　C. 房产余值　　　D. 租金收入

2. 下列各项中，应征收房产税的有（　　）。

　　A. 城市居民出租的房产　　　　　　B. 城市居民投资联营的房产

　　C. 城市居民拥有的营业用房　　　　D. 城市居民所有的自有住房

3. 下列项目中，符合房产税计税依据规定的有（　　）。

　　A. 对以房产投资联营且共担风险的，以房产余值为计税依据

　　B. 对企业将原按余值缴纳房产税的房产出租，以租金为计税依据

　　C. 国家机关将房产出租，以租金为计税依据

　　D. 对融资租赁房屋的，以房产的余值为计税依据

4. 下列在征税范围内的房产或其他建筑物，属于房产税征税对象的是（　　）。

　　A. 企业职工宿舍　　　　　　　　　B. 房地产公司出租的写字楼

　　C. 工厂围墙　　　　　　　　　　　D. 水塔

5. 下列有关房产税应纳税额计算公式表示正确的有（　　）。

　　A. 应纳税额＝应税房产原值×（1－扣除比例）×1.2%

　　B. 应纳税额＝应税房产原值×（1－扣除比例）×12%

　　C. 应纳税额＝租金收入×12%

　　D. 应纳税额＝租金收入×4%

四、判断题

1. 融资租赁的房屋，以该房产的余值计算房产税。　　　　　　　　　　　（　　）

2. 所有拥有房屋产权的单位和个人，都是房产税的纳税人。　　　　　　　（　　）

3. 某单位出租一房屋，每月收取租金 6 000 元，半年缴纳一次房产税，每年缴纳税金 8 640 元。　　　　　　　　　　　　　　　　　　　　　　　　　　　　　　（　　）

4. 房地产开发企业建造的商品房在出售前，不征收房产税，但对出售前房地产开发企业已使用或出租、出售的房产应按规定征收房产税。　　　　　　　　　　　　（　　）

5. 纳税人购置房屋，应自办理房屋权属转移、变更登记手续，房地产权属登记机关签发房屋权属证书之次月起，缴纳房产税。　　　　　　　　　　　　　　　　（　　）

五、单项计算题

1. 某企业 2016 年 6 月 30 日签订房屋租赁合同一份，将价值 500 000 元的办公室从 7 月 1 日起出租给他人使用，租期 12 个月，月租 2 000 元，每月收租金 1 次。企业所在省规定计算房产余值的扣除比例为 30%，该企业 2016 年该房产应缴纳的房产税为（　　）元。

　　A. 4 200　　　　　B. 3 540　　　　　C. 60 000　　　　D. 58 560

2. 某公司 2015 年购进一处房产，2016 年 5 月 1 日用于投资联营（收取固定收入，不承担联营风险），投资期 3 年，当年取得固定收入 160 万元。该房产原值 3 000 万元，当地政府规定的减除幅度为 30%。该公司 2016 年应纳房产税税额为（　　）万元。

　　A. 19.2　　　　　B. 25.2　　　　　C. 44.4　　　　　D. 27.6

六、综合分析题

1. 某企业 2016 年 2 月委托施工单位新建厂房，9 月对建成的厂房办理验收手续，同时接管基建工程价值 100 万元的材料棚，一并转入固定资产，原值合计 1 100 万元。

该企业所在省规定的房产余值扣除比例为 30%。计算该企业 2016 年上述业务应缴纳的房产税税额。

2. 某企业 2016 年房产原值共计 9 000 万元，其中该企业所属幼儿园和医院用房原值分别为 300 万元、800 万元，当地政府确定计算房产税余值的扣除比例为 25%。计算该企业 2016 年应缴纳的房产税税额。

3. 王先生拥有两处房产，一处原值 60 万元的房产供自己及家人居住，另一处原值 20 万元的房产于 2016 年 6 月 1 日出租给王某居住，按市场价每月取得租金收入 1 200 元。计算王先生 2016 年应缴纳的房产税税额。

第十一章
契税

学习目标

1. 了解契税的概念与作用。
2. 掌握契税法律制度的主要内容，能确定纳税人、征税范围，选择适用税率。
3. 熟悉契税的税收优惠，并能加以运用。
4. 熟悉契税计税原理，能计算契税应纳税额。
5. 熟悉契税征收管理法律规定，能完成税款缴纳任务。
6. 能向企业员工宣传契税法规政策，并共同进行税收筹划。
7. 能与税务部门沟通，以获得他们对税收优惠的支持。

第一节 | 契税概述

契税是对权属发生转移的不动产向权利承受人征收的一种税。征收契税，一方面有利于取得财政收入，另一方面有利于保护合法产权，避免产权纠纷。

契税是一个古老的税种，中国古代契税始于晋，宋代有牙契税，元明有契本税，清代有田房契。新中国成立后保留了契税。政务院于1950年4月颁布了《契税暂行条例》，在全国城市和已经完成土地改革的乡村征收契税。1954年6月财政部对《契税暂行条例》进行了修改，此后财政部于1981年和1990年分别发出了"关于改进和加强契税征收管理工作的通知"和"关于加强契税工作的通知"，对契税政策进行了补充和调整。1997年7月国务院公布了《中华人民共和国契税暂行条例》。

我国现行契税的法律依据主要是国务院1997年7月7日修订公布的《中华人民共和国契税暂行条例》和同年10月财政部发布的《中华人民共和国契税暂行条例实施细则》。

第二节 | 契税纳税人与征税对象

一、纳税人认定

契税纳税人是在我国境内承受土地、房屋权属转移的单位和个人。"承受"是指以受让、购买、受赠、交换等方式取得土地、房屋权属的行为。"土地、房屋权属"是指土地使用权和房屋所有权。

二、征税对象确定

契税的征税对象是土地、房屋权属的转移行为。土地、房屋权属转移是指下列行为。

（1）国有土地使用权出让。是指土地使用者向国家交付土地使用权出让费用，国家将国有土地使用权在一定年限内让与土地使用者的行为。

（2）土地使用权转让。是指土地使用者以出售、赠与、交换或其他方式将土地使用权转移给其他单位和个人的行为，但不包括农村集体土地承包经营权的转移。

（3）房屋买卖。是指房屋所有者将其房屋出售，由承受者交付货币、实物、无形资产或其他经济利益的行为。

（4）房屋赠与。是指房屋所有者将其房屋无偿转让给受赠者的行为。

（5）房屋交换。是指房屋所有者之间相互交换房屋的行为。

> **特别提醒** 土地、房屋权属以下列方式转移的应视同土地使用权转让、房屋买卖或房屋赠与征收契税：①以土地、房屋权属作价投资、入股；②以土地、房屋权属抵债；③以获奖方式承受土地、房屋权属；④以预购方式或预付集资款建房方式承受土地、房屋权属。

第三节 | 契税税额计算

一、税率选择

契税实行幅度比例税率，税率幅度为3%～5%。具体适用税率由省、自治区、直辖市人民政府在规定的幅度内按照本地区的实际情况确定，并报财政部和国家税务总局备案。

> **特别提醒** 自2016年2月22日起，房地产交易环节的契税符合条件的执行下列政策：①对个人购买家庭唯一住房（家庭成员范围包括购房人、配偶以及未成年子女，下同），面积为90平方米及以下的，减按1%的税率征收契税；面积为90平方米以上的，减按1.5%的税率征收契税。②对个人购买家庭第二套改善性住房，面积为90平方米及以下的，减按1%的税率征收契税；面积为90平方米以上的，减按2%的税率征收契税。家庭第二套改善性住房是指已拥有一套住房的家庭，购买的家庭第二套住房。北京市、上海市、广州市、深圳市暂不实施上述②项契税优惠政策，按原规定执行。

二、税收优惠

1．契税优惠的一般规定

（1）国家机关、事业单位、社会团体、军事单位承受土地、房屋用于办公、教学、医疗、科研和军事设施的，免征。

（2）城镇职工按规定第一次购买公有住房的，免征。"城镇职工按规定第一次购买公有住房的"，是指经县以上人民政府批准，在国家规定标准面积以内购买的公有住房。

（3）因不可抗力灭失住房而重新购买住房的，酌情减免。

（4）土地、房屋被县级以上人民政府征用、占用后，重新承受土地、房屋权属的，由省、自治区、直辖市人民政府确定是否减免。

（5）承受荒山、荒沟、荒丘、荒滩土地使用权，并用于农、林、牧、渔业生产的，免征。

（6）经外交部确认，依照我国有关法律规定以及我国缔结或参加的双边和多边条约或协定，应予免税的外国驻华使馆、领事馆、联合国驻华机构及其外交代表、领事官员和其他外交人员承受土地、房屋权属的，免征。

2．契税优惠的特殊规定

（1）企业公司制改造。非公司制企业整体改建为有限责任公司或股份有限公司的，或有限责任公司整体改建为股份有限公司的，对改建后的公司承受原企业土地、房屋权属，免征契税；非公司制国有独资企业或国有独资有限责任公司，以其部分资产与他人组建新公司，且该国有独资企业（公司）在新设公司中所占股份超过 50% 的，对新设公司承受该国有独资企业（公司）的土地、房屋权属，免征契税。

（2）企业股权重组。国有控股公司以部分资产投资组建新公司，且该国有控股公司占新公司股份 85% 以上的，对新公司承受该国有控股公司土地、房屋权属，免征契税；股份合作制改造，承受原土地、房屋权属，免征契税。

（3）企业合并。企业合并，合并后的企业承受原合并各方的土地、房屋权属，免征契税。

（4）企业分立。企业分立分设为两个或两个以上投资主体的，对派生方、新设方承受原企业土地、房屋权属，免征契税。

（5）企业出售。国有、集体企业出售，被出售企业法人注销，且买受人与原企业 30% 以上职工签订服务年限不少于 3 年的劳动用工合同的，对其承受所购企业土地、房屋权属，减半征收契税；与原企业全部职工签订服务年限不少于 3 年的劳动用工合同的，免征契税。

（6）企业注销、破产。企业注销、破产，债权人承受注销、破产企业土地、房屋权属以抵偿债务的，免征契税；非债权人承受注销、破产企业土地、房屋权属，与原企业 30% 以上职工签订服务年限不少于 3 年的劳动用工合同的，对其承受所购企业土地、房屋权属，减半征收契税；与原企业全部职工签订服务年限不少于 3 年的劳动用工合同的，免征契税。

（7）其他。对拆迁居民因拆迁重新购置住房的，对购房成交价格中相当于拆迁补偿款的部分免征契税；超过拆迁补偿款部分的，征收契税。

符合减免税规定的纳税人,要在签订转移产权合同后 10 日内,向土地、房屋所在地的契税征收机关办理减免税手续。

三、税额计算

1．计税依据确定

契税的计税依据为土地、房屋权属转移时双方当事人签订的契约价格。具体规定如下。

（1）国有土地使用权出让、土地使用权出售、房屋买卖,计税依据为成交价格。成交价格是指土地和房屋权属转移合同中确定的价格,包括承受者应交付的货币、实物、无形资产或其他经济利益。

（2）土地使用权赠与和房屋赠与,计税依据由征收机关参照土地使用权出售、房屋买卖的市场价格核定。

（3）土地使用权交换和房屋交换,计税依据为所交换的土地使用权、房屋的价格的差额。交换价格不相等的,由多交付货币、实物、无形资产或其他经济利益的一方缴纳税款。交换价格相等的,免征契税。

（4）以划拨方式取得土地使用权后经批准转让房地产的,应由房地产转让者补缴契税,计税依据为补缴的土地使用权出让费或土地收益。

成交价格明显低于市场价格并且无正当理由的,或所交换土地使用权、房屋的价格的差额明显不合理并且无正当理由的,由契税征收机关参照市场价格核定。

2．税额计算

契税税额的计算基本公式为

$$应纳税额 = 计税依据 \times 税率$$

【案例分析 11-1】某公司职员王某因工作业绩突出,单位奖励其价值为 30 万元的房屋一套。王某将其所得房屋与李某价值 35 万元的房屋进行交换,协商后由王某支付差价 5 万元。税务机关核定奖励王某的房屋价值为 28 万元。已知当地规定的契税税率为 4%。计算王某应纳契税税额。

分析：根据税法规定,以获奖方式取得房屋权属的,应视同房屋赠与征收契税,计税依据为税务机关参照市场价格核定的价格,即 28 万元。房屋交换且交换价格不相等的,应由多支付货币一方缴纳契税,计税依据为所交换房屋价格差额,即 5 万元。

王某应纳契税税额=280 000 × 4% + 50 000 × 4%=13 200（元）

第四节 契税税款缴纳

一、纳税义务发生时间

契税的纳税义务发生时间为纳税人签订土地、房屋权属转移合同的当天,或纳税人取得其他具有土地、房屋权属转移合同性质凭证的当天。

纳税人因改变土地、房屋用途应当补缴已减征、免征契税的，其纳税义务发生时间为改变土地、房屋用途的当天。

二、纳税期限

纳税人应当自纳税义务发生之日起 10 日内，向土地及房屋所在地的契税征收机关办理纳税申报，并在契税征收机关核定的期限内缴纳税款。

三、纳税地点

契税征收机关为土地、房屋所在地的财政机关或地方税务机关，具体征收机关由省、自治区、直辖市人民政府确定。

本章概要

内容结构：

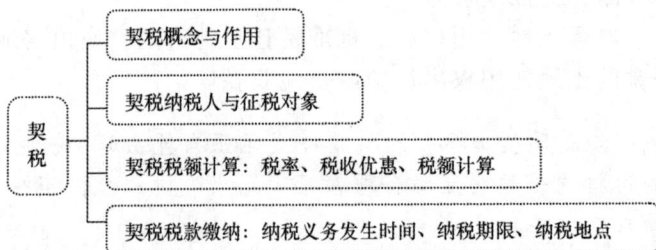

知识点： 契税　契税征税对象

能力点： 纳税人认定　征税对象确定　税率选择　税额计算　税款缴纳

重点： 纳税人认定　征税对象确定　税率选择　应纳税额计算　纳税义务发生时间确定　纳税期限确定　纳税地点确定

难点： 征税对象确定　计税依据确定

单元训练

一、复习思考题

1. 怎样确定契税的征税对象？
2. 如何确定契税的计税依据？
3. 契税有哪些税收优惠政策？
4. 我国现行税法对契税的纳税义务发生时间、纳税期限和纳税地点是怎样规定的？

二、单项选择题

1. 下列行为中房屋权属发生变更但不需要缴纳契税的是（　　　）。

　A. 房屋抵债　　　　　　　　　B. 法定继承人继承直系亲属的房产

　C. 房屋出售　　　　　　　　　D. 房屋赠与

2. 某企业破产清算时，以价值 5 000 万元的房产抵偿债务，债务总额为 4 500 万元。该事项应缴纳的契税为（　　）万元。假设当地契税税率为 3%。

    A. 0　　　　　　　B. 150　　　　　　　C. 135　　　　　　　D. 45

三、多项选择题

1. 下列各项符合契税纳税义务发生时间和纳税期限规定的有（　　）。

    A. 签订土地、房屋权属转移合同的当天

    B. 签订土地、房屋权属转移合同的次日

    C. 纳税义务发生之日起 15 日内完税

    D. 纳税义务发生之日起 10 日内完税

2. 下列有关契税计税依据确认方法正确的有（　　）。

    A. 国有土地使用权出让、土地使用权转让、房屋买卖，以成交价格为计税依据

    B. 土地使用权和房屋赠与，由契税征收机关参照市场价格核定计税依据

    C. 土地使用权和房屋交换，以所交换的土地使用权、房屋的价格差额为计税依据

    D. 土地使用权和房屋交换，交换价格相等的，免征契税；交换价格不相等的，由支付差价款的一方缴纳契税

四、判断题

1. 契税纳税地点为纳税人机构所在地的契税征收机关。（　　）

2. 取得荒山、荒沟、荒丘、荒滩土地并用于工业园建设的，免征契税。（　　）

五、单项计算题

1. 居民乙因拖欠居民甲 180 万元款项无力偿还，2016 年 8 月经当地有关部门调解，以房产抵偿该笔债务，居民甲因此取得该房产的产权并支付给居民乙差价款 20 万元。假定当地省政府规定的契税税率为 5%。下列表述中正确的是（　　）。

    A. 应由居民甲缴纳契税 1 万元　　　　　　B. 应由居民乙缴纳契税 1 万元

    C. 应由居民甲缴纳契税 10 万元　　　　　　D. 应由居民乙缴纳契税 10 万元

2. 王某 2016 年年初购买 90 平方米的商品房一处，支付价款 130 万元，并以 20 万元购买单独计价的车库一间，均采用分期付款方式分 20 年支付。假定 2016 年支付 8 万元，根据当地政府规定，商品房的契税税率为 4%，车库的契税税率为 3%。则王某应缴纳的契税为（　　）万元。

    A. 5.8　　　　　　　B. 5.5　　　　　　　C. 6　　　　　　　D. 4.5

六、综合分析题

甲某拥有有 3 套住房，将一套价值 120 万元的别墅折价给乙某低偿债务 100 万元；将市场价值 50 万元的公寓房折成股份投入本人独资经营的企业；将市场价值 70 万元居住用房与丙某一套住房交换，同时取得丙某赠送的价值 12 万元的小轿车一辆。当地政府确定的契税税率为 3%。请分析甲、乙、丙 3 人契税缴纳情况。

第十二章
车船税

学习目标

① 了解车船税的概念与发展历史。

② 掌握车船税法律制度的主要内容，能确定纳税人、征税范围，选择适用税率。

③ 熟悉车船税计税原理，能计算车船税应纳税额。

④ 熟悉车船税征收管理法律规定，能完成税款缴纳任务。

⑤ 能向企业员工宣传车船税法规政策，并共同进行税收筹划。

⑥ 能与税务部门沟通，以获得他们对税收优惠的支持。

第一节 | 车船税概述

车船税是以车船为征税对象，向拥有车船的单位和个人征收的一种税。车船税设置除了为取得财政收入外，另一个重要的作用在于引导车辆、船舶的生产和消费，促进节能减排，保护环境。

新中国成立后，政务院于1951年9月颁布了《车船使用牌照税暂行条例》，在全国范围内征收车船使用牌照税。1973年工商税制改革，将对内资企业征收的车船使用牌照税并入工商税，对个人、外侨及外资企业、中外合作企业、中外合营企业的车船，继续征收车船使用牌照税。1986年9月国务院颁布了《中华人民共和国车船使用税暂行条例》，对除外商投资企业、外国企业及外籍个人外的，在中国境内拥有并使用车船的单位和个人征收车船使用税。2006年12月国务院废止了上述两个暂行条例，制定了《中华人民共和国车船税暂行条例》，对包括外资企业和外籍个人在内的各类纳税人统一征收车船税。2011年2月25日第十一届全国人民代表大会常务委员会第十九次会议通过了《中华人民共和国车船税法》(以下简称《车船税法》)，自2012年1月1日起施行。

我国现行车船税的主要法律依据是2011年2月第十一届全国人民代表大会常务委员会第十九次会议通过的《中华人民共和国车船税

法》，2011 年 2 月 5 日国务院公布的《中华人民共和国车船税法实施条例》，国家税务总局 2013 年 7 月 26 发布的《关于车船税征管若干问题的公告》。

第二节 | 车船税纳税人与征税对象

一、纳税人认定

车船税纳税人为《车船税法》所规定的车辆与船舶的所有人或管理人。"所有人"是指拥有车船的单位和个人；"管理人"是指对车船不具有所有权，但具有管理权或使用权的单位。

从事机动车第三者责任强制保险业务的保险机构为机动车车船税的扣缴义务人，在销售机动车交通事故强制险时代收车船税。

> **特别提醒** 车船的所有人或管理人未缴纳车船税的，使用人应当代为缴纳车船税。

二、征税对象确定

车船税征税对象为《车船税法》中列举的车辆与船舶。

1．车辆

车辆为机动车，是指依靠燃油、电力等能源作为动力运行的车辆，包括乘用车、商用车、挂车、专用作业车、轮式专用机械车和摩托车。

（1）乘用车是指在设计和技术特性上主要用于载运乘客及随身行李，核定载客人数（含驾驶员）不超过 9 人的汽车。

（2）商用车是指除乘用车外，在设计和技术特性上用于载运乘客、货物的汽车。即客车和货车。货车包括半挂牵引车、三轮汽车和低速载货汽车。半挂牵引车是指装备有特殊装置用于牵引半挂车的商用车。三轮汽车是指最高设计车速不超过 50 千米/小时，具有 3 个车轮的货车。低速载货汽车是指以柴油机为动力，最高设计车速不超过 70 千米/小时，具有 4 个车轮的汽车。

（3）挂车是指在设计和技术特性上需要由汽车或拖拉机牵引才能正常使用的一种无动力道路车辆。

（4）专用作业车是指在设计和技术特性上用于特殊工作，并装置有专用设备或器具的汽车，如汽车起重机、消防车、混凝土泵车、清障车、高空作业车、洒水车、扫路车等。

> **特别提醒** 以载运人员或货物为主要目的的专用汽车，如救护车，不属于专用作业车。

（5）轮式专用机械车是指有特殊结构和专用功能，装有橡胶车轮可以自行行驶，最高设计车速大于 20 千米/小时的轮式工程机械车。

（6）摩托车是指无论采用何种驱动方式，最高设计车速大于 50 千米/小时，或使用内燃机，其排量大于 50 毫升的两轮或三轮车辆。

2．船舶

船舶包括各类机动船、非机动驳船和游艇。

（1）机动船舶是依靠燃料等能源为动力运行的船舶，包括客船、货船、气垫船、拖船等。

（2）非机动驳船是指依靠其他力量运行，在船舶登记管理部门登记为驳船的非机动船舶。

（3）游艇是指具备内置机械推进动力装置，长度在 90 米以下，主要用于游览观光、休闲娱乐、水上体育运动等活动，并应当具有船舶检验证书和适航证书的船舶。

> **特别提醒** 境内单位和个人租入外国籍船舶的，不征收车船税。境内单位和个人将船舶出租到境外的，应依法征收车船税。

第三节　车船税税额计算

一、税率选择

车船税实行分类分级幅度定额税率（见表12-1）。具体税率由省、自治区、直辖市人民政府在税法规定的幅度内，根据当地实际情况自行确定。

表 12-1　　　　　　　　车船税税目税额表

税目		计税单位	年基准税额		备 注
乘用车〔按发动机汽缸容量（排气量）分档〕	1.0升（含）以下的	每辆	60 元至 360 元		核定载客人数 9 人（含）以下
	1.0升以上至1.6升（含）的		300 元至 540 元		
	1.6升以上至2.0升（含）的		360 元至 660 元		
	2.0升以上至2.5升（含）的		660 元至 1 200 元		
	2.5升以上至3.0升（含）的		1 200 元至 2 400 元		
	3.0升以上至4.0升（含）的		2 400 元至 3 600 元		
	4.0升以上的		3 600 元至 5 400 元		
商用车	客车	每辆	480 元至 1 440 元		核定载客人数 9 人以上，包括电车
	货车	整备质量每吨	16 元至 120 元		包括半挂牵引车、三轮汽车和低速载货汽车等
挂车		整备质量每吨	按照货车税额的50%计算		
其他车辆	专用作业车	整备质量每吨	16 元至 120 元		不包括拖拉机
	轮式专用机械车				
摩托车		每辆	36 元至 180 元		
船舶	机动船舶	净吨位每吨	不超过 200 吨的	3 元	拖船、非机动驳船分别按照机动船舶税额的50%计算；拖船按照发动机功率每 1 千瓦折合净吨位 0.67 吨计税
			超过200吨但不超过2 000吨的	4 元	
			超过 2 000 吨但不超过 10 000 吨的	5 元	
			超过 10 000 吨的	6 元	

续表

税目		计税单位	年基准税额		备 注
船舶	游艇	艇身长度每米	不超过 10 米的	600 元	
			超过 10 米但不超过 18 米的	900 元	
			超过 18 米但不超过 30 米的	1 300 元	
			超过 30 米的	2 000 元	
			辅助动力帆艇	600 元	

应税车船的排气量、整备质量、核定载客人数、净吨位、千瓦、艇身长度，以车船登记管理部门核发的车船登记证书或行驶证所载数据为准。依法不需要办理登记的车船和依法应当登记而未办理登记或不能提供车船登记证书、行驶证的车船，以车船出厂合格证明或进口凭证标注的技术参数、数据为准。不能提供车船出厂合格证明或者进口凭证的，由主管税务机关参照国家相关标准核定，没有国家相关标准的参照同类车船核定。

二、税收优惠

1．车船税法规定的免税车船

（1）捕捞、养殖渔船，是指在渔业船舶登记管理部门登记为捕捞船或者养殖船的船舶。

（2）军队、武装警察部队专用的车船，是指按照规定在军队、武装警察部队车船登记管理部门登记，并领取军队、武警牌照的车船。

（3）警用车船，是指公安机关、国家安全机关、监狱和人民法院、人民检察院领取警用牌照的车辆和执行警务的专用船舶。

（4）依照法律规定应当予以免税的外国驻华使领馆、国际组织驻华代表机构及其有关人员的车船。

2．车船税实施条例规定的减免税车船

（1）节约能源、使用新能源的车船可以免征或减半征收车船税。

（2）按规定缴纳船舶吨税的机动船舶，自车船税法实施之日起 5 年内免征车船税。

（3）依法不需要在车船登记管理部门登记的机场、港口、铁路站场内部行驶或作业的车船，自车船税法实施之日起 5 年内免征车船税。

3．授权省、自治区、直辖市人民政府规定的减免税车船

（1）省、自治区、直辖市人民政府根据当地实际情况，可以对公共交通车船，农村居民拥有并主要在农村地区使用的摩托车、三轮汽车和低速载货汽车定期减征或者免征车船税。

（2）对受地震、洪涝等严重自然灾害影响纳税困难以及其他特殊原因确需减免税的车船，可以在一定期限内减征或者免征车船税。

特别提醒 对纯电动乘用车、燃料电池乘用车、非机动车船（不包括非机动驳船）、临时入境的外国车船和中国香港特别行政区、中国澳门特别行政区、中国台湾地区的车船，不征车船税。

4．节约能源、使用新能源车船车船税优惠

根据财税〔2015〕51 号文件规定，对符合条件的节约能源车船，减半征收车船税；对使用符合条件的新能源车船，免征车船税。

三、税额计算

（1）计税依据确定。车船税的计税依据按车船种类和性能分别有辆、整备质量吨位、净吨位和艇身长度四种。具体内容如下。

① 乘用车、商用客车、摩托车以应税车辆的数量为计税依据。

② 商用货车、挂车、专用作业车、轮式专用机械车以应税车辆的整备质量吨为计税依据。

③ 机动船舶以净吨位为计税依据。拖船、非机动驳船按机动船舶税额的50%计税。

④ 游艇以艇身长度为计税依据。

（2）税额计算。

① 车船税税额计算基本公式。

$$（年）应纳税额 ＝ 计税依据 \times 适用税率$$

其中乘用车、客车、摩托车：

$$应纳税额 ＝ 车辆数 \times 适用税额$$

货车、专用作业车和轮式专用机械车：

$$应纳税额 ＝ 整备质量吨数 \times 适用税额$$

挂车：

$$应纳税额 ＝ 整备质量吨数 \times 适用税额 \times 50\%$$

机动船舶：

$$应纳税额 ＝ 净吨位数 \times 适用税额$$

拖船和非机动驳船：

$$应纳税额 ＝ 净吨位数 \times 机动船舶适用税额 \times 50\%$$

游艇：

$$应纳税额 ＝ 艇身长度米数 \times 适用税额$$

购置新车船，购置当年的应纳税额自纳税义务发生的当月起按月计算

$$应纳税额 ＝ （年应纳税额 \div 12） \times 应纳税月份数$$

> **特别提醒** 自 2013 年 9 月 1 日起，车船税法及其实施条例涉及的整备质量、净吨位、艇身长度等计税单位，有尾数的一律按照含尾数的计税单位据实计算，应纳税额小数点后超过两位的可四舍五入保留两位小数。

② 车船税税额计算举例。

【案例分析 12-1】某物流公司 2016 年 12 月 31 日止，拥有载货汽车 30 辆、挂车 10 辆，整备质量吨位均为 5 吨；3 辆四门六座客货两用车，整备质量吨位 3 吨；小轿车 2 辆。公司所在省规定载货汽车年税额为每吨 60 元，十一座以下乘人汽车年税额每辆 480 元，当地政府核定车船税按年于次年 10 日前一次缴纳。计算该公司 2016 年应缴纳的车

船税并进行会计处理。

分析：根据现行《车船税法》规定，载货汽车以"整备质量吨位"为计税标准，客货两用汽车按载货汽车的计税单位和税额标准计征，载客汽车按"辆"为计税标准。

年应纳税额 = 30×5×60+10×5×60+3×3×60+2×480 = 13 100（元）

第四节 车船税税款缴纳

一、纳税义务发生时间

车船税纳税义务发生时间为取得车船所有权或管理权的当月。"当月"是指购买车船的发票或其他证明文件所载月份。

在同一纳税年度内，已缴纳车船税的车船办理转让过户的，不另纳税，也不退税。

在一个纳税年度内，已完税的车船被盗抢、报废、灭失的，纳税人可以凭有关管理机关出具的证明和完税证明，向纳税所在地的主管税务机关申请退还自被盗抢、报废、灭失月份起至该纳税年度终了期间的税款。已办理退税的被盗抢车船失而复得的，纳税人应当从公安机关出具相关证明的当月起计算缴纳车船税。

【案例分析 12-2】"张先生 2016 年 8 月 10 日购入一辆宝马轿车，到当年 12 月 31 日未到车辆管理部门登记，张先生 2016 年无需缴纳车船税"这种说法正确吗？

分析：不正确。

根据《车船税法》规定，车船税纳税义务发生时间为购买车船的发票或其他证明文件所载月份，与车船是否到管理部门登记无关。

二、纳税期限

车船税按年申报，分月计算，一次缴纳。纳税年度为公历 1 月 1 日至 12 月 31 日，具体申报纳税期限由省、自治区、直辖市人民政府规定。由保险机构代收代缴机动车车船税的，纳税人应当在购买机动车交强险的同时缴纳车船税。

三、纳税地点

车船税由地方税务机关负责征收。其税款缴纳方式有两种：一是纳税人自行申报缴纳；二是纳税人在办理机动车交通事故责任强制保险时由保险机构代收代缴。

纳税人自行申报缴纳车船税的，纳税地点为车船登记地；依法不需要办理登记的车船，纳税地点为车船的所有人或管理人的所在地。

由保险机构代收代缴车船税的，纳税地点为保险机构所在地。从事机动车第三者责任强制保险业务的保险机构应当在收取保险费时依法代收车船税，并且应当在机动车交通事故责任强制保险的保险单以及保费发票上注明已收税款的信息，作为代收税款凭证。

本章概要

内容结构：

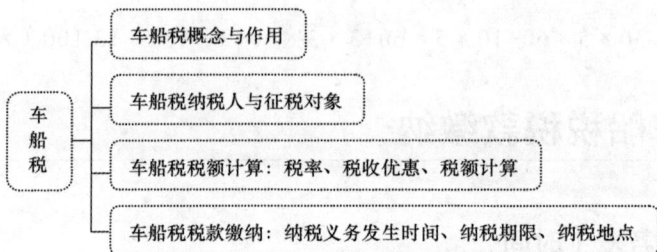

知识点：车船税　车船税征税对象

能力点：纳税人认定　征税对象确定　税率选择　税收优惠运用　税额计算　税款缴纳

重点：纳税人认定　征税对象确定　税率选择　应纳税额计算　纳税义务发生时间确定　纳税期限确定　纳税地点确定

难点：征税对象确定　税收优惠政策运用　计税依据确定

单元训练

一、复习思考题

1. 我国现行车船税法对车船税的纳税人是怎样规定的？

2. 我国现行车船税法规定的车船税的征税对象有哪些？

3. 怎样选定车船税的适用税率？

4. 我国现行车船税的税收优惠有哪些？

5. 如何确定不同税目车船税的计税依据？怎样计算车船税的应纳税额？

6. 简述车船税的纳税期限与纳税地点。

二、单项选择题

1. 下列各项中，不属于车船税征税范围的是（　　　）。

　　A. 三轮车　　　　　　B. 火车　　　　　C. 摩托车　　　　　D. 货船

2. 下列车船可以免征车船税的有（　　　）。

　　A. 外商投资企业汽车　　　　　　　　B. 武警消防车

　　C. 政府机关办公用车辆　　　　　　　D. 未纳船舶吨税的我国远洋运输船

3. 根据车船税法律制度规定，下列各项中属于载货汽车计税依据的是（　　　）。

　　A. 排气量　　　　　　B. 整备质量吨　C. 净吨位　　　　　D. 购置价格

4. 纳税人新购置车辆使用的，其车船使用税的纳税义务发生时间为（　　　）。

　　A. 购置使用的当月　　　　　　　　　B. 购置使用的次月

　　C. 购置使用的当年　　　　　　　　　D. 购置使用的次年

5. 跨省、自治区、直辖市使用的车船，纳税地点为（　　　）。

A. 车船使用地 B. 车船登记地

C. 纳税人经营所在地 D. 领取车船牌照地

三、多项选择题

1. 车船税的纳税义务人包括（　　　）。

A. 中外各类企业 B. 外籍个人

C. 行政机关 D. 我国境内的居民

2. 下列车辆中，应当计算缴纳车船税的有（　　　）。

A. 摩托车 B. 捕捞、养殖渔船 C. 非机动驳船 D. 企业用车

3. 下列各项中，以"辆"作为车船税计税依据的有（　　　）。

A. 摩托车 B. 商用客车 C. 载货卡车 D. 挂车

4. 根据现行车船税法律制度规定，下列说法不正确的有（　　）。

A. 车辆自重吨位尾数超过半吨的，按1吨计算

B. 军队用于出租汽车免税

C. 船舶净吨位在0.5吨以下的，按0.5吨计算

D. 医院拥有的救户车不征车船税

5. 可以由省、自治区、直辖市人民政府自行确定征收车船税的有（　　　）。

A. 农村公共交通车船 B. 非营利性医疗机构自用的车船

C. 非机动车船 D. 城市公共交通用车

四、判断题

1. 由扣缴义务人代收代缴的机动车车船税的，纳税人应当在购买机动车交通事故责任强制保险的同时缴纳。（　　）

2. 已办理退税的被盗抢车船失而复得的，纳税人应当从公安机关出具相关证明的当月起计算缴纳车船税。（　　）

3. 已向交通航运管理机关上报报废的车船，当年不发生车船税的纳税义务。（　　）

4. 车船税按年征收，分期缴纳，具体纳税期限由省、自治区、直辖市地方税务局确定。（　　）

5. 在同一纳税年度内，已缴纳车船税的车船办理转让过户的，不另纳税，也不退税。（　　）

五、综合分析题

1. 某货运公司2016年拥有载货汽车25辆、挂车10辆，整备质量吨位均为20吨；3辆四门六座客货两用车，整备质量吨位为3吨；2.0升排气量的小轿车2辆。该公司所在省规定商用货车整备质量每吨税额30元，2.0升排气量小汽车年纳税额每辆660元。计算该企业2016年度应纳车船税税额。

2. 某船运公司2016年拥有机动船4艘，每艘净吨位3 000吨；拖船1艘，发动机功率为1 800马力。其所在省车船税计税标准为净吨位2 000吨以下的，每吨4元；2001～10 000吨的，每吨5元。计算该船运公司2016年应缴纳的车船税额。（1马力=0.735千瓦）

第十三章
印花税

第一节 印花税概述

印花税是对用以证明权利创设及变更的凭证以粘贴印花税票的方式征收的一种税。印花税票是在凭证上直接印有固定金额，专门用于征收印花税税款，并必须粘贴在应税凭证上的一种有价证券。印花税的征收以凭证为依据，实行"一征一税，一票一用"原则，即凡已足额贴花的凭证不再缴纳印花税，凡已使用过的印花税票不得重复使用，多粘贴税票不得退还。印花税税率虽低，但税源广泛，是取得地方财政收入的一个重要来源。

印花税是世界各国普遍征收的一个税种。在我国，中华人民共和国成立后，政务院于 1950 年颁布《全国税政实施要则》，规定在全国开征印花税。1958 年工商税制改革，印花税被并入工商统一税，印花税不再单独征收。党的十一届三中全会以来，随着改革开放政策的贯彻实施，我国国民经济得到快速发展，经济活动中依法书立各种凭证已成为普遍现象。为了在税收上适应变化的客观经济情况，广泛筹集财政资金，维护经济凭证书立、领受人的合法权益，1988 年 8 月 6 日，国务院颁布了《中华人民共和国印花税暂行条例》，并于同年的 10 月 1 日起恢复征收印花税。

我国现行印花税的法律依据主要是 1988 年 8 月 6 日国务院公布的《中华人民共和国印花税暂行条例》(以下简称《印花税暂行条例》)和同年 9 月 29 日财政部发布的《中华人民共和国印花税暂行条例实施细则》。条例规定,印花税是对经济活动和经济交往中书立、使用、领受具有法律效力的应税凭证征收的一种税。

第二节　印花税纳税人与征税对象

一、纳税人认定

印花税纳税人是在我国境内书立、使用、领受应税凭证的单位和个人。根据书立、使用、领受应税凭证不同,其纳税人有五类。

(1)立合同人,即书立各类合同的当事人,是指对应税凭证有直接权利义务关系的单位和个人。但不包括合同的担保人、证人和鉴定人。

(2)立据人,是指书立产权转移书据的单位和个人。

(3)立账簿人,是指设立并使用营业账簿的单位和个人。

(4)领受人,是指领取或接受并持有该凭证的单位和个人。

(5)使用人。是指在国外书立、领受,但在国内使用应税凭证的单位和个人。

> **特别提醒**　同一凭证由两方或两方以上当事人共同书立并各执一份的,各方都是印花税的纳税人。

二、征税对象确定

印花税的征税对象为各类商事凭证。现行《印花税暂行条例》规定的应税凭证有五大类 13 个税目。

1．合同或具有合同性质的凭证

(1)购销合同,包括供应、预购、采购、购销结合及协作、调剂、补偿、易货等合同。

(2)加工承揽合同,包括加工、定做、修缮、修理、印刷、广告、测绘、测试等合同。

(3)建设工程勘察设计合同,包括勘察、设计合同。

(4)建筑安装工程承包合同,包括建筑、安装工程承包合同。

(5)财产租赁合同,包括租赁房屋、船舶、飞机、机动车辆、机械、器具、设备等合同。

(6)货物运输合同,包括民航、铁路、海上、内河、公路运输和联合运输等合同。

(7)仓储保管合同,包括仓储、保管合同,以及作为合同使用的仓单、栈单等。

(8)借款合同,包括银行及其他金融机构和借款人(不包括银行同业拆借)所签订的借款合同。

(9)财产保险合同,包括财产、责任、保证、信用等保险合同。

> **特别提醒**　运输单据、仓储保管单或栈单、借款单据、财产保险单等单据,本质上具有合同性质,应分别按相应性质合同征收印花税。

（10）技术合同，包括技术开发、转让、咨询、服务等合同。

> **特别提醒** 一般的法律、会计、审计等方面的咨询合同，不属于应税合同，不征印花税。

2．产权转移书据

产权转移书据是指单位和个人产权买卖、继承、赠与、交换、分割等所立的书据，包括财产所有权和版权、商标专用权、专利权、专有技术使用权等转移书据。

3．营业账簿

营业账簿是指单位和个人记载生产经营活动的财务会计核算账簿。按其反映内容不同分为，记载资金的账簿和其他账簿。记载资金的账簿是反映生产经营单位资本金数额增减变化的账簿；其他账簿是指除上述账簿以外的账簿，包括日记账簿和各明细分类账簿。

4．权利、许可证照

权利、许可证照包括政府部门发给的房屋产权证、工商营业执照、商标注册证、专利证、土地使用证。

5．财政部确定的其他应税凭证

【案例分析 13-1】请分析下列凭证是否应征收印花税：①卫生许可证、消防安全证、用电许可证；②土地使用权出让合同与土地使用权转让合同；③纳税人以电子形式签订的各类应税凭证。

分析：卫生许可证、消防安全证、用电许可证，不属于《印花税暂行条例》规定的权利许可证照，不征印花税。土地使用权出让合同与土地使用权转让合同，应按产权转移书据征收印花税。纳税人以电子形式签订的各类应税凭证，和纸制合同凭证一样，都体现了合同的主要条款，其法律效力与纸制合同是一致的，应依据合同性质征收印花税。

第三节 ｜ 印花税税额计算

一、税率选择

印花税税率形式有比例税率和定额税率两种。除权利许可证照及营业账簿中的其他账簿使用定额税率外，其他应税项目全部适用比例税率。具体如表 13-1 所示。

> **特别提醒** 自 2015 年 12 月 24 日起，对开展融资租赁业务签订的融资租赁合同（含融资性售后回租），统一按照其所载明的租金总额依照"借款合同"税目，按万分之零点五的税率计税贴花。在融资性售后回租业务中，对承租人、出租人因出售租赁资产及购回租赁资产所签订的合同，不征收印花税。

表 13-1   印花税税目、税率表

税　　目	税　率
借款合同	0.05‰
购销合同、建筑安装工程承包合同、技术合同	0.3‰
加工承揽合同、建设工程勘察设计合同、货物运输合同、产权转移书据、记载资金的营业账簿	0.5‰
财产租赁合同、仓储保管合同、财产保险合同	1‰
权利许可证照、营业账簿中的其他营业账簿	5 元/件

二、税收优惠

下列凭证免征印花税。

（1）已缴纳印花税的凭证的副本或抄本，但副本或抄本视同正本使用的，应另行贴花。

（2）财产所有者将财产赠给政府、社会福利机构及学校所书立的书据。

（3）国家指定的收购部门与村民委员会、农民个人书立的农副产品收购合同。

（4）无息、贴息贷款合同。

（5）外国政府或国际金融组织向我国政府及国家金融机构提供优惠贷款所书立的合同。

（6）房地产管理部门与个人签订的用于生活居住的租赁合同。

（7）农牧业保险合同。

（8）特殊的货运凭证。例如军事物资运输凭证、抢险救灾物资运输凭证、新建铁路的工程临管线运输凭证。

> **特别提醒** 企业改制前签订但尚未履行完的各类应税合同，改制后仅改变执行主体、其余条款未做改变且改制前已贴花的，不再征收印花税。

三、税额计算

1．计税依据确定

各类应税凭证印花税计税依据基本确定原则可归纳如表 13-2 所示。

表 13-2   印花税计税依据汇总

应税凭证	计税依据
购销合同	合同记载的购销金额。【注意】以货易货方式商品交易合同，反映了购与销双重行为，应按合同所载的购、销合计金额计税贴花
加工承揽合同	加工或承揽收入的金额
建设工程勘察设计合同	收取的费用
建筑安装工程承包合同	承包金额
财产租赁合同	租赁金额
货物运输合同	运输费金额，不包括所运货物的金额、装卸费和保险费等
仓储保管合同	收取的仓储保管费
借款合同	借款金额
财产保险合同	支付（收取）的保险费，不包括所保财产的金额

应税凭证	计税依据
技术合同	所载的价款、报酬或使用费
产权转移书据	所载的金额
记载资金的账簿	"实收资本"与"资本公积"两项金额的合计金额
其他账簿、权利、许可证照	应税凭证的件数

实务中印花税计算还应注意以下问题。

（1）同一凭证，载有两个或两个以上经济事项而适用不同税目税率，分别记载金额的，应分别计算相加后按合计税额贴花；未分别记载金额的，按税率高的计税贴花。

（2）合同在签订时无法确定计税金额的，可先按5元贴花，待结算时再按实际金额补贴花。

（3）施工单位将自己承包的建设项目，分包或转包给其他施工单位所签订的分包或转包合同，应按新的分包或转包合同所载金额贴花。

（4）采用以货易货方式进行商品交易签订的合同，具有购与销双重经济行为，因此，对此类合同应按合同所载的购、销合计金额计税贴花。合同未列明金额的，应按合同所载购、销数量依照国家牌价或市场价格计算贴花。

（5）已签订的合同，不论是否履行或是否按期履行，均应贴花。已贴花的凭证，修改后所载金额增加的，其增加部分应补贴印花税票；凡多贴印花税票的，不得申请退税或抵用。

（6）以合并或分立的方式成立的新企业，对其新启用的资金账簿记载的资金，凡原已贴花的部分不再征收印花税，对未贴花的部分和以后新增加的资金征收印花税。

（7）应纳税额不足1角的，免纳印花税；1角以上的，其尾数不满5分的不计，满5分的按1角计算。

2．税额计算

（1）印花税税额计算公式。

从价计征：

$$应纳税额=应税凭证计税金额×适用税率$$

从量计征：

$$应纳税额=应税凭证件数×适用税额$$

（2）印花税税额计算举例。

【案例分析 13-2】甲企业于2016年5月开业，领受工商业执照、商标注册证、土地使用证各一件。企业设置营业账簿中"实收资本"200万元，"资本公积"80万元，其他账簿8本。开业当月与银行签订一份借款合同，所载金额为80万元；与某商场签订一份购销合同，所载金额为50万元；与保险公司签订一份财产保险合同，投保金额为200万元，支付保险费4万元。分析计算该企业5月应缴印花税税额。

分析：领受权利许可证照应纳印花税=3×5＝15（元）

设置营业账簿应纳印花税=（2 000 000 + 800 000）× 0.5‰ + 8 × 5 = 1 440（元）

签订借款合同应纳印花税=800 000 × 0.05‰ = 40（元）

签订内购销合同应纳印花税=500 000 × 0.3‰ = 150（元）

签订财产保险合同应纳印花税=40 000 × 1‰ = 40（元）

该企业 2 月应缴纳的印花税总额：应纳税额 = 15 + 1 440 + 40 + 150 + 40 = 1 685（元）

第四节 印花税税款缴纳

一、纳税方式

印花税根据税额大小、贴花次数及税收征收管理的需要，分别采用以下三种方式完成纳税义务。

1．自行贴花

自行贴花是指由纳税人自行计算应纳税额，自行购买并贴足印花税票，自行注销或画销的缴纳方式，即所谓的"三自"纳税法。此方式一般适用于应税凭证较少或贴花次数较少的纳税人。

2．汇贴或汇缴

汇缴是指由纳税人向税务机关提出申请，采取以缴款书代替贴花或按期汇总缴纳的方式。此方式一般适用于应纳税额较大或贴花次数频繁的纳税人。

对于一份凭证应纳税额超过 500 元的，应向税务机关申请填写缴款书，将其中一联粘贴在凭证上或由税务机关在凭证上加注完税标记代替贴花。

对于同一种凭证需要频繁贴花的，纳税人可以根据实际情况自行决定是否采用按期汇总缴纳印花税的方式，汇总缴纳的期限为一个月。凡汇缴印花税的凭证，应加盖税务机关的汇缴戳记，编号并装订成册后，将已贴印花税票或缴款书粘贴附册后，盖章注销，保存备查。

3．委托代征

委托代征是受托单位按税务机关的要求，以税务机关的名义向纳税人征收税款的一种方式。受托单位一般是发放、鉴证和公证应税凭证的政府部门或其他社会组织。

二、纳税期限

印花税一般应在应税凭证书立或领受时贴花。即合同在签订时贴花，产权转移书据在立据时贴花，权利许可证照在领取时贴花，营业账簿在启用时贴花。

三、纳税地点

印花税一般实行就地纳税。全国性订货会所签合同应纳印花税，由纳税人回其所在地办理贴花。对地方主办，不涉及省际关系的订货会所签合同的印花税，由省级政府自行确定纳税地点。

本章概要

内容结构:

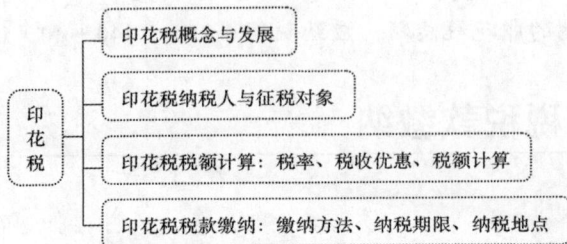

印花税
- 印花税概念与发展
- 印花税纳税人与征税对象
- 印花税税额计算:税率、税收优惠、税额计算
- 印花税税款缴纳:缴纳方法、纳税期限、纳税地点

知识点: 印花税　印花税纳税人　印花税征税对象　"三自"纳税法

能力点: 纳税人认定　征税对象确定　税率选择　税收优惠运用　税额计算　税款缴纳

重点: 纳税人认定　征税对象确定　税率选择　应纳税额计算　纳税义务发生时间确定　纳税期限确定　纳税地点确定

难点: 征税对象确定　税收优惠政策运用　计税依据确定

单元训练

一、复习思考题

1. 我国现行印花税法规对印花税的纳税人是怎样规定的?

2. 根据我国现行印花税法律制度规定,印花税的征税对象有哪些?

3. 印花税的税率有哪些?

4. 如何确定不同税目印花税的计税依据?怎样计算印花税应纳税额?

5. 印花税的税款缴纳方式有哪些?如何缴纳?

二、单项选择题

1. 下列各项凭证,应缴纳印花税的是（　　　）。

　　A. 房屋产权证、工商营业执照、卫生许可证、营运许可证

　　B. 土地使用证、专利证、特殊行业经营许可证、房屋产权证

　　C. 商标注册证、税务登记证、土地使用证、营运许可证

　　D. 房屋产权证、工商营业执照、商标注册证、专利证、土地使用证

2. 下列各项中,不征收印花税的是（　　　）。

　　A. 技术开发合同　　　　　　　　　B. 出版印刷合同

　　C. 产品加工合同　　　　　　　　　D. 法律咨询合同

3. 权利、许可证照适用的税率为（　　　）。

　　A. 比例税率　　　B. 累进税率　　　C. 累退税率　　　D. 定额税率

4. 下列凭证中,免纳印花税的是（　　　）。

　　A. 企业与某公司签订的房屋租赁合同　　B. 企业与银行签订的贷款合同

    C. 企业签订的加工合同　　　　　　　　D. 军事物资运输凭证

5. 印花税汇缴纳税方式适用于（　　　）。

    A. 对同一类应税凭证贴花次数频繁的纳税人

    B. 对不同类应税凭证贴花次数频繁的纳税人

    C. 应税凭证较多或者贴花次数较多的纳税人

    D. 应税凭证较少或者贴花次数较少的纳税人

三、多项选择题

1. 记载资金的账簿，印花税计税依据是（　　　）两项的合计数。

    A. 实收资本　　　　　B. 全部资产　　　　C. 资本公积　　　　　D. 注册资本

2. 以下各项中，按照"产权转移书据"缴纳印花税的是（　　　）。

    A. 商品房销售合同　　　　　　　　　　　B. 土地所有权出让合同

    C. 土地所有权转让合同

    D. 个人无偿赠送不动产签订的"个人无偿赠与不动产登记表"

3. 下列凭证中，免纳印花税的有（　　　）。

    A. 已纳印花税凭证的副本或抄本

    B. 国家指定收购部门与农民签订的农副产品收购合同

    C. 财产所有人将财产赠给政府、社会福利单位、学校所立的书据

    D. 外国政府向我国政府提供优惠贷款签订的合同

4. 下列合同无需缴纳印花税的有（　　　）。

    A. 银行与企业之间签订的贴息贷款合同

    B. 企业单位内职工食堂设置的收支账簿

    C. 电网与用户之间签订的供用电合同

    D. 房地产管理部门与个人签订的经营用房的房租合同

5. 下列关于印花税应纳税额计算说法正确的有（　　　）。

    A. 同一凭证载有两个或两个以上经济事项且适用不同税目税率，若能分别记载
金额，应先分别计算应纳税额，相加后按合计税额贴花；若不能分别记载金
额的，应按税率高的计税贴花

    B. 采用以货易货方式进行商品交易签订的合同，应按合同所载的购、销合计金
额计税贴花

    C. 施工单位将自己承包的建设项目，分包或转包给其他施工单位所签订的分包
或转包合同，应按新的分包或转包合同所载金额计税贴花

    D. 应税合同只要签订生效，不论合同是否兑现或是否按期兑现均应贴花

四、判断题

1. 对应税凭证，凡有两方或两方以上当事人共同书立的，其当事人各方都是印花税
的纳税人，应各就其所持凭证的计税金额履行纳税义务。　　　　　　　　　　（　　　）

2. 加工承揽合同中，如由受托方提供原材料和辅助材料的，可将辅助材料金额剔除
后计征印花税。　　　　　　　　　　　　　　　　　　　　　　　　　　　　（　　　）

3. 某施工单位将自己承包建设项目中的安装工程部分，又转包给了其他单位，其转

包部分在总承包合同中已缴过印花税，因为不必再次贴花纳税。（　　）

4．一般的法律、会计、审计等方面的咨询合同，不征印花税。（　　）

5．对于签订时无法确定计税金额的合同，可在合同结算时根据实际税金额，汇总纳税。（　　）

五、单项计算题

1．甲公司从乙汽车运输公司租入 5 辆载重汽车，双方签订的合同规定，5 辆载重汽车的总价值为 240 万元，租期 3 个月，租金为 12.8 万元。则甲公司应缴纳的印花税额为（　　）元。

    A．32　　　　　　B．128　　　　　　C．2 400　　　　　　D．600

2．某电厂与某水运公司签订一份运输保管合同，合同载明的费用为 500 000 元（运费与保管费未分别记载）。货物运输合同的印花税率为 0.05%，仓储保管合同的印花税率为 0.1%，该项合同双方各应缴纳的印花税为（　　）元。

    A．375　　　　　　B．250　　　　　　C．500　　　　　　D．1 000

3．某公司受托加工制作广告牌，双方签订的加工承揽合同中分别注明加工费 40 000 元，委托方提供价值 60 000 元的主要材料，受托方提供价值 2 000 元的辅助材料。则该公司此项合同应缴纳的印花税为（　　）元。

    A．38　　　　　　B．20　　　　　　C．21　　　　　　D．39

4．甲公司与乙公司分别签订了两份合同：第一份合同为，甲公司以价值 200 万元的材料换取乙公司价值 150 万元的设备一台，差价款 50 万元由乙公司支付给甲公司；第二份合同为，甲公司购买乙公司价值 50 万元的货物，但该合同因故未能履行。甲公司应缴纳的印花税为（　　）元。

    A．1 050　　　　　　B．1 200　　　　　　C．600　　　　　　D．150

5．某建筑公司与甲企业签订一份建筑承包合同，合同金额 6 000 万元（含相关税费 50 万元）。施工期间，该建筑公司又将其中价值 800 万元的安装工程转包给乙企业，并签订转包合同。该建筑公司此项业务应缴纳的印花税为（　　）元。

    A．2.04　　　　　　B．1.785　　　　　　C．1.8　　　　　　D．2.025

六、综合分析题

1．某汽车修配厂接受客户委托，改装两辆运输汽车总价值 13 万元。双方签订加工承揽合同中规定：修配厂提供轮胎、零配件，价值 18 000 元；其他辅料，价值 2 200 元，收取加工费 30 000 元，请计算汽车修配厂应缴多少印花税。

2．某公司 2016 年有关资料如下：新启用非资金账簿 15 本，实收资本比 2010 年增加 80 万元；与银行签订期限一年，年利率 4% 的借款合同一份，借款金额 400 万元；与甲企业签订受托加工合同，甲企业提供价值 60 万元的原材料，本企业提供价值 20 万元的辅助材料并收取加工费 20 万元；与货运公司签订运输合同，载明运输费用 10 万元（其中含装卸费 1 万元）；与铁路部门签订运输合同，载明运输费及保管费合计 15 万元。计算该公司 2016 年应缴纳的印花税总额。

第十四章
城市维护建设税

学习目标

① 了解城市维护建设税的概念与作用。
② 掌握城市维护建设税法律制度的主要内容，能确定纳税人、征税范围，选择适用税率。
③ 熟悉城市维护建设税计税原理，能计算城市维护建设税应纳税额。
④ 熟悉城市维护建设税征收管理法律规定，能完成税款缴纳任务。
⑤ 能向企业员工宣传城市维护建设税法规政策，并共同进行税收筹划。
⑥ 能与税务部门沟通，以获得他们对税收优惠的支持。

第一节 城市维护建设税概述

城市维护建设税是对从事工商经营并缴纳增值税和消费税的单位和个人，以其实际缴纳的增值税和消费税税额为计税依据而征收的一种税。

城市维护建设税是一种特定目的税，是国家为加强城市公用事业和公共设施的维护和建设，扩大和稳定城市维护建设资金的来源而采取的一项税收措施。新中国成立以来，我国城市维护建设事业取得了长足的发展，但国家在城市建设方面一直没有充裕的资金保障。1979年以前，我国专门用于城市维护建设的资金主要由当时的工商税附加、城市公用事业附加和国家下拨的城市维护费组成。1979年国家开始在部分大中城市，试行从上年工商利润中提取5%的资金用于城市维护和建设的办法，但未能从根本上解决问题。1981年国务院在批转财政部关于改革工商税制的方案中提出"根据城市建设的需要，开征城市维护建设税，作为县以上城市和工矿区市政建设的专项资金"的设想。1985年2月8日国务院颁布了《中华人民共和国城市维护建设税暂行条例》，并于1985年1月1日起要全国范围内施行。

现行城市维护建设税主要法律依据是1985年2月8日国务院颁布的《中华人民共和国城市维护建设税暂行条例》。

第二节 | 城市维护建设税纳税人与征税对象

一、纳税人认定

城市维护建设税的纳税人是指负有缴纳增值税和消费税义务的单位和个人，包括企业、行政单位、事业单位、军事单位、社会团体、其他单位，以及个体工商户和其他个人。

特别提醒 自 2010 年 12 月 1 日起，外商投资企业、外国企业和外籍人员开征收城市维护建设税。

二、征税对象确定

城市维护建设税本质上是一种附加税，它以纳税人实际缴纳的增值税和消费税为依据，本身没有特定的独立的征税对象。

第三节 | 城市维护建设税税额计算

一、税率选择

城市维护建设税按纳税人所在地不同，设置如下三档差别比例税率。

（1）纳税人所在地在市区的，税率为 7%；

（2）纳税人所在地在县城、镇的，税率为 5%；

（3）纳税人所在地不在市区、县城或镇的，税率为 1%。

特别提醒 由受托方代扣代缴增值税和消费税的纳税人，按受托方所在地税率计征城市维护建设税；流动经营等无固定纳税地点的纳税人，在经营地缴纳增值税和消费税的，按经营地税率计征城市维护建设税。

二、税收优惠

城市维护建设税是一种附加税，原则上不单独规定税收减免条款，其税收优惠与主税（增值税和消费税）相同，随主税的减免而减免，随主税的退库而退库。

特别提醒 对出口货物退还增值税和消费税的，不退还已缴纳的城市维护建设税。进口货物缴纳增值税和消费税，但不缴纳城市维护建设税。即"出口不退，进口不缴"。

三、税额计算

1. 计税依据确定

城市维护建设税应以纳税人实际缴纳的增值税和消费税税额为计税依据，不包括其他非增值税和消费税款项。纳税人被查补增值税和消费税和被处以罚款的，应同时对其城市维护建设税进行补税和罚款，但纳税人违反增值税和消费税有关规定加收的滞纳金和罚款，不作为城市维护建设税的计税依据。

2．税额计算

城市维护建设税应纳税额计算公式为

$$应纳税额 = 实际缴纳的增值税和消费税税额之和×适用税率$$

第四节　城市维护建设税税款缴纳

一、纳税义务发生时间

城市维护建设税的纳税义务发生时间基本上与增值税和消费税纳税义务发生时间一致，应按照"销售货物或提供应税劳务收讫销售款或者取得索取销售款凭据的当天"的原则确定。

二、纳税地点

纳税人缴纳增值税和消费税的地点，就是该纳税人缴纳城市维护建设税的地点。特别注意以下情形的处理。

（1）代扣代缴、代收代缴增值税和消费税的单位和个人，同时也是城市维护建设税的代扣代缴、代收代缴义务人的，其纳税地点为代扣代收地。

（2）下属生产单位和核算单位不在同一省内的油田，应在油井所在地缴纳增值税，因此，城市维护建设税也应在油井所在地缴纳。

（3）对流动经营等无固定纳税地点的单位和个人，城市维护建设税应随同增值税和消费税在经营地缴纳。

三、纳税期限

城市维护建设税由纳税人在缴纳增值税和消费税时同时缴纳，其纳税期限与增值税和消费税的纳税期限规定一致。

> **知识链接**
>
> **教育费附加**
>
> 教育费附加是为筹集地方基础教育经费而设置的一种附加费。教育费附加的缴纳人为缴纳增值税和消费税的单位和个人。教育费附加以缴纳人实际缴纳的增值税和消费税税额为计征依据，按 3%的征收率计算。由海关代征的进口货物增值税、消费税，不缴纳教育费附加。教育费附加原则上不予减免，但对于减免增值税和消费税而发生退税的，应同时退还已征收的教育费附加。对出口货物退还增值税、消费税的，不退还已征收的教育费附加。教育费附加由税务部门征收，缴纳期限与缴纳地点与增值税和消费税一致。

【案例分析 14-1】某汽车厂，地处省城，某月实际缴纳增值税 275 万元，消费税 400

万元。计算该汽车厂当月应纳城市维护建设税和教育费附加。

分析：应纳城市维护建设税 =（275 + 400）× 7% = 47.25（万元）

应纳教育费附加 =（275 + 400）× 3% = 20.25（万元）

本章概要

内容结构：

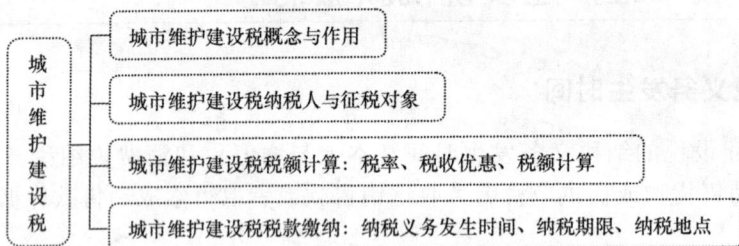

主要概念：城市维护建设税

能力点：纳税人认定　征税对象确定　税率选择　税额计算　税款缴纳

重点：纳税人认定　征税对象确定　税率选择　应纳税额计算　纳税义务发生时间确定　纳税期限确定　纳税地点确定

难点：税收优惠政策运用　计税依据确定

单元训练

一、复习思考题

1. 什么是城市维护建设税？怎样确定城市维护建设税的征税对象？

2. 怎样选择城市维护建设税适用税率？

3. 城市维护建设税的税收优惠政策有哪些？

二、单项选择题

1. 设置并征收城市维护建设税的特定目的是（　　）。

A. 调整城市建设布局　　　　　B. 调节经济结构

C. 用于城市公共事业和公共设施的维护

D. 巩固国家政权

2. 下列纳税人中，应缴纳城市维护建设税的是（　　）。

A. 个人所得税纳税人　　　　　B. 车船税纳税人

C. 消费税纳税人　　　　　　　D. 印花税纳税人

3. 地处县城的乙企业按《税法》规定代收代缴设在市区的甲企业的消费税，则下列处理正确的是（　　）。

A. 由甲企业按 7% 税率自行缴纳城市维护建设税

    B. 由乙企业按 5%税率代扣代缴城市维护建设税

    C. 由乙企业按 7%的税率代扣代缴城市维护建设税

    D. 由甲企业按 5%的税率回所在地缴纳

4. 城市维护建设税的计税依据是（　　　）。

    A. 纳税人应缴的增值税和消费税税额

    B. 纳税人免税的增值税和消费税税额

    C. 纳税人实际缴纳的增值税和消费税税额

    D. 纳税人欠缴的增值税和消费税税额

5. 地处市区某企业无故拖欠应缴纳的增值税 20 万元，经税人员进行检查后，补缴了拖欠税款，同时加收了滞纳金 500 元（滞纳 5 天），下列对企业处理正确的是（　　　）。

    A. 补缴城市维护建设税 14 000 元

    B. 补缴城市维护建设税 14 000 元，滞纳金 35 元

    C. 补缴城市维护建设税的滞纳金 28 元

    D. 补缴城市维护建设税 14 000 元，滞纳金 140 元

三、多项选择题

1. 下列情况中，属于城市维护建设税征税对象的有（　　　）。

    A. 海关对进口代征的增值税、消费税　　　　B. 缴纳增值税的交通运输企业

    C. 外商投资企业　　　　　　　　　　　　　D. 外国企业

2. 我国现行城市维护建设税的适用税率有（　　　）。

    A. 7%　　　　　　　　B. 5%　　　　　　　　C. 3%　　　　　　　　D. 1%

3. 关于城市维护建设税的下列说法正确的有（　　　）。

    A. 随增值税和消费税的减免而减免

    B. 随增值税和消费税的退库而退库

    C. 按减免增值税和消费税后实际缴纳的税额计征

    D. 个别缴纳有困难的，可由县级以上税务局长批准给予减免

4. 下列各项中，构成城市维护建设税计税依据的有（　　　）。

    A. 纳税人实纳增值税和消费税税额

    B. 纳税人滞纳增值税和消费税而加收的滞纳金

    C. 纳税人偷逃增值税和消费税被处的罚款

    D. 纳税人偷逃增值税和消费税被查补得税款

5. 下列各项中，符合城市维护建设税纳税地点规定的有（　　　）。

    A. 纳税人缴纳增值税和消费税的地点，就是城市维护建设税纳税地点

    B. 流动经营无固定地点的单位，为单位注册地

    C. 流动经营无固定地点的个人，为居住所在地

    D. 代征代扣增值税和消费税的单位和个人，为代征代扣地

四、判断题

1. 凡负有缴纳增值税义务的单位和个人都是城市维护建设税的纳税义务人。（　　　）

2. 城市维护建设税的计税依据是纳税人应当缴纳的增值税和消费税税额。　　（　　　）

3. 只有同时缴纳了增值税和消费税的纳税人才需缴纳城市维护建设税。　（　　）

4. 出口货物退还增值税的同时，应退还城市维护建设税和教育费附加。　（　　）

5. 流动经营等无固定纳税地点单位，在经营地缴纳增值税和消费税的，其城市维护建设税的缴纳按经营地适用税率。　（　　）

五、单项计算题

1. 某企业 2016 年 1 月共缴纳增值税、消费税和关税 562 万元，其中关税 102 万元，进口环节缴纳增值税和消费税 260 万元。则该企业 1 月份计算城市维护建设税的计税依据是（　　）万元。

    A. 562　　　　　　B. 460　　　　　　C. 200　　　　　　D. 362

2. 地处市区的某外贸公司为一家外商投资企业，2016 年 1 月实际缴纳增值税 60 万元，契税 6 万元，取得增值税出口退税 10 万元。则该公司当月应缴纳的城市维护建设税是（　　）万元。

    A. 3　　　　　　　B. 3.5　　　　　　C. 4.2　　　　　　D. 4.62

3. 某市一企业 2016 年 12 月被查补增值税 50 000 元、消费税 20 000 元、所得税 30 000 元，被加收滞纳金 2 000 元，被处罚款 8 000 元。则该企业应补缴的城市维护建设税和教育费附加（　　）元。

    A. 7 000　　　　　B. 5 000　　　　　C. 8 000　　　　　D. 10 000

六、综合分析题

1. 甲企业地处市区，2016 年 12 月实际缴纳增值税 15 万元；当月委托位于县城的乙企业加工应税消费品，乙企业代收代缴消费税 7 万元。请问甲企业缴纳多少城市维护建设税？如何缴纳？

2. 地处市区的某化妆品生产企业为增值税一般纳税人，2016 年 11 月从国外进口一批散装化妆品，支付给国外的货价 120 万元、相关税金 10 万元、卖方佣金 2 万元、运抵我国海关前的运杂费和保险费 18 万元。当月企业将进口的散装化妆品的 80% 生产加工为成套化妆品 7 800 件，对外批发销售 6 000 件，取得不含税销售额 290 万元；向消费者零售 800 件，取得含税销售额 51.48 万元。已知化妆品的进口关税税率为 40%、消费税税率为 30%。按顺序回答下列问题。

（1）计算该企业在进口环节应缴纳的消费税、增值税税额。

（2）计算该企业国内生产销售环节应缴纳的消费税、增值税税额。

（3）计算该企业应缴纳城建维护建设税、教育费附加。

5

模块五

税收征收管理制度

第十五章 税收征收管理

学习目标

① 熟悉税籍管理制度的法律规定，能判断税务登记类型并确定办理时间。

② 熟悉税源控制的相关措施，能运用发票管理和账簿凭证管理的相关知识。

③ 熟悉税款征收相关制度，能选择纳税申报方式、税额确定方式和税款缴纳期限。

④ 了解税款征收保障措施和税款征收结算措施，正确履行纳税义务，保障纳税人的合法权益。

⑤ 了解税务检查制度的法律规定，明确税务检查机关和纳税人权责划分。

⑥ 了解税收奖励与税收处罚的基本措施。

第一节 | 税收征收管理概述

一、税收征收管理主体与对象

广义的税收管理包括税收的立法管理、执法管理和司法管理。狭义的税收管理仅指税收的执法管理，即税收征收管理。税收征收管理是税务机关对纳税人的纳税行为进行规范、监督与调控的活动。税收征收管理的主体是税务机关，包括各级税务局、税务分局、税务所和按国家有关规定设立并向社会公告的税务机构。税收征收管理的对象是纳税人的纳税行为，包括纳税人、扣缴义务人和其他有关单位的税收给付行为和不作为行为。

二、税收征收管理的内容

税收征收管理的内容是指为达到税收征收管理目的而采取的各种方式、方法与手段，具体包括以下五方面。

（1）税籍管理。为促使纳税人依法纳税，必须建立严密的税籍管理制度，明确经济活动主体的纳税人身份，建立税务机关与纳税人的联系，了解纳税人经济活动的变化情况。

以纳税人身份和从事经济活动为标准，税籍管理包括对生产经营单位的税籍管理和对个人的税籍管理。我国现阶段的税籍管理主要是对生产经营单位的税籍管理，即税务登记制度。

（2）税源监控。为促使纳税人依法纳税，必须建立严密的税源监控制度，全面及时地了解纳税人的经济活动，准确核定各个税种的计税依据。

以计税依据性质为标准，税源监控包括流量税的税源监控与存量税的税源监控。以税源信息来源为标准，税源监控包括基于内部信息的税源监控和基于外部信息的税源监控。我国现阶段基于内部信息的税源控制，对于流量税主要方式有簿籍制度（即"以账管税"）和税控装置（即"以机管税"）；对于存量税主要方式为财产登记制度。基于外部信息的税源监控方式主要是税源监控的信息匹配系统。

（3）税款征收。为促使纳税人依法纳税，必须建立严密的税款征收制度，准确核定应纳税额，足额及时收缴税款。

我国现阶段税款征收制度基础是申报纳税。在此基础上，为保障税款征收制度的实施，还建立了纳税担保、税收保全、税收强制执行、税款追征与退补等制度。

（4）税务稽查。税籍管理制度、税源监控制度、税款征收制度是税务机关为纳税人依法纳税设定的行为规范，是纳税人履行纳税义务的法律依据。为促使纳税人遵从税籍管理制度、税源监控制度和税款征收制度，必须对纳税人的纳税情况进行检查，即实施税务稽查。

（5）税收奖励与税收处罚。为鼓励纳税人纳税，遏止纳税人逃税，对依法纳税的纳税人应当给予必要的奖励，对不依法纳税的纳税人应实行严厉的处罚。

我国现阶段，税收奖励的主要方式是评定纳税信用等级，税收处罚的主要方式有行政处罚和刑事处罚。

第二节 | 税籍管理制度

一、对生产经营单位的税籍管理

对生产经营单位的税籍管理主要形式是建立税务登记制度。税务登记是税务机关对纳税人的设立、变更、歇业以及生产、经营活动情况进行登记管理的一项基本制度，也是纳税人已经纳入税务机关监控范围的一种证明。实行税务登记，有利于税务机关了解和控制税源，合理配置征收管理资源，开展税款征收管理活动。

（一）税务登记的种类

1. 设立税务登记

设立税务登记，也叫开业税务登记，是指在我国境内从事生产、经营，并经工商行政管理部门批准开业，或依照法律、行政法规负有纳税义务的单位和个人，在从事正式生产、经营之前依法向税务机关办理的登记。企业只有办理了开业税务登记手续，才算真正取得合法的经营资格，也才拥有合法纳税人的权利。

（1）从事生产、经营的纳税人领取工商营业执照（含临时工商营业执照）的，应当自领取工商营业执照之日起 30 日内申报办理税务登记,税务机关核发税务登记证及副本(纳税人领取临时工商营业执照的,税务机关核发临时税务登记证及副本)。

(2)从事生产、经营的纳税人未办理工商营业执照但经有关部门批准设立的,应当自有关部门批准设立之日起 30 日内申报办理税务登记,税务机关核发税务登记证及副本。

(3)从事生产、经营的纳税人未办理工商营业执照也未经有关部门批准设立的,应当自纳税义务发生之日起 30 日内申报办理税务登记,税务机关核发临时税务登记证及副本。

(4)有独立的生产经营权、财务上独立核算并定期向发包人或出租人上交承包费或租金的承包、承租人,应当自承包、承租合同签订之日起 30 日内,向其承包、承租业务发生地税务机关申报办理税务登记,税务机关核发临时税务登记证及副本。

(5)从事生产、经营的纳税人外出经营,自其在同一地连续的 12 个月内累计超过 180 天的,应自期满之日起 30 日内,向生产、经营所在地税务机关申报办理税务登记,税务机关核发临时税务登记证及副本。

(6)境外企业在中国境内承包建筑、安装、装配、勘探工程和提供劳务的,应当自项目合同或协议签订之日起 30 日内,向项目所在地税务机关申报办理税务登记,税务机关核发临时税务登记证及副本。

上述(1)至(6)条规定以外的其他纳税人,除国家机关、个人和无固定生产、经营场所的流动性农村小商贩外,均应当自纳税义务发生之日起 30 日内,向纳税义务发生地税务机关申报办理税务登记,税务机关核发税务登记证及副本。

已办理税务登记的扣缴义务人应当自扣缴义务发生之日起 30 日内,向税务登记地税务机关申报办理扣缴税款登记。税务机关在其税务登记证件上登记扣缴税款事项,不再发给扣缴税款登记证件。根据税收法律、行政法规的规定可不办理税务登记的扣缴义务人,应当自扣缴义务发生之日起 30 日内,向机构所在地税务机关申报办理扣缴税款登记,税务机关核发扣缴税款登记证件。

2.变更税务登记

变更税务登记是纳税人在办理税务登记后因登记内容发生变化需要对原登记内容进行变更而向税务机关申报办理的税务登记。

纳税人已在工商行政管理机关办理变更登记的,应当自工商行政管理机关变更登记之日起 30 日内,向原税务登记机关申报办理变更税务登记。

纳税人按照规定不需要在工商行政管理机关办理变更登记,或其变更登记的内容与工商登记内容无关的,应当自税务登记内容实际发生变化之日起 30 日内,或自有关机关批准或宣布变更之日起 30 日内,向原税务登记机关申报办理变更税务登记。

3.停业、复业登记

实行定期定额征收方式的个体工商户需要停业的,应当在停业前向税务机关申报办理停业登记。纳税人的停业期限不得超过一年。纳税人在停业期间发生纳税义务的,应当按照税收法律、行政法规的规定申报缴纳税款。纳税人应当于恢复生产经营之前,向税务机关申报办理复业登记,如实填写"停、复业报告书",领回并启用税务登记证件、发票领购簿及其停业前领购的发票。纳税人停业期满不能及时恢复生产经营的,应当在停业期满前向税务机关提出延长停业登记申请,并如实填写"停、复业报告书"。

4．注销税务登记

注销税务登记是纳税人发生纳税义务终止或作为纳税主体资格消亡，或因住所、经营地点变动而涉及改变税务机关情形时，向原税务机关办理的注销登记。

纳税人发生解散、破产、撤销以及其他情形，依法终止纳税义务的，应当在向工商行政管理机关或其他机关办理注销登记前，持有关证件和资料向原税务登记机关申报办理注销税务登记；按规定不需要在工商行政管理机关或其他机关办理注销登记的，应当自有关机关批准或宣告终止之日起 15 日内，持有关证件和资料向原税务登记机关申报办理注销税务登记。

纳税人被工商行政管理机关吊销营业执照或被其他机关予以撤销登记的，应当自营业执照被吊销或被撤销登记之日起 15 日内，向原税务登记机关申报办理注销税务登记。

纳税人因住所、经营地点变动，涉及改变税务登记机关的，应当在向工商行政管理机关或其他机关申请办理变更、注销登记前，或住所、经营地点变动前，持有关证件和资料，向原税务登记机关申报办理注销税务登记，并自注销税务登记之日起 30 日内向迁达地税务机关申报办理注册税务登记。

境外企业在中国境内承包建筑、安装、装配、勘探工程和提供劳务的，应当在项目完工、离开中国前 15 日内，持有关证件和资料，向原税务登记机关申报办理注销税务登记。

纳税人办理注销税务登记前，应当向税务机关提交相关证明文件和资料，结清应纳税款、应退（免）税款、滞纳金和罚款，缴销发票、税务登记证件和其他税务证件，经税务机关核准后，办理注销税务登记手续。

5．外出经营报验登记

纳税人到外县（市）临时从事生产经营活动的，应当在外出生产经营以前，持税务登记证向主管税务机关申请开具"外出经营活动税收管理证明"（以下简称"外管证"）。税务机关按照一地一证的原则核发"外管证"。"外管证"的有效期限一般为 30 日，最长不得超过 180 天。

纳税人应当在"外管证"注明地进行生产经营前向当地税务机关报验登记。纳税人外出经营活动结束，应当向经营地税务机关填报"外出经营活动情况申报表"，并结清税款、缴销发票。纳税人应当在"外管证"有效期届满后 10 日内，持"外管证"回原税务登记地税务机关办理"外管证"缴销手续。

（二）税务登记证件管理

税务登记证是税务机关颁发给符合法定条件的纳税人，允许其从事经济活动并依法纳税的法律文书。

纳税人领取税务登记证件后，应将税务登记证件正本在其生产经营场所或办公场所公开悬挂，接受税务机关检查。纳税人在开立银行账户、领购发票时，必须提供税务登记证件。纳税人不得转借、涂改、毁损、买卖或伪造税务登记证件。

（三）非正常户处理

已办理税务登记的纳税人未按照规定的期限申报纳税，在税务机关责令其限期改正后，逾期不改正的，税务机关应当派员实地检查，查无下落并且无法强制其履行纳税义务的，由检查人员制作非正常户认定书，存入纳税人档案，税务机关暂停其税务登记证件、发票领购簿和发票的使用。纳税人被列入非正常户超过 3 个月的，税务机关可以宣布其税务登记证件失效，其应纳税款的追征仍按《税收征管法》及其《实施细则》的规定执行。

二、对个人的税籍管理

我国目前对个人未实行税务登记制度。对从事独立劳动的个人，一般由税务机关根据需要单独建立纳税人档案。对从事非独立劳动的个人，在扣缴义务人向个人支付应税所得时，要求扣缴义务人向主管税务机关报送纳税人的基本信息、所得项目和数额、扣缴税额及其他相关涉税信息，由税务机关在受理后建立纳税人档案。

视频资料：马斌说税——如何办理税务登记

第三节 | 税源控制制度

一、流量税的税源控制

（一）簿籍管理制度

1．发票管理制度

发票是指在购销商品、提供或接受服务以及从事其他经营活动中，开具、收取的收付款凭证，是进行会计核算和实施税源监控的基础资料。建立发票管理制度，对于加强税源监控、防止税收流失，具有重要的意义。

我国现行的发票管理制度主要有 2010 年 12 月公布的《中华人民共和国发票管理办法》（以下简称《发票管理办法》）和 2011 年 2 月公布的《中华人民共和国发票管理办法实施细则》（以下简称《发票管理实施细则》）。

（1）发票的联次及基本内容。发票的基本联次包括存根联、发票联、记账联。存根联由收款方或开票方留存备查；发票联由付款方或受票方作为付款原始凭证；记账联由收款方或开票方作为记账原始凭证。省以上税务机关可根据发票管理情况以及纳税人经营业务需要，增减除发票联以外的其他联次，并确定其用途。

发票的基本内容包括发票的名称、发票代码和号码、联次及用途、客户名称、开户银行及账号、商品名称或经营项目、计量单位、数量、单价、大小写金额、开票人、开票日期、开票单位（个人）名称（章）等。省以上税务机关可根据经济活动以及发票管理需要，确定发票的具体内容。

有固定生产经营场所、财务和发票管理制度健全的纳税人，发票使用量较大或统一发票式样不能满足经营活动需要的，可以向省以上税务机关申请印有本单位名称的发票。

（2）发票的印制。增值税专用发票由国务院税务主管部门确定的企业印制；其他发票，按照国务院税务主管部门的规定，由省、自治区、直辖市税务机关确定的企业印制。禁止私自印制、伪造、变造发票。

印制发票应当使用国务院税务主管部门确定的全国统一的发票防伪专用品。禁止非法制造发票防伪专用品。

发票应当套印全国统一发票监制章。全国统一发票监制章的式样和发票版面印刷的要求，由国务院税务主管部门规定。发票监制章由省、自治区、直辖市税务机关制作。禁止伪造发票监制章。发票实行不定期换版制度。

发票应当使用中文印制。民族自治地方的发票，可以加印当地一种通用的民族文字。有实际需要的，也可以同时使用中外两种文字印制。

各省、自治区、直辖市内的单位和个人使用的发票，除增值税专用发票外，应当在本省、自治区、直辖市范围内印制；确有必要到外省、自治区、直辖市印制的，应当由省、自治区、直辖市税务机关商印制地省、自治区、直辖市税务机关同意，由印制地省、自治区、直辖市税务机关指定的印制发票的企业印制。禁止在境外印制发票。

（3）发票的领购。需要领购发票的单位和个人，应当持税务登记证件、经办人身份证明、按照国务院税务主管部门规定式样制作的发票专用章的印模，向主管税务机关办理发票领购手续。主管税务机关根据领购单位和个人的经营范围和规模，确认领购发票的种类、数量以及领购方式，在5个工作日内发给发票领购簿。单位和个人领购发票时，应当按照税务机关的规定报告发票使用情况，税务机关应当按照规定进行查验。

需要临时使用发票的单位和个人，可以凭购销商品、提供或接受服务以及从事其他经营活动的书面证明、经办人身份证明，直接向经营地税务机关申请代开发票。依照税收法律、行政法规规定应当缴纳税款的，税务机关应当先征收税款，再开具发票。税务机关根据发票管理的需要，可以按照国务院税务主管部门的规定委托其他单位代开发票。禁止非法代开发票。

临时到本省、自治区、直辖市以外从事经营活动的单位或个人，应当凭所在地税务机关的证明，向经营地税务机关领购经营地的发票。临时在本省、自治区、直辖市以内跨市、县从事经营活动领购发票的办法，由省、自治区、直辖市税务机关规定。

税务机关对外省、自治区、直辖市来本辖区从事临时经营活动的单位和个人领购发票的，可以要求其提供保证人或根据所领购发票的票面限额以及数量交纳不超过1万元的保证金，并限期缴销发票。按期缴销发票的，解除保证人的担保义务或退还保证金；未按期缴销发票的，由保证人或以保证金承担法律责任。

（4）发票的开具。销售商品、提供服务以及从事其他经营活动的单位和个人，对外发生经营业务收取款项，收款方应当向付款方开具发票；特殊情况下，由付款方向收款方开具发票。

所有单位和从事生产、经营活动的个人在购买商品、接受服务以及从事其他经营活动支付款项，应当向收款方取得发票。取得发票时，不得要求变更品名和金额。

不符合规定的发票，不得作为财务报销凭证，任何单位和个人有权拒收。

开具发票应当按照规定的时限、顺序、栏目，全部联次一次性如实开具，并加盖发票专用章。

任何单位和个人不得有下列虚开发票行为：为他人、为自己开具与实际经营业务情况不符的发票；让他人为自己开具与实际经营业务情况不符的发票；介绍他人开具与实际经营业务情况不符的发票。

安装税控装置的单位和个人，应当按照规定使用税控装置开具发票，并按期向主管税务机关报送开具发票的数据。使用非税控电子器具开具发票的,应当将非税控电子器具使用的软件程序说明资料报主管税务机关备案,并按照规定保存、报送开具发票的数据。

任何单位和个人应当按照发票管理规定使用发票,不得有下列行为:转借、转让、介绍他人转让发票、发票监制章和发票防伪专用品;知道或应当知道是私自印制、伪造、变造、非法取得或废止的发票而受让、开具、存放、携带、邮寄、运输;拆本使用发票;扩大发票使用范围;以其他凭证代替发票使用。

除国务院税务主管部门规定的特殊情形外,发票限于领购单位和个人在本省、自治区、直辖市内开具。省、自治区、直辖市税务机关可以规定跨市、县开具发票的办法。

除国务院税务主管部门规定的特殊情形外,任何单位和个人不得跨规定的使用区域携带、邮寄、运输空白发票。禁止携带、邮寄或运输空白发票出入境。

(5)发票的保管。开具发票的单位和个人应当建立发票使用登记制度,设置发票登记簿,并定期向主管税务机关报告发票使用情况。

开具发票的单位和个人应当在办理变更或注销税务登记的同时,办理发票和发票领购簿的变更、缴销手续。

开具发票的单位和个人应当按照税务机关的规定存放和保管发票,不得擅自损毁。已经开具的发票存根联和发票登记簿,应当保存 5 年。保存期满,报经税务机关查验后销毁。

视频资料:马斌说税——如何领用发票

2.账簿、凭证管理制度

账簿是纳税人连续记录经济业务的账册或簿籍。凭证是纳税人用来记录经济业务、明确经济责任并据以登记账簿的书面证明。账簿与凭证所记录的经济业务是计算各项税收应纳税额的重要依据。建立账簿凭证管理制度是实施税源监控的有效手段。

(1)账簿设置。从事生产、经营的纳税人应当自领取营业执照或发生纳税义务之日起 15 日内,按照国家有关规定设置账簿。生产、经营规模小又确无建账能力的纳税人,可以聘请经批准从事会计代理记账业务的专业机构或经税务机关认可的财会人员代为建账和办理账务;聘请上述机构或人员有实际困难的,经县以上税务机关批准,可以按照税务机关的规定,建立收支凭证粘贴簿、进货销货登记簿或使用税控装置。

扣缴义务人应当自税收法律、行政法规规定的扣缴义务发生之日起 10 日内,按照所代扣、代收的税种,分别设置代扣代缴、代收代缴税款账簿。

纳税人、扣缴义务人会计制度健全,能够通过计算机正确、完整计算其收入和所得或代扣代缴、代收代缴税款情况的,其计算机输出的完整的书面会计记录,可视同会计账簿。

(2)财务、会计制度管理。从事生产、经营的纳税人应当自领取税务登记证件之日起 15 日内,将其财务、会计制度或财务、会计处理办法报送主管税务机关备案。纳税人使用计算机记账的,应当在使用前将会计电算化系统的会计核算软件、使用说明书及有关资料报送主管税务机关备案。

(二)税控装置

税控装置是指由国家法定机关依法指定企业生产、安装、维修,由国家法定机关依法实施监管，具有税收监控功能和严格的物理、电子保护的计税装置。如电子收款机、电子记程表、税控加油机等。

安装使用税控装置，要达到的最终目标是运用现代化手段实现自行申报、按期缴纳，同时提高征税工作效率，减少税款流失。税控装置适用对象主要是以流转额为课税对象的纳税人，即缴纳增值税、消费税、营业税的纳税人。

二、存量税的税源控制

存量税的税源监控措施主要是实行财产登记制度。纳税人在办理税务登记时，应向税务机关填报"房屋、土地、车船情况登记表"，申报登记所拥有的房产、土地、车船等财产。通过财产登记，有利于税务机关全面掌握存量税的税源分布和构成状况，进而提高税收征管的有效性。

第四节 | 税款征收制度

一、申报纳税制度

申报纳税制度是由纳税人自行计算税额并缴纳税款的一种税款征收制度。实行申报纳税制度有利于明确征纳双方的法律责任，强化纳税人的纳税意识，促使纳税人依法纳税。

1．纳税申报的对象

一切负有纳税义务以及扣缴义务的单位和个人，都是办理纳税申报的对象。

依法负有纳税义务的单位和个人，包括从事生产经营活动负有纳税义务的企业、事业单位、其他组织和个人；临时取得应税收入或发生应税行为，以及其他不从事生产经营活动但依照税法规定负有纳税义务的单位和个人。纳税人在纳税期内没有应纳税款的，也应按照规定办理纳税申报。纳税人享有减免税待遇的，在减免税期间应按照规定办理纳税申报。

2．纳税申报的内容

为了全面反映纳税人一定时期内生产经营活动，纳税人在进行纳税申报时，要所送以下资料：纳税申报表、代扣代缴或代收代缴税款报告表、财务会计报表以及税务机关根据实际需要要求纳税人或扣缴义务人报送的其他资料。

我国各税种都有相应的纳税申报表，实行税源控制的税种还有由扣缴义务人填报的代扣代缴或代收代缴税款报告表。不同税种的纳税申报表格式各不相同，但申报的主要内容基本相同，一般包括：纳税人名称、税款所属期限、税种、税目、应纳税项目、适用税率或单位税额、计税依据、应纳税额等。代扣代缴或代收代缴税款报告表内容一般包括纳税人名称、代扣代收税款所属期限、应代扣代收税款项目、适用税率、计税依据、应代扣代收税款以及税务机关规定的其他应申报的项目。

3．纳税申报的方式

（1）直接申报。即上门申报，是指纳税人、扣缴义务人在规定的申报期内，直接到税务机关办理纳税申报或税款扣缴申报。该方式是我国目前最主要的纳税申报方式。

（2）电子申报。即数据电文申报，是指纳税人、扣缴义务人通过税务机关确定的电话语音、电子数据交换和网络传输等电子方式向主管税务机关办理纳税申报或税款扣缴申报。电子申报的日期以税务机关计算机网络系统收到该数据电文的时间为准。该方式是我国当前重点推广的纳税申报方式。

采用电子申报方式，必须有相对固定的计算机操作人员，并且在进行网上申报前，应向主管税务机关受理部门提出申请，附送网上申报操作人员的身份证复印件一份，办理电子签名、电子印章以及用户注册。纳税人采用电子申报的，还必须将与电子申报数据相同的纳税申报资料定期书面报送主管税务机关，或按税务机关的要求保存。

（3）邮寄申报。邮寄申报是指纳税人、扣缴义务人经税务机关批准，在规定的申报期限内，通过邮寄的方式向主管税务机关办理纳税申报或税款扣缴申报。邮寄申报应使用统一的纳税申报专用信封，以邮政部门的收据作为申报凭据，以寄出的邮戳日期为实际申报日期。该申报方式主要适用于到税务机上门申报有困难、电子申报不具备条件的纳税人或扣缴义务人。

（4）简易申报、简并征期。实行定期定额缴纳税款的纳税人，经税务机关批准，可以实行简易申报或简并征期等方式申报纳税。

简易申报是指纳税人按照税务机关核定的税额按期缴纳税款，以税务机关开具的完税凭证代替纳税申报。简并征期是指纳税人按照税务机关核定的税额，采取将纳税期合并为按季、半年或年的方式缴纳税款的纳税申报方式。

二、税款征收制度

1. 税额确定制度

税额确定制度主要是指税额确定方式。现行税额确定方式主要有查定与核定两种。

查定方式有以下 3 种。

（1）查账确定。又称查账征收，是指税务机关根据纳税人的会计账册资料计算税额的一种方式。该方式适用于经营规模较大、财务会计制度健全、能够如实核算和提供生产经营情况、正确计算应纳税款的纳税人。

（2）查实确定。又称查定征收，是指税务机关根据纳税人的从业人员、生产设备、耗用的原材料等因素，查实核定其在正常生产经营条件下应税产品的产量、销售额，并据以确定税额的一种方式。该方式适用于生产规模小，账册不健全，但能够控制原材料或进销货的纳税人。

（3）查验确定。又称查验征收，是指税务机关对纳税人的应税商品，通过查验数量，按市场一般销售单价计算其销售收入并据以确定税额的一种方式。该方式适用于经营品种比较单一，经营地点、时间和商品来源不固定的纳税单位。

核定方式有以下 2 种。

（1）定期核定。又称定期定额征收，是指对一些营业额、所得额不能准确计算的小型工商户，税务机关通过典型调查，核定一定时期的营业额和所得额，实行多税种合并征税的一种方式。该方式适用于无完整考核依据的小型纳税单位。

（2）不定期核定。又称核定税额。核定税额的方法有：参照当地同类行业或类似行业中经营规模和收入水平相近的纳税人的税负水平核定；按照营业收入或成本加合理费用和利润的方法核定；按照耗用的原材料、燃料、动力等推算或测算核定；按照其他合理的方法核定。

该方式适用于：依照法律、行政法规的规定可以不设置账簿的纳税人；依照法律、行政法规的规定应当设置账簿但未设置的纳税人；擅自销毁账簿或拒不提供纳税资料的纳税人；虽设置账簿，但账目混乱或成本资料、收入凭证、费用凭证残缺不全，难以查账的纳税人；发生纳税义务，未按照规定的期限办理纳税申报，经税务机关责令限期申报，逾期仍不申报的纳税人；申报的计税依据明显偏低，又无正当理由的纳税人。

2．税款缴纳制度

税款缴纳制度包括税款缴纳方式和税款缴纳期限两方面内容。

（1）税款缴纳方式。

① 纳税人直接向国库经收处缴纳。纳税人先向税务机关领取税票，自行填写，然后到国库经收处缴纳税款。该方式适用于纳税人在设有国库经收处的银行和其他金融机构开设账户的纳税人。

② 税务机关自收税款。即由税务机关直接收取税款并办理入库手续。该方式适用于由税务机关代开发票的纳税人缴纳税款；临时发生纳税义务需向税务机关直接缴纳的税款；税务机关采取强制措施，以拍卖所得或变卖所得缴纳的税款。

③ 代收代缴。代收代缴是指负有代收代缴税款义务的单位和个人，在向纳税人收取款项的同时，依法收取纳税人应缴纳的税款并按照规定的期限申报解缴的一种方式。该方式一般适用于税收网络覆盖不到或很难控制的领域。

④ 代扣代缴。代扣代缴是指负有代扣代缴税款义务的单位和个人，在向纳税人支付款项时，依法从支付款额中扣收纳税人应缴纳的税款并按照规定的期限申报解缴的一种方式。其目的是对零星分期、不易控制的税源实行源泉控制。

⑤ 委托代征。委托代征是指税务机关委托有关单位和个人，以税务机关的名义向纳税人依法征收税款的一种方式。该方式适用于零星分散和异地缴纳的税款。

（2）税款缴纳期限。

① 如期缴纳。所有的纳税人都应按照税法的规定如期缴纳税款。

② 延期缴纳。纳税人有特殊困难，不能按期缴纳税款的，经省、自治区、直辖市国家税务局、地方税务局批准，可以延期缴纳税款，但最长不得超过3个月。上述所述的特殊困难主要指两种情况：一是因不可抗力，导致纳税人发生较大损失，正常生产经营受到较大影响的；二是当期货币资金在扣除应付职工工资、社会保险费后，不足以缴纳税款的。纳税人在申请延期缴纳税款时，必须以书面形式提出申请，税务机关应在收到申请延期缴纳税款报告之日起20日内作出批复，批准延期内免予加收滞纳金。

③ 限期缴纳。从事生产经营的纳税人、扣缴义务人未按照规定的期限缴纳税款的，纳税担保人未按照规定的期限缴纳所担保的税款的，由税务机关发出限期缴纳税款通知书，责令其限期缴纳。责令限期缴纳的最长期限不得超过15日。

纳税人未按规定期限缴纳税款的，扣缴义务人未按规定期限解缴税款的，税务机关除责令限期缴纳外，从滞纳税款之日起，按日加收滞纳税款万分之五的滞纳金。滞纳金必须是在税务机关发出催缴税款通知书，责令限期缴纳税款，纳税人未能按期缴纳税款的情况下才能加收。加收滞纳金的起止日期为法律、行政法规规定的税款缴纳期限届满次日起至纳税人、扣缴义务人实际缴纳税款或解缴税款之日止。纳税人拒绝缴纳滞纳金的，可以按不履行纳税义务实行强制措施。

三、税款征收保障措施

（一）纳税担保

纳税担保是指经税务机关同意或确认，纳税人或其他自然人、法人、经济组织以保证、抵押、质押的方式，为纳税人应当缴纳的税款及滞纳金提供担保的行为。

1. 适用纳税担保的情形

（1）税务机关有根据认为从事生产经营的纳税人有逃避纳税义务行为，在规定的纳税期之前经责令其限期缴纳应纳税款，在限期内发现纳税人有明显的转移、隐匿其应纳税的商品、货物，以及其他财产或应纳税收入的迹象，责成纳税人提供纳税担保的。

（2）欠缴税款、滞纳金的纳税人或其他法定代表人需要出境的。

（3）纳税人同税务机关在纳税上发生争议而未缴清税款，需要申请行政复议的。

（4）税收法律、行政法规规定可以提供纳税担保的其他情形。

2. 纳税担保的金额

纳税担保的金额包括税款、滞纳金和实现税款、滞纳金的费用。费用包括抵押、质押登记费用，质押保管费用，以及保管、拍卖、变卖担保财产等相关费用支出。

（二）税收保全

1. 税收保全措施的实施

税务机关有根据认为从事生产经营的纳税人有逃避纳税义务行为的，可以在规定的纳税期限之前，责令限期缴纳税款。在限期内发现纳税人有明显的转移、隐匿其应纳税商品、货物以及其他财产或应纳税收入迹象的，税务机关应责令其提供纳税担保。如果纳税人不能提供纳税担保，经县以上税务局（分局）局长批准，税务机关可以采取下列税收保全措施：第一，书面通知纳税人开户银行或其他金融机构冻结纳税人的金额相当于应纳税款的存款；第二，扣押、查封纳税人价值相当于应纳税款的商品、货物或其他财产。

> **小窍门** 税收保全措施严格按照责令限期纳税在前，责成提供纳税担保居中，冻结存款或扣押、查封商品在后的程序。

2. 税收保全措施的终止

纳税人在税务机关采取税收保全措施后，按照税务机关规定的期限缴纳税款的，税务机关自收到税款或银行转回的完税凭证之日起1日内解除税收保全。

纳税人在限期满仍未缴纳税款的，经县以上税务局（分局）局长批准，税务机关可以采取强制执行措施：书面通知纳税人开户银行或其他金融机构，从其冻结的存款中扣缴税款，或依法拍卖或变卖所扣押、查封的商品、货物或其他财产，以拍卖或变卖所得抵缴税款。

3．税收保全措施的法律责任

采取税收保全措施的权力，不得由法定的税务机关以外的单位和个人行使。采取税收保全措施不当，或纳税人在期限内已缴纳税款，税务机关未立即解除税收保全措施，使纳税人的合法利益遭受损失的，税务机关应当承担赔偿责任。

（三）税收强制执行

1．税收强制执行措施的实施

从事生产经营的纳税人、扣缴义务人未按规定的期限缴纳税款或解缴税款，纳税担保人未按规定的期限缴纳所担保的税款，由税务机关责令限期缴纳，逾期仍未缴纳的，经县以上税务局（分局）局长批准，税务机关可以采取下列强制执行措施：第一，书面通知其开户银行或其他金融机构从其存款中扣缴税款；第二，扣押、查封、依法拍卖或变卖其价值相当于应纳税款的商品、货物或其他财产，以拍卖或变卖所得抵缴税款。

税务机在将拍卖或变卖所得抵缴税款、滞纳金、罚款以及扣押、查封、保管、拍卖、变卖等费用后，剩余部分应在3日内退还被执行人。

2．税收强制执行措施的法律责任

采取税收强制执行措施的权力，不得由法定的税务机关以外的单位和个人行使。税务机关滥用职权违法采取强制执行措施，或采取强制执行措施不当，致使纳税人、扣缴义务人或纳税担保人的合法权益遭受直接损失的，税务机关依法承担赔偿责任。

四、税款征收的结算

1．欠税清缴

税务机关可以实行的欠税清缴措施主要有：

（1）行使税收优先权。除法律另有规定外，税务机关征收税款，税收优先于无担保债权。

纳税人欠缴的税款发生在纳税人以其财产设定抵押、质押或纳税人的财产被留置之前的，税收应当优先于抵押权、质权和留置权执行。

纳税人欠缴税款，同时又被行政机关决定处以罚款、没收违法所得的，税收优先于罚款、没收违法所得。

（2）行使代位权与撤销权。为防止欠税的纳税人借债权债务关系逃避纳税，我国《税收征收管理法》引入了代位权与撤销权概念。欠缴税款的纳税人因怠于行使其到期债权，或放弃到期债权，或无偿转让财产，或以明显不合理的低价转让财产而受让人知道该情形，对国家税收造成损害的，税务机关可依照《合同法》的规定行使代位权、撤销权。税务机关行使代位权、撤销权的，不免除欠缴税款纳税人尚未履行的纳税义务和应承担的法律责任。

（3）欠税公告与报告。县以上（含县）税务机关应当按期在办税场所或广播、电视、报纸、期刊、网络等新闻媒体上公告纳税人的欠缴税款情况，以督促纳税人自觉缴纳欠税，保证国家税款的及时足额入库。

欠缴税款数额较大（5万元以上）的纳税人在处分其不动产或大额资产之前，应当向税务机关报告。

纳税人有合并、分立情形的，应当向税务机关报告，并依法缴清税款。纳税人合并时未缴清税款的，应当由合并后的纳税人继续履行未履行的纳税义务；纳税人分立时未缴清税款的，分立后的纳税人对未履行的纳税义务应当承担连带责任。

纳税人有解散、撤销、破产情形的，在清算前应当向其主管税务机关报告；未结清税款的，由其主管税务机关参加清算。

（4）离境清税。欠缴税款的纳税人或其法定代表人需要出境的，应当在出境前向税务机关结清应纳税款、滞纳金或提供担保。未结清税款、滞纳金，又不提供担保的，税务机关可以通知出境管理机关阻止其出境。

2．税款的补缴与追征

因税务机关责任，致使纳税人、扣缴义务人未缴或少缴税款的，税务机关在 3 年内可要求纳税人、扣缴义务人补缴税款，但不得加收滞纳金。

因纳税人、扣缴义务人计算等失误，未缴或少缴税款的，税务机关在 3 年内可以追征税款、滞纳金；纳税人或扣缴义务人因计算失误，未缴或少缴、未扣或少收税款，累计数额在 10 万元以上的，追征期可以延长到 5 年。

对偷税、抗税、骗税的，税务机关追征其未缴或少缴的税款、滞纳金或所骗取的税款，不受前款规定期限的限制。

3．税款的退还

纳税人超过应纳税额缴纳的税款，税务机关发现后应当立即退还；纳税人自结算缴纳税款之日起 3 年内发现的，可以向税务机关要求退还多缴的税款，并加算银行同期存款利息，税务机关及时查实后应当立即退还；涉及从国库中退库的，依有关国库管理的规定退还。

税务机关发现纳税人多缴税款的，应当自发现之日起 10 日内办理退还手续；纳税人发现多缴税款，要求退还的，税务机关应自接到纳税人退还申请之日起 30 日内查实并办理退还手续。

第五节 | 税务检查制度

一、税务检查的概念

广义的税务检查是指税务机关依法对纳税人、扣缴义务人履行纳税义务、扣缴义务情况所进行的监督、审查和处理的总称。狭义的税务检查是税务机关下设的享有稽查权的专业机构，依照税收法律、行政法规的规定，按照一定的程序和标准，对有税收违法嫌疑的税收管理相对人履行税收义务情况进行检查、处理的税收执法活动。税收实践中的税务检查主要是指狭义的税务检查，也叫税务稽查。

二、税务检查的形式

根据税务检查对象的来源和税务检查的目的，税务检查的形式有以下几种。

（1）日常检查。日常检查是指税务稽查机构对通过计算机或人工筛选出来的稽查对象进行的常规性稽查。日常检查通常是对迟申报、零申报、负申报和税负变化异常的纳税人进行的综合性检查。它是税务稽查机构的一项日常工作。

（2）专项检查。专项检查是指税务机关对根据特定目的选取的稽查对象进行的专门稽查。如增值税专用发票专项检查、企业所得税专项检查等。专项检查有较强的目的性、针对性和时间性。其检查对象是根据特定目的选取的，通常是上级或本级税务机关为查实和解决某些行业、某些税种或某些事项存有的问题而安排的。专项检查可以解决某一特定领域存在的普遍性问题，促进税收征管。

（3）专案检查。专案检查是指税务机关对举报、转办、交办等案件进行的专门检查。专案检查具有较强的针对性。其检查对象主要来源于公民举报、其他部门转办、上级交办、国际税收情报交换，或在日常检查、专项检查中发现的重大涉税案件。专案检查可以有效查处举报、转办、交办、情报交换中所列举的税收违法行为。

三、税务检查中的权责划分

1．税务机关的检查权限

（1）检查纳税人的账簿、记账凭证、报表和有关资料，检查扣缴义务人代扣代缴、代收代缴税款账簿、记账凭证和有关资料。

（2）到纳税人的生产经营场所和货物存放地检查纳税人应纳税的商品、货物或其他财产，检查扣缴义务人与代扣代缴、代收代缴税款有关的经营情况。

（3）责成纳税人、扣缴义务人提供与纳税或代扣代缴、代收代缴税款有关的文件、证明材料和有关资料。

（4）询问纳税人、扣缴义务人与纳税或代扣代缴、代收代缴税款有关的问题和情况。

（5）到车站、码头、机场、邮政企业及其分支机构检查纳税人托运、邮寄应纳税商品、货物或其他财产的有关单据、凭证和有关资料。

（6）经县以上税务局（分局）局长批准，凭全国统一格式的检查存款账户许可证明，查询从事生产、经营的纳税人、扣缴义务人在银行或其他金融机构的存款账户。税务机关在调查税收违法案件时，经设区的市、自治州以上税务局（分局）局长批准，可以查询案件涉嫌人员的储蓄存款。税务机关查询所获得的资料，不得用于税收以外的用途。

（7）税务机关对从事生产经营的纳税人以前纳税期的纳税情况依法进行税务检查时，发现纳税人有逃避纳税义务行为，并有明显的转移、隐匿其应纳税的商品、货物以及其他财产或应纳税的收入的迹象的，可以按照本法规定的批准权限采取税收保全措施或强制执行措施。

（8）税务机关依法进行税务检查时，有权向有关单位和个人调查纳税人、扣缴义务人和其他当事人与纳税或代扣代缴、代收代缴税款有关的情况，有关单位和个人有义务向税务机关如实提供有关资料及证明材料。税务机关调查税务违法案件时，对与案件有关的情况和资料，可以记录、录音、录像、照相和复制。

2．纳税人、扣缴义务人的权责

纳税人、扣缴义务人必须接受税务机关依法进行的税务检查，如实反映情况，提供有关资料，不得拒绝、隐瞒。

> **特别提醒** 税务机关派出的人员进行税务检查时，应当出示税务检查证和税务检查通知书，并有责任为被检查人保守秘密；未出示税务检查证和税务检查通知书的，被检查人有权拒绝检查。

第六节 税收奖励与税收处罚

一、税收奖励

税收奖励是为促使纳税人依法纳税而采用的鼓励措施。以下是我国现阶段主要税收奖励措施。

1．评定纳税信用等级

自 2003 年起，各地税务机关根据国家税务总局《纳税信用等级评定管理试行办法》规定，开展了纳税人信用等级的评定工作。评定内容包括纳税人税务登记情况，纳税申报情况，账簿、凭证管理情况，税款缴纳情况，违反税收法律、行政法规行为处理情况。评定结果将纳税人分为 A、B、C、D 四级。主管税务机关根据纳税人的不同等级实施分类管理。

（1）对 A 级纳税人，主管税务机关依法给予以下鼓励：除专项、专案检查以及金税协查等检查外，两年内可以免除税务检查；对税务登记证验证、各项税收年检等采取即时办理办法：主管税务机关收到纳税人相关资料后，当场为其办理相关手续；放宽发票领购限量；在符合出口货物退（免）税规定的前提下，简化出口退（免）税申报手续；各地可以根据当地情况采取激励办税的服务措施。

（2）对 B 级纳税人，主管税务机关除在税务登记、账簿和凭证管理、纳税申报、税款征收、税款退免、税务检查、行政处罚等方面进行常规税收征管外，重点是加强日常涉税政策辅导、宣传等纳税服务工作，帮助其改进财务会计管理，提高依法纳税水平，提升纳税信用等级。

（3）对 C 级纳税人，主管税务机关应加强管理，并可依法采取以下措施：严肃追究违法违规行为的有关责任并责令限期改正；列入年度检查计划重点检查对象；对验证、年检等报送资料进行严格审核，并可根据需要进行实地复核；发票的供应实行收（验）旧供新、严格限量供应等办法；增值税实行专用发票和税款先比对、后抵扣；纳税人申报办理出口货物退（免）税时，应从严审核、审批；各地根据情况依法采取其他严格的管理措施。

（4）对 D 级纳税人，除可采取上述 C 类纳税人的监管措施外，主管税务机关还应当将其列为重点监控对象，强化管理，并可实施以下措施：依照税收法律、行政法规的规定收缴其发票或停止向其发售发票；依照税收法律、行政法规的规定停止其出口退（免）税权。

2．表彰优秀纳税人

对守法纳税人，有突出贡献的纳税大户，可以授予"优秀纳税人""纳税大户"等荣誉称号；利用广播、电视、报刊、网站等多种形式对依法纳税的单位和个人予以大力宣传等。

二、税收处罚

税收处罚是为促使纳税人依法纳税而采用的制裁措施。

1．税收处罚的种类

税收处罚包括行政处罚和刑事处罚。

行政处罚的手段主要是罚款、没收财物和违法所得、停止出口退税权、收缴或停售发票、提请吊销营业执照等。行政处罚由县级以上税务机关实施，但罚款额在 2 000 元以下的，可以由税务所实施。

刑事处罚的手段包括主刑和附加刑。主刑包括拘役、有期徒刑、无形徒刑等；附加刑包括罚金、没收财产等。刑事处罚由人民法院实施。

2．税收违法的处罚

（1）违反税务管理基本规定的处罚。

① 纳税人有下列行为之一的，由税务机关责令限期改正，可以处 2 000 元以下的罚款；情节严重的，处 2 000 元以上 1 万元以下的罚款：未按照规定的期限申报办理税务登记、变更或注销登记的；未按照规定设置、保管账簿或保管记账凭证和有关资料的；未按照规定将财务、会计制度或财务、会计处理办法和会计核算软件报送税务机关备查的；未按照规定将其全部银行账号向税务机关报告的；未按照规定安装、使用税控装置，或损毁或擅自改动税控装置的；未按照规定的期限办理纳税申报和报送纳税资料的，或扣缴义务人未按照规定的期限向税务机关报送代扣代缴、代收代缴税款报告表和有关资料的。

② 纳税人不办理税务登记的，由税务机关责令限期改正；逾期不改正的，经税务机关提请，由工商行政管理机关吊销其营业执照。

③ 纳税人未按照规定使用税务登记证件，或转借、涂改、损毁、买卖、伪造税务登记证件的，处 2 000 元以上 1 万元以下的罚款；情节严重的，处 1 万元以上 5 万元以下的罚款。

④ 扣缴义务人未按照规定设置、保管代扣代缴、代收代缴税款账簿或保管代扣代缴、代收代缴税款记账凭证及有关资料的，由税务机关责令限期改正，可以处 2 000 元以下的罚款；情节严重的，处 2 000 元以上 5 000 元以下的罚款。

（2）偷税行为的认定及处罚。

偷税是指纳税人伪造、变造、隐匿、擅自销毁账簿、记账凭证，或在账簿上多列支出或不列、少列收入，或经税务机关通知申报而拒不申报或进行虚假的纳税申报，不缴或少缴应纳税款的行为总称。对纳税人偷税的，由税务机关追缴其不缴或少缴的税款、滞纳金，并处不缴或少缴的税款 50%以上 5 倍以下的罚款；构成犯罪的，依法追究刑事责任。

扣缴义务人采取前款所列手段，不缴或少缴已扣、已收税款，由税务机关追缴其不缴或少缴的税款、滞纳金，并处不缴或少缴的税款 50%以上 5 倍以下的罚款；构成犯罪的，依法追究刑事责任。

> **知识链接** 依据《刑法》第二百零一条规定，犯偷税罪，偷税数额占应缴税额的百分之十以上不满百分之三十且偷税数额在一万元以上不满十万元，或因偷税被税务机关给予两次行政处罚又偷税的，处三年以下有期徒刑或拘役，并处偷税数额一倍以上五倍以下罚金；偷税数额占应缴税额的百分之三十以上且超过十万元的，处三年以上七年以下有期徒刑，并处偷税数额一倍上五倍以下的罚金。单位犯偷税的，对单位判处罚金，并对其直接责任的主管人员和其他直接责任人员依自然人犯偷税罪处罚。

（3）抗税的认定与处罚。抗税是指以暴力、威胁方法拒不缴纳税款的行为。纳税人抗税，除由税务机关追缴其拒缴的税款、滞纳金外，依法追究刑事责任。情节轻微，未构成犯罪的，由税务机关追缴其拒缴的税款、滞纳金，并处拒缴税款 1 倍以上 5 倍以下的罚款。

> **知识链接** 依据《刑法》第二百零二条规定，犯抗税罪的，处三年以下有期徒刑或拘役，并处拒缴税款一倍以上五倍以下罚金；情节严重的，处三年以上七年以下有期徒刑，并处拒缴税款一倍以上五倍以下罚金。

（4）逃避追缴欠税的处罚。纳税人欠缴应纳税款，采取转移或隐匿财产的手段，妨碍税务机关追缴欠缴的税款的，由税务机关追缴欠缴的税款、滞纳金，并处欠缴税款 50%以上 5 倍以下的罚款；构成犯罪的，依法追究刑事责任。

> **知识链接** 依据《刑法》第二百零三条规定，犯逃避追缴欠税罪，致使税务机关无法追缴欠缴税款数额在一万元以上十万元以下的，处三年以下有期徒刑或拘役，并处或单处欠缴税款一倍以上五倍以下罚金；数额在十万元以上的，处三年以上七年以下有期徒刑，并处欠缴税款一倍以上五倍以下的罚金。单位犯逃避追缴欠税罪的，对单位判处罚金，并对其直接责任的主管人员和其他直接责任人员依自然人犯逃避追缴欠税罪处罚。

（5）骗取出口退税的处罚。以假报出口或其他欺骗手段，骗取国家出口退税款，由税务机关追缴其骗取的退税款，并处骗取税款 1 倍以上 5 倍以下的罚款；构成犯罪的，依法追究刑事责任。对骗取国家出口退税款的，税务机关可以在规定期间内停止为其办理出口退税。

> **知识链接** 依据《刑法》第二百零四条规定，犯骗取出口退税罪，骗取国家出口退税数额较大的（五万元以上），处五年以下有期徒刑或拘役，并处骗取税款一倍以上五倍以下罚金；数额巨大（五十万元以上）或有其他严重情节的，处五年以上十年以下有期徒刑，并处骗取税款一倍以上五倍以下罚金；数额特别巨大或有其他特别严重情节的，处十年以上有期徒刑或无期徒刑，并处骗取税款一倍以上五倍以下罚金或没收财产。单位犯骗取出口退税罪的，对单位判处罚金，并对其直接责任的主管人员和其他直接责任人员依自然人犯骗取出口退税罪处罚。

（6）其他违法行为的处罚。

① 纳税人、扣缴义务人编造虚假计税依据的，由税务机关责令限期改正，并处 5 万元以下的罚款。纳税人不进行纳税申报，不缴或少缴应纳税款的，由税务机关追缴其不缴或少缴的税款、滞纳金，并处不缴或少缴的税款 50%以上 5 倍以下的罚款。

② 纳税人、扣缴义务人在规定期限内不缴或少缴应纳或应解缴的税款，经税务机关责令限期缴纳，逾期仍未缴纳的，税务机关除依照本法第四十条的规定采取强制执行措施追缴其不缴或少缴的税款外，可以处不缴或少缴的税款 50%以上 5 倍以下的罚款。

③ 扣缴义务人应扣未扣、应收而不收税款的，由税务机关向纳税人追缴税款，对扣缴义务人处应扣未扣、应收未收税款 50%以上 3 倍以下的罚款。

④ 纳税人、扣缴义务人逃避、拒绝或以其他方式阻挠税务机关检查的，由税务机关

责令改正，可以处 1 万元以下的罚款；情节严重的，处 1 万元以上 5 万元以下的罚款。

⑤ 纳税人、扣缴义务人的开户银行或其他金融机构拒绝接受税务机关依法检查纳税人、扣缴义务人存款账户，或拒绝执行税务机关作出的冻结存款或扣缴税款的决定，或在接到税务机关的书面通知后帮助纳税人、扣缴义务人转移存款，造成税款流失的，由税务机关处 10 万元以上 50 万元以下的罚款，对直接负责的主管人员和其他直接责任人员处 1 000 元以上 1 万元以下的罚款。

⑥ 非法印制发票的，由税务机关销毁非法印制的发票，没收违法所得和作案工具，并处 1 万元以上 5 万元以下的罚款；构成犯罪的，依法追究刑事责任。

三、税务人员的税务法律责任

税务机关违反规定擅自改变税收征收管理范围和税款入库预算级次的，责令限期改正，对直接负责的主管人员和其他直接责任人员依法给予降级或撤职的行政处分。

税务人员徇私舞弊，对依法应当移交司法机关追究刑事责任的不移交，情节严重的，依法追究刑事责任。

未经税务机关依法委托征收税款的，责令退还收取的财物，依法给予行政处分或行政处罚；致使他人合法权益受到损失的，依法承担赔偿责任；构成犯罪的，依法追究刑事责任。

税务机关、税务人员查封、扣押纳税人个人及其所扶养家属维持生活必需的住房和用品的，责令退还，依法给予行政处分；构成犯罪的，依法追究刑事责任。

税务人员与纳税人、扣缴义务人勾结，唆使或协助纳税人、扣缴义务人偷逃税和骗税的，尚不构成犯罪的，依法给予行政处分；构成犯罪的，依法追究刑事责任。

税务人员利用职务上的便利，收受或索取纳税人、扣缴义务人财物或谋取其他不正当利益，构成犯罪的，依法追究刑事责任；尚不构成犯罪的，依法给予行政处分。

税务人员徇私舞弊或玩忽职守，不征或少征应征税款，致使国家税收遭受重大损失，构成犯罪的，依法追究刑事责任；尚不构成犯罪的，依法给予行政处分。

税务人员滥用职权，故意刁难纳税人、扣缴义务人的，调离税收工作岗位，并依法给予行政处分。

税务人员对控告、检举税收违法违纪行为的纳税人、扣缴义务人以及其他检举人进行打击报复的，依法给予行政处分；构成犯罪的，依法追究刑事责任。

税务人员违反法律、行政法规的规定，故意高估或低估农业税计税产量，致使多征或少征税款，侵犯农民合法权益或损害国家利益，构成犯罪的，依法追究刑事责任；尚不构成犯罪的，依法给予行政处分。

违反法律、行政和法规的规定提前征收、延缓征收或摊派税款的，由其上级机关或行政监察机关责令改正，对直接负责的主管人员和其他直接责任人员依法给予行政处分。

违反法律、行政法规的规定，擅自作出税收的开征、停征或减税、免税、退税、补税以及其他同税收法律、行政法规相抵触的决定的，除依照本法规定撤销其擅自作出的决定外，补征应征未征税款，退还不应征收而征收的税款，并由上级机关追究直接负责的主管人员和其他直接责任人员的行政责任；构成犯罪的，依法追究刑事责任。

税务人员在征收税款或查处税收违法案件时，未按照本法规定进行回避的，对直接负责的主管人员和其他直接责任人员，依法给予行政处分。

违反税收法律、行政法规应当给予行政处罚的行为，在五年内未被发现的，不再给予行政处罚。

未按照本法规定为纳税人、扣缴义务人、检举人保密的，对直接负责的主管人员和其他直接责任人员，由所在单位或有关单位依法给予行政处分。

纳税人、扣缴义务人、纳税担保人同税务机关在纳税上发生争议时，必须先依照税务机关的纳税决定缴纳或解缴税款及滞纳金或提供相应的担保，然后可以依法申请行政复议；对行政复议决定不服的，可以依法向人民法院起诉。当事人对税务机关的处罚决定、强制执行措施或税收保全措施不服的，可以依法申请行政复议，也可以依法向人民法院起诉。当事人对税务机关的处罚决定逾期不申请行政复议也不向人民法院起诉、又不履行的，作出处罚决定的税务机关可以采取本法第四十条规定的强制执行措施，或申请人民法院强制执行。

本章概要

内容结构：

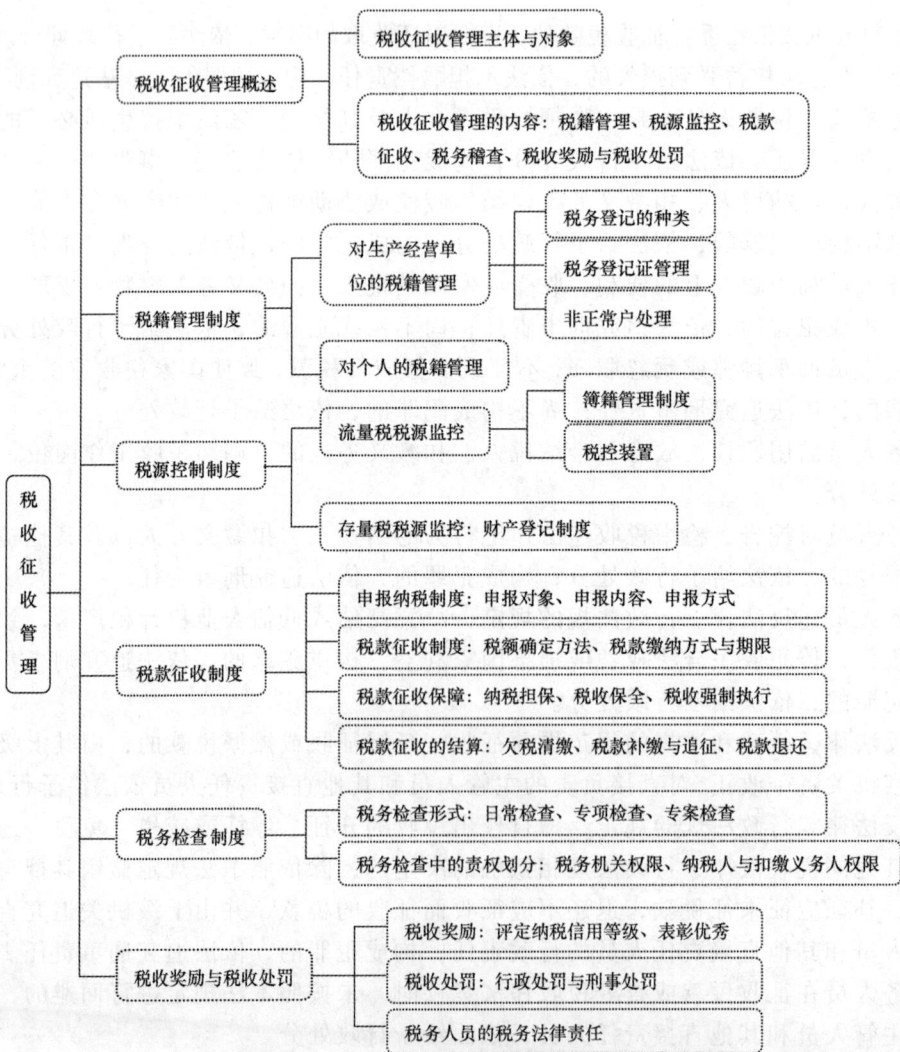

知识点：税收征收管理　税务登记　设立税务登记　变更税务登记　注销税务登记　纳税担保

能力点：税务登记证办理　发票的领购、使用与保管　账簿的设置与管理　纳税申报方式的选择　税款缴纳方式及期限的选择　税收保障措施的运用

重点：税籍管理制度　税源控制制度　税款征收制度　税务检查制度　税收奖励与税收处罚

难点：税务登记　发票管理　纳税申报　税款征收保障措施

单元训练

一、复习思考题

1. 简述税收征收管理的基本内容。

2. 简述税务登记的基本类型及相关的办理规定。

3. 发票的印制、领购、开具和保管应遵循哪些规定？

4. 现行常见纳税申报方式有哪些？说明其适用性。

5. 我国现行税法规定的税额确定方法有哪些？

6. 根据税收征收管理法规定，我国现行税款征收的保障措施有哪些？

7. 税务检查中税务机关和纳税人各有哪些责权？

8. 根据我国现行法律规定，偷税、抗税行为怎样认定？

二、单项选择题

1. 下列组织和人员中，无需办理税务登记的是（　　　　）。

　　A. 国有企业　　　　　　　　　　B. 出版社

　　C. 企业在外地设立的分支机构　　D. 在集贸市场流动卖菜的菜农

2. 从事生产经营的纳税人应当自领取税务登记证件之日起的一定期限内，将其财务、会计制度或财务、会计处理办法报送税务机关备案。该期限为（　　　　）。

　　A. 45 日　　　　B. 30 日　　　　C. 15 日　　　　D. 7 日

3. 根据《发票管理办法》及其《实施细则》规定，纳税人已开具的发票存根联和发票登记簿的保存期限是（　　　　）年。

　　A. 15　　　　　B. 10　　　　　C. 5　　　　　　D. 3

4. 税务机关针对纳税人的不同情况可以采取不同的税款征收方式，对于账册不健全，但能控制原材料、产量或进销货物的单位，适用的税款征收方式是（　　　　）。

　　A. 查账征收　　B. 查定征收　　C. 查验征收　　　D. 定期定额征收

5. 下列各项中，属于税收保全措施的是（　　　　）。

　　A. 暂扣纳税人税务登记证

　　B. 书面通知纳税人开户银行从其存款中扣缴税款

　　C. 拍卖纳税人价值相当于应纳税款的货物，以拍卖所得抵缴税款

　　D. 查封纳税人价值相当于应纳税款的货物

三、多项选择题

1. 下列情形中，纳税人应当办理税务登记的有（　　）。
   A. 纳税人到外县进行临时生产经营活动
   B. 纳税人变更经营范围
   C. 实行定期定额征收方式的个体工商户停业
   D. 纳税人变更法定代表人

2. 下列各项中，单位和个人首次申请领购发票时应向税务机关提供的证件有（　　）。
   A. 税务登记证件
   B. 工商营业执照
   C. 财务印章或发票专用章印模
   D. 经办人身份证明

3. 根据税收征收管理制度规定，下列情形中，税务机关有权核定纳税人应纳税额的有（　　）。
   A. 拒不提供纳税资料的
   B. 有偷税、骗税前科的
   C. 按规定应设置账簿而未设置的
   D. 虽设账簿，但账目混乱难以查账的

4. 根据税收征收管理法律制度规定，税务机关在实施税务检查时，可以采取的措施有（　　）。
   A. 检查纳税人会计资料
   B. 检查纳税人货物存放地的应纳税商品
   C. 检查纳税人托运、邮寄应纳税商品的单据、凭证
   D. 经法定程序批准，查询纳税人在银行的存款账户

5. 下列各项中，属于偷税行为的有（　　）。
   A. 隐匿账簿、凭证，少缴税款
   B. 进行虚假纳税申报，少缴税款
   C. 在账簿上多列支出，少缴税款
   D. 隐匿财产，妨碍税务机关追缴欠缴税款

四、判断题

1. 纳税人停业期满未按期复业，又不申请延长停业的，税务机关应当视为已恢复营业，实施正常的税收征收管理。（　　）

2. 税收强制执行措施需经省以上税务局（分局）局长批准。（　　）

3. 纳税人不得转借、涂改、毁损、买卖或伪造税务登记证件。（　　）

4. 如有需要单位和个人可以跨省领购和使用发票。（　　）

5. 纳税人采用电子申报方式办理纳税申报的，无需再报送相关纸质的申报资料。
（　　）

五、综合分析题

1. 应届高校毕业生赵某开办了一个商品经营部，按规定享受一定期限内的免税优惠。他认为既然免税就不需要办理税务登记。请分析赵某的观点是否正确。

2. 某酒店 2016 年 1 月取得餐饮收入 6 万元，客房出租收入 12 万元，该酒店未在规定期限内进行纳税申报，经税务机关责令限期申报，逾期仍不申报。请问根据税收征收管理法律制度规定，税务机关可以对其采取什么措施征收税款？

参考文献

［1］国务院.《中华人民共和国增值税暂行条例》，中华人民共和国国务院令第 538 号.

［2］国务院.《中华人民共和国消费税暂行条例》，中华人民共和国国务院令第 539 号.

［3］国务院.《中华人民共和国营业税暂行条例》，中华人民共和国国务院令第 540 号.

［4］财政部、国家税务总局令第 50 号.《中华人民共和国增值税暂行条例实施细则》.

［5］财政部、国家税务总局令第 51 号.《中华人民共和国消费税暂行条例实施细则》.

［6］财政部、国家税务总局令第 52 号.《中华人民共和国营业税暂行条例实施细则》.

［7］财税〔2016〕36 号《财政部 国家税务总局关于全面推开营业税改征增值税试点的通知》.

［8］财政部会计资格评价中心编写组.经济法基础[M]. 北京：经济科学出版社，2012.

［9］王碧秀. 税务会计[M]. 第三版. 北京：清华大学出版社，2012.

［10］王碧秀. 税务会计：原理 实务 案例 实训[M]. 大连：东北财经大学出版社，2012.

［11］马国强. 中国税收[M]. 大连：东北财经大学出版社，2012.